浙江省文物局文物保护科技项目

跨湖桥独木舟遗址原址保护

杭州市萧山跨湖桥遗址博物馆　编著

文物出版社

封面设计：程星涛
责任编辑：刘　昶
责任印制：梁秋卉

图书在版编目（CIP）数据

跨湖桥独木舟遗址原址保护/杭州市萧山跨湖桥遗址博物馆编著. —北京：文物出版社，2014. 10
ISBN 978－7－5010－4114－5

Ⅰ. ①跨…　Ⅱ. ①杭…　Ⅲ. ①新石器时代文化－文化遗址－文物保护－研究－杭州市　Ⅳ. ①K878. 04

中国版本图书馆 CIP 数据核字（2014）第 243887 号

跨湖桥独木舟遗址原址保护

杭州市萧山跨湖桥遗址博物馆　编著
吴健　主编

*

文物出版社出版发行
北京市东直门内北小街 2 号楼
http：//www. wenwu. com
E-mail：web@ wenwu. com
北京宝蕾元科技发展有限责任公司制版
北京京都六环印刷厂印刷
新华书店经销
889×1194　1/32　印张：10. 375　插页：3
2014 年 10 月第 1 版　2014 年 10 月第 1 次印刷
ISBN 978－7－5010－4114－5　定价：90. 00 元

《跨湖桥独木舟遗址原址保护》编辑委员会

目 录

序　言

滔滔钱塘江把美丽的杭州分成两部分：江北拥有被列入世界文化遗产名录的世界闻名的西湖；江南则坐落着被誉为西湖姊妹湖的萧山湘湖。这里，不但风景秀美，其人文景观也随着考古发掘的深入而令人惊叹。萧山跨湖桥遗址出土了世界上最早的独木舟等众多文物，把浙江的文明史提前到了8000年前的新石器时代早期，它与河姆渡、马家浜和良渚文化等新石器时代文化源流谱系一起，彰显了浙江悠久而深厚的历史文化底蕴，同时，证明了长江流域也是中华文明的发源地之一。跨湖桥遗址于2002年被评为“2001年度全国十大考古新发现”，2006年被国务院核定公布为第六批全国重点文物保护单位。算是有缘，在跨湖桥独木舟遗址发现的同年，我承担了国家“十五”科技攻关项目——遗址大型饱水木构件的原址保护技术研究，跨湖桥独木舟遗址项目于是成为重要的保护研究类型和重点案例。

2002年中期开始启动跨湖桥独木舟遗址保护研究暨保护工程，2003年9月，杭州市萧山区政府与浙江省文物局组织国内木漆器保护专家对遗址的科学保护进行论证，经湖北省博物馆、中国文物研究所（现中国文化遗产院）、浙江省博物馆、浙江省文物考古研究所、福建泉州海外交通史博物馆等单位相关专家的反复论证，确定独木舟遗址采用原址保护的保护原则和保护规划。

“萧山跨湖桥独木舟遗址原址保护规划”于2005年8月24日通过国家文物局评审，规划包括四项工程：跨湖桥遗址独木舟遗址疏干排水地质工程、跨湖桥土遗址加固工程、独木舟及木构件的脱盐脱水保护工程和独木舟及木构件有害微生物的防治工程。跨湖桥独木舟遗址的原址保护是一个系统工程，涉及水文地质、岩土力学、环境科学、建筑学、化学、微生物学和文物保护等多学科，其保护研究汇集了湖北省博物馆、浙江省博物馆、浙江省文物考古研究所、南京博物院、萧山博物馆和跨湖桥遗址博物馆等文博系统的文物保护与考古专业人员和中科院岩土力学研究所、中国地质大学、浙江大学、华中勘察设计院、中科院武汉病毒研究所、武汉现代工业研究院及浙江省微生物研究所等科研设计工程技术人员，参加保护工作的主要研究人员有：陈中行、刘佑荣、卢衡、程昌炳、李敦学、靳海斌、刘莺、刘景龙、程丽臻、李澜、施加农、马翠兰、王兴海、李东风、吴健、楼卫、沈一敏、郑伟军、杨国萍、丁灵倩、徐瑾。经过十多年的研究和施工终于使跨湖桥独木舟及其遗址得到基本稳定。

跨湖桥遗址海拔为-0.5米，处于海相沉积层，出土的独木舟厚度仅2厘米，且异常糟朽，常规技术难以解决遗址和独木舟的保护问题。创新是跨湖桥独木舟遗址保护研究的核心，经过项目组的实验研究，遗址土壤加固试验用电化学桩结合化学加固的复合技术，在试验成功的基础上应用于独木舟周围的土壤加固，取得了良好的效果；稳定材料的选择是独木舟保护的重中之重，经过多种材料的反复比较，最终选择了PEG+尿素+二甲基脲的复配稳定剂，经多年的观察和检测，目前独木舟的尺寸已得到稳定，由于脱除了部分海相地层沉积的硫铁化合物等难溶盐，独木舟外观也已恢复接近马尾松生材的质感；在防水治水、微生物危害防治、环境温湿度控制等领域同样取得了明显的成效。

跨湖桥遗址的综合保护是自然科学与人文科学领域文保科研、工程技术和史学考古专业人员成功合作的范例。《跨湖桥独木舟遗址原址保护》一书的出版，是跨湖桥遗址科学保护的重要印证之一，我期待以此为契机，在严格遵守和执行国家文物保护法律法规的基础上，不断传承木结构遗址的保护经验，不断充实现代科学技术，将传统工艺与现代技术有机结合，以攻克尚未解决和不断出现的文物保护技术难题。

陈中行

2014 年 1 月

第一章　前　言

第一节　遗址的发现与发掘

20 世纪 60 年代初期，杭州砖瓦厂的一位厂医陈中缄先生成为最早关注跨湖桥遗址出土遗物的人，他曾向当时在萧山下放工作的浙江省文物管理委员会牟永抗先生说起并请教过湘湖发现的“古物”。2001 年陈中缄的后人向萧山博物馆捐献了收藏下来的几十件骨、石器，可以确证此事。据回忆，当时发现的位置应该是跨湖桥北侧杭州砖瓦厂范围。

湘湖在北宋年间成为人工湖后，水利功能加强了，但由于历代官府“禁田”十分严厉，且湘湖处于夹在两列山系之间的地理位置，沿山作线状分布的村落，受湖、山的双向挤迫，因此出现江南水乡少见的无田可耕的现象。湘湖黏土细腻而柔韧，可塑性极佳，是制作砖瓦的优质原料，村民由此选择了制砖谋生的特殊生活方式。从明代开始就有人挖湘湖黏土设窑制砖瓦。清代湘湖的定山、汪家堰、跨湖桥、湖里孙、窑里吴诸村，均以制砖瓦为业。20 世纪 50 年代末“大跃进”时期，这里陆续建起了数家砖瓦厂，跨湖桥北建立的杭州砖瓦厂，为国营企业，规模空前扩大，取土坑向纵深开掘，生产了大量的砖瓦。

1970 年前后，跨湖桥南冷饭滩附近新成立城厢砖瓦厂，厂区就是后来进行考古发掘的遗址点。跨湖桥一带的原始地貌遭到长期不断的破坏，大量的珍贵文物也被毁坏殆尽。据砖瓦厂工人回忆，当时还有用鹅卵石铺设的道路、像柱子一样粗大的木头。据估算，被毁坏的遗址近 50000m^2。附近依稀似见旧湘湖影子的广大水域，都是砖瓦厂挖土形成的积水坑。

1990 年 5 月 30 日，萧山市文物管理委员会办公室接到浙江广播电视大学萧山分校巫灵霄老师打来的电话，告知有位名叫郑苗的学生在湘湖捡到了文物。第二天下午，萧山文管会办公室干部倪秉章、施加农在郑苗的引领下赶赴城厢砖瓦厂的取土现场，发现了遗址。几天后，浙江省文物考古研究所芮国耀、杨楠再次考察现场，确认为新石器时代遗址。这时的遗址已经历了近二十年的取土蚕食，给人的感觉是破坏殆尽。在取得砖瓦厂的支持、配合后，当即决定进行抢救性考古发掘。

1990 年 10 月至 12 月，跨湖桥遗址完成了第一次考古发掘。参加发掘的有芮国耀、赵晔、方向明、徐新民、孟国平、马祝山、倪秉章等，芮国耀任领队。发掘共布 5m × 5m 探方 13 个，总共面积 330m^2。发掘的结果表明，跨湖桥遗址在很多方面体现出文化的特殊性，如彩陶、交叉绳纹等。发掘结束后，考古队将遗址中采集的 4 个木质标本送国家海洋局第二海洋研究所作碳十四年代测定，测定数据表明遗址的年代距今达 8000 多年。这一结果是突破性的，如果年代数据成立，那么跨湖桥遗址就成为我国东南沿海地区发现最早的新石器时代遗址，但遗址的内涵又与这一地区已经建立起来的史前文化序列有一定的距离，因此在某种意义上出现了认识上的真空。1997 年发表的《萧山跨湖桥新石器时代遗址》发掘简报中[①]，编写者对测定年代持肯定态度，并在文化因素分析中提出了与长江中游新石器时代早期文化的联系。简报发表后，对遗址的内涵及性质发生过争议[②]，但总的说来，考古界对此保持了谨慎、低调的态度。

由于种种原因，考古工作没有持续进行，这在客观上造成了遗址长达十年的沉寂。在浙江省文物考古研究所和萧山博物馆考古工作人员的心中，跨湖桥遗址始终是一个未解之结。

1999 年至 2000 年，浙江省文物考古研究所发掘了跨湖桥遗址以南约 23km 的诸暨楼家桥新石器时代遗址[③]。遗址的早期年代距今 6000 多年。在地理分布上，萧山、诸暨同属于浦阳江流域，相对于杭嘉湖、宁绍平原腹地，这一带的新石器时代考古工作以往做的不多。在这样的背景下，浦阳江流域的新石器时代考古工作就作为新的课题提了出来。

2000 年秋冬季节，参加楼家桥遗址发掘的考古队员组成考古调查队，在当地文物部门的支持配合下，对浦阳江流域的新石器时代遗址进行了专题考古调查。新发现的遗址有浦江上山遗址，萧山乌龟山遗址、金鸡山遗址、舜湖里遗址等[④]。最后一站为“冷落”多时的跨湖桥遗址。由于近三十年持续不断的破坏，摆在调查者面前的是面积超过 100000m^2、深度超过 10m 的巨大取土坑，现场挖土机、小火车来回穿梭，一片忙碌景象，1990 年的考古发掘区域早已消失。经过探掘，证

① 浙江省文物考古研究所：《萧山跨湖桥新石器时代遗址》，长征出版社，1997 年。

② 方向明：《试论跨湖桥遗址》，《东方博物》第二辑，杭州大学出版社，1998 年。

③ 蒋乐平：《诸暨市楼家桥新石器时代遗址》，《中国考古学年鉴》，文物出版社，2000 年。

④ 浙江省文物考古所考古调查资料。

明取土坑东部一块尚存遗址堆积，也已成为挖掘机的重点工作区。

2001 年 5 月至 7 月，浙江省文物考古研究所、杭州市萧山区博物馆对跨湖桥遗址进行了第二次抢救性发掘。参加发掘的有蒋乐平、郑建明、孟国平、王屹峰、夏朝日、胡少波、张农、屈学芳。蒋乐平任领队。

第二期发掘的开始阶段共布 10m×10m 探方 5 个，后来证明发掘区已处遗址边缘，就放弃了文化层过于稀薄的东部两个探方，转而向西部被破坏一侧勉强扩出 7m×10m 探方两个，发掘面积近 $400m^2$。这次发掘的决定性成果是取得了一大批可复原的陶器，跨湖桥遗址的特殊性更有说服力的呈现出来了。送北京大学文博学院的 6 个碳十四测定数据经树轮校正，证明遗址距今 8000～7000 年。

为宣传发掘成果，加深认识遗址内涵，2002 年 3 月，浙江省文物局、萧山区人民政府召开了“跨湖桥遗址学术研讨会”，与会者包括严文明、张忠培、吴汝祚、毛昭晰、牟永抗等知名专家。会议充分肯定了跨湖桥遗址的学术意义，但对年代问题仍有争议性意见。

2002 年 4 月，跨湖桥遗址被评为 2001 年中国十大考古新发现之一。

2002 年 10 月至 12 月，遗址进行第三次发掘。参加发掘的有蒋乐平、郑建明、杨云、李佑生、朱倩。蒋乐平继续担任领队。这次发掘实际上是将 2001 年发掘区的扩大，在明确遗址所剩不多的前提下，意图将残余部分发掘了之，共布 10m×10m 探方 4 个，7.8m×7m 探方 1 个。实际发掘面积约 $350m^2$。

这次发掘十分重视多学科研究，中国社会科学院考古研究所袁靖、杨梦菲，中国科学院上海硅酸盐研究所邓泽群、吴隽，浙江省文物考古研究所科技考古室郑云飞等专家都到发掘现场，从动植物、硅酸盐、水稻遗存等角度对遗址内涵进行了广泛的考察、研究。

2002 年 8、9 月间，浙江省地质调查院正在湘湖一带进行“杭州市 1/250000 幅区域地质调查”项目，专门在遗址区做了一个全新世地层剖面，双方对第四纪地质与生态环境作了深入有效的合作研究。

跨湖桥遗址的发现与发掘打破了浙江新石器时代以河姆渡文化、马家浜文化为纲领的传统格局，开拓了中国东南沿海地区史前考古的认识视野。为使跨湖桥遗址的发现意义置于一个更高的学术平台，进一步打开工作的新局面，从 2002 年夏开始，浙江省文物考古研究所、萧山博物馆在资料整理和野外发掘的同时，见缝插针地展开湘湖地区新石器时代遗址的考古调查工作。跨湖桥遗址第三次发掘期间，铁路杭州工务段高级技师倪航祥提供了下孙遗址的线索。遗址点在跨湖桥北约两公里处，已停产的湘湖砖瓦厂（萧山砖瓦厂）取土坑北缘可见到零星的绳纹陶片。2003 年初夏，通过试掘，确认了下孙遗址的存在及其与跨湖桥遗址的密切联系。2003 年 12 月至 2004 年 1 月，对遗址进行了考古发掘。参加下孙遗址试掘、发掘的有蒋乐平、郑建明、杨卫、朱倩、陈文超、刘君幸、夏朝日、王兴海、崔太金等，蒋乐平任领队。发掘面积约 550m^2。

第二节 遗址地理位置

钱塘江从皖浙边界蜿蜒向东，经 625km，入杭州湾。浙江北部的地理形势，被钱塘江—杭州湾切割成两块，北为杭嘉湖平原，南为宁绍平原。海拔多在 10m 以下，地势平坦，水网密布，是历史上著名的“鱼米之乡”。平原向西，则进入孕育钱塘江水系的丘陵、山地。

钱塘江入海口的北岸，杭嘉湖、宁绍平原西部毗邻处，有古城杭州。这里是东南沿海地区北向陆上交通的必由之径。钱塘江水系的浦阳江、东阳江、衢江河谷相互通连，也成为联系赣、闽、湘、粤的通衢大道，现在横亘东西的浙赣铁路、杭金衢高速公路就铺设在这一线。历史上杭州的形成与发展，离不开这一作为交通枢纽的有利位置。

杭州主城区对岸，北纬约 30°05′，东经约 120°18′，有名邑萧山。从文献记载，秦时这一带为会稽郡治域。西汉初至元始二年（公元 2 年）间始建余暨县，属会稽郡。余暨之名，据民国《重修浙江通志稿》，有三种解释，一是地处暨浦（浦阳江）下游，浦阳江经萧山入海，地域上已是暨浦之余，故称余暨；二是“暨”有及的意思，传诸暨（地名，萧山南邻）为越王无诸教化所及，“余暨”则又及也；三是“余”为越语，越人称盐为“余”，当地产盐又临暨浦，故名。新王莽建国元年（公元 9 年），改余暨为余衍。乾隆《萧山县志》：“《县志刊误》，余暨以其地能产盐故名，而王莽改余暨为余衍，亦即盐官斥衍之说。”东汉建武年间（公元 25 ~ 56 年），复称余暨，属会稽郡。永建四年（公元 129 年），会稽郡一分为二，钱塘江以西为吴郡，以东为会稽郡。三国吴黄武年间（公元 222 ~ 229 年），改名永兴，属会稽郡。西晋，属会稽郡。东晋太宁二年（公元 324 年）改会稽郡为会稽国，永兴属会稽国。南朝宋永初二年（公元 421 年）会稽国复为郡，至南朝终，永兴属会稽郡。隋开皇九年（公元 589 年）废永兴县建置，并入会稽县。唐仪凤二年（公元 677 年），复设永兴县，属越州。唐天宝元年（公元 742 年），改永兴为萧山

（以城西萧山得名）①。后萧山作为县级政区地名一直沿用，县城为城厢镇。2001 年，调整为杭州市萧山区。

萧山地域呈狭长形，其南邻诸暨、富阳，东接绍兴，东北临钱塘江，面积 1236 km^2。地势总体南高北低，由山地向平原过渡。北片成为宁（波）绍（兴）平原的组成部分，中片间有丘陵，南片则为低山丘陵。北部平原地势平坦，海拔一般为 5～6.3m；南部山体基本呈西南—东北方向布展，是浙江中北部山系龙门山、会稽山、天目山的分支和余脉，海拔最高 744m；中部海拔一般在 4.2～6.2m，低于北部，这种特殊的地形是上游洪水泻泄、下游潮水顶托的结果。境内主要水系有浦阳江、永兴河、进化溪、西小江等，多发源于南部山脉。气候属于亚热带季风性气候控制区，降水量充沛，年平均降雨量为 1363.3mm，并且有明显的季节性，6 月至 7 月的梅雨期及 8 月至 9 月的台风期，多暴雨天气。钱江潮涌是东海潮波的一种特殊表现形式，成因主要是杭州湾至钱塘江河口段外宽内窄急剧收缩及河床的急剧抬升。千百年以来，以其潮势雄伟壮观闻名于世。这个时候，洪水与潮水上泻下涌，极易引起泛滥、淤塞。频繁水患造就了萧山历史上众多的堤塘、湖港。

跨湖桥遗址位于萧山中南部的湘湖之滨，行政区划属萧山区城厢街道湘湖村。钱塘江、浦阳江从西南流来，在遗址西北侧拐了个 U 字形的弯，“绕”过遗址，继续流向东北，注入杭州湾（图 1－1）。湘湖地处两列西南、东北走向的山脉之间，东列为石岩山、萧山，西列为石檀山、东山头、美女山、城山。其迹始载于《水经注》，名西城湖②。北宋政和二年（公

① 萧山县志编纂委员会：《萧山县志》，浙江人民出版社，1987 年。

② 《水经注・浙江水注》

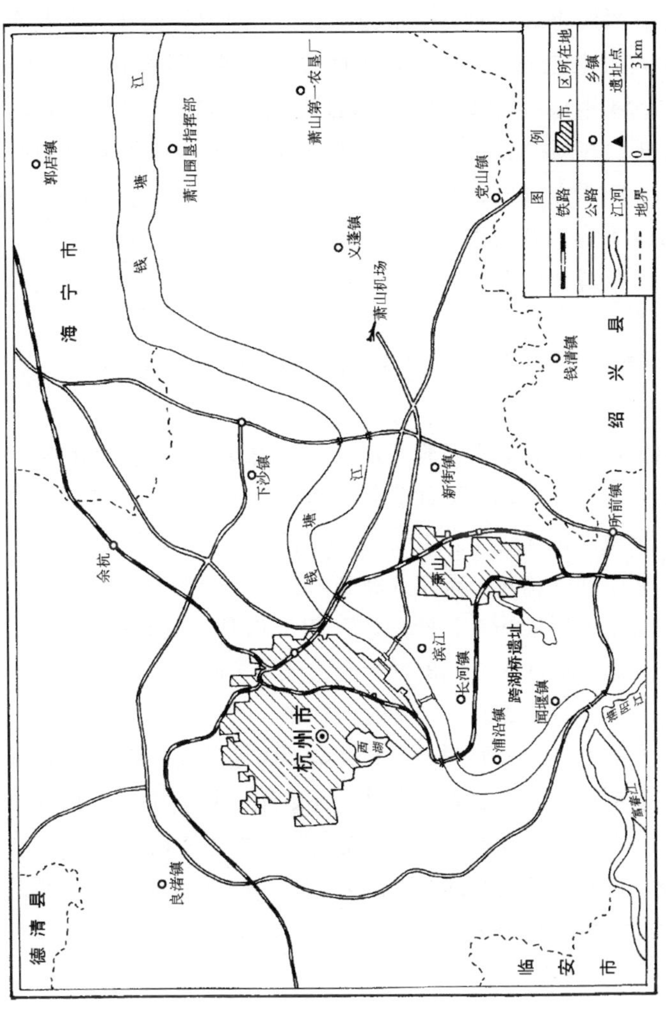

图 1－1 跨湖桥遗址地理位置图

元1112年)，萧山县令杨时“视山可依，度地可圩，以山为界，筑堤为塘”，遂成湖[①]。初成时，湖面37000余亩，周围40余公里。据代前宰《湘阴草堂记》载：“因山秀而疏，水澄而深，邑人谓境之深若潇湘然。”因而得名湘湖。明嘉靖三十三年(公元1554年)，乡官孙学思为沟通湖西岸孙姓、湖东岸吴姓两族的往来。在湖中狭隘处筑堤并建跨湖桥，从此，湘湖分为南北两湖，南为上湘湖，北为下湘湖[②]。民国以后，湘湖的水利功能逐渐削弱，湖面加速收缩，至20世纪后叶，湘湖名存实亡。遗址的具体位置在跨湖桥南约700m处，属上湘湖地界。

第三节　第四纪以来湘湖地区的地貌变迁

中生代以前，萧山及附近地区一直淹没在海中，至距今二亿多年前的印支运动才全面隆起成陆，晚侏罗纪强烈的火山喷发波及全境，侏罗纪末火山活动逐渐减弱，断块升降继而活跃，横穿中部的昌化—普陀大断裂以北形成一些断陷湖盆，俟后在白垩纪地层堆积中，断层以南缓慢抬升，地面逐渐夷平。第三纪开始，本区全面间歇性隆起，致使多阶梯地形形成，河流下切，地面日趋破碎，地形起伏加剧。晚第三纪开始，南部隆起幅度加大，使地面明显北倾，南部山地丘陵形成。至第四纪早～中更新世，地面震荡上升，在山麓、谷口和河谷中先后堆积了冲击、洪积和坡积层。晚更新世，发生了两次规模较大的海侵，致使中部与北部两度沦为大海，原来起伏不平的地形逐渐为海相沉积物填平[③]。

---

① 《萧山县志》康熙十一年影印本，(台北)成文出版社有限公司，1984年3月。

② 萧山县志编纂委员会:《萧山县志·湘湖记略》，浙江人民出版社，1987年。

③ 萧山县志编纂委员会:《萧山县志》，浙江人民出版社，1987年。

全新世以来，由于杭州湾特定的地貌和水动力条件，南北两岸表现出南淤北塌、北退南进的主体趋势，并导致受侵蚀的北岸段潮滩宽度小，组成物质较粗，而淤涨堆积的南岸段潮滩宽度大，堆积物较细。在海平面升降、潮汐和北面古长江的共同作用下，钱塘江（口）的南北摆动极为频繁。根据地方志记载并结合遥感影像特征的分析，可以复原5000年来河床与海岸线变迁的大致轨迹。位于钱塘江口南岸的湘湖地区即为这种条件下形成的沼泽型沉积①。

浙江省地质调查院在杭州地区区域地质调查中，运用气候旋回、基准面旋回以及海平面升降事件等三个级别的高精度对比，绘制出全新世湘湖地区的瞬时岩相古地理图，对当时的古地貌特征做了有益的探索。现选择10000aBP、8000aBP、7000aBP、6300aBP②四张瞬时岩相古地理图（图1－2、1－3），介绍湘湖地区全新世以来的古地貌变迁。

10000aBP属更新世末期，受末次冰期影响，本区处于海退阶段，萧山东部为潮上带的黏土及亚黏土沉积。从萧山北至钱塘江沿岸，以及萧山城至城南的广大地区广布一条宽窄不一的砂堤，在萧山城附近也发育一贝壳堤。南部山麓的来苏一带，则见洪积扇的堆积，下孙一带则为剥蚀区。古钱塘江从浦沿镇西侧流过，比现在的钱塘江更靠东，在浦沿至长河及闻家堰一带发育大片河流边滩沉积。其他地区，包括长河、西兴及跨湖桥一带，则出现大片沼泽。随着末次冰期的发展，温度进一步下降，海平面大幅度后退，全区暴露于地表，由于风化剥蚀作用，形成分布广泛的铁质风化壳［图1－2（A）］。

---

① 浙江省地质调查院：《区域地质调查报告——杭州市幅》，2003年。

② 浙江省地质调查院：《区域地质调查报告——杭州市幅》，2003年。

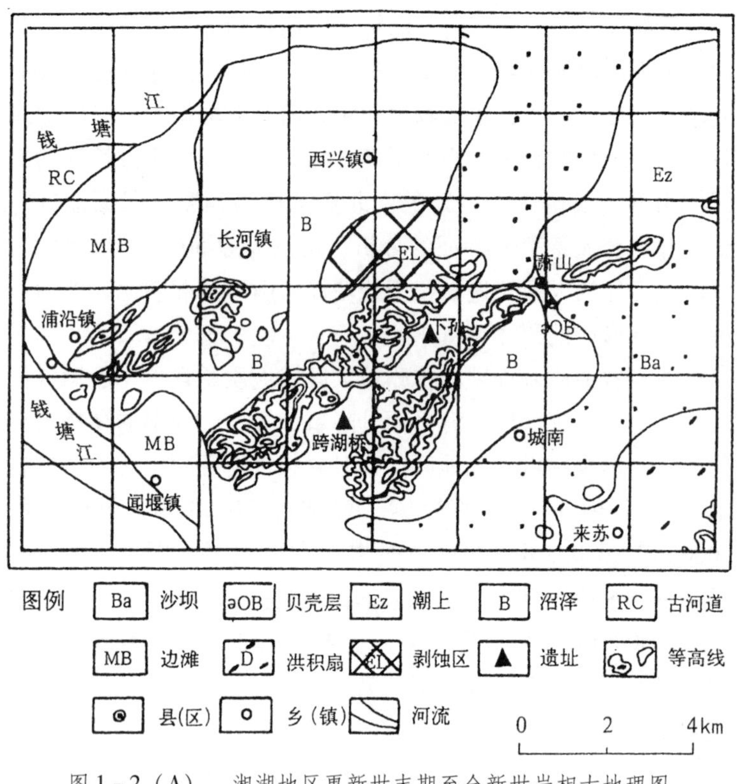

图 1－2（A）　湘湖地区更新世末期至全新世岩相古地理图
［约 10000aBP（未经树轮校正）］

末次冰期结束，海平面随即抬升。8000aBP 的湘湖地区已成为潮汐作用的主要地区，西兴至浦沿以北及西部，潮水活动频繁，已成为潮间带；以南地区以及萧山城、城南以东一带，则发育为沿岸砂堤，同时在西兴及其东北一带，还见有砾质堤及贝壳堤。它们标示出 8000aBP 时的古海岸所在。萧山至城南以西及闻家堰一带则出现潮上带的沉积。跨湖桥以南、长河以北以东则成为沼泽［图 1－2（B)］。

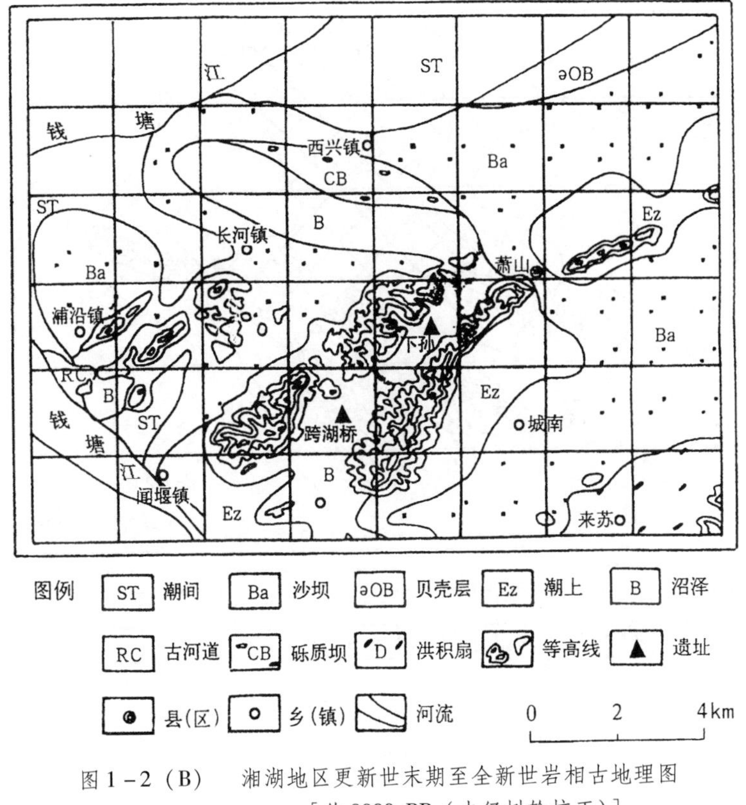

图 1－2（B） 湘湖地区更新世末期至全新世岩相古地理图
［约 8000aBP（未经树轮校正）］

7000aBP 的瞬时岩相图基本反映了一相对的海退期，西兴至跨湖桥为一南北面的剥蚀区（陆地），萧山城附近也有小块剥蚀区，浦沿至长河北西部为潮汐活动区，并沿山口一直向南延伸。砂堤沿浦沿、长河、西兴、萧山、城南、来苏呈环状分布于剥蚀区、丘陵周边。潮上带仅见于闻家堰及萧山以东地区，贝壳层则见于萧山，沼泽地仅见于跨湖桥遗址西南部［图 1－3（A）］。

6300aBP 瞬时岩相图展示的地貌特征，潮间带已波及浦沿、

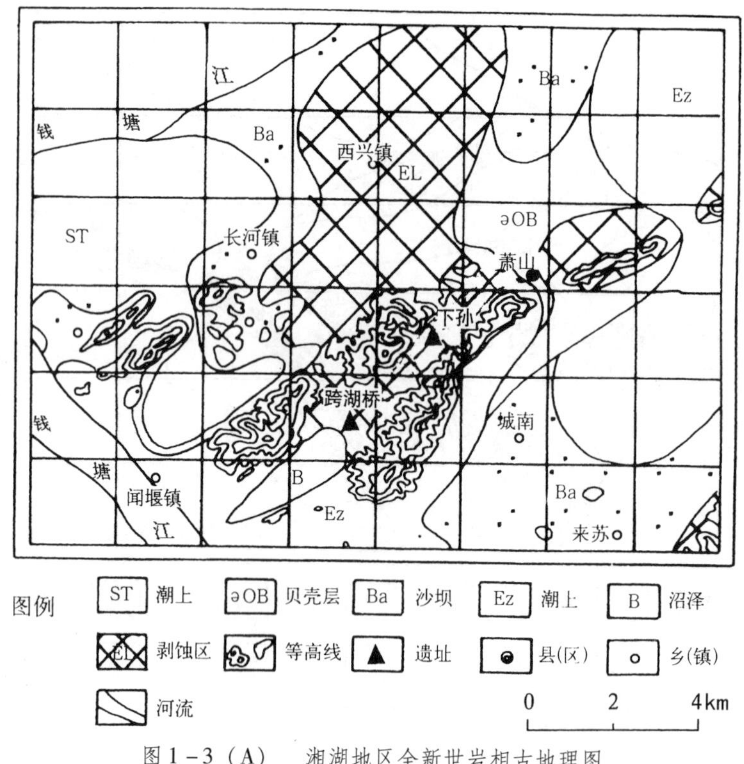

图 1－3（A）　湘湖地区全新世岩相古地理图
[约 7000aBP 未经树轮校正)]

长河、西兴一线西北地区，西兴、下孙至萧山一线北东部为大潮达到的潮上带，期间的广大地区则为砂堤。在砂堤中的洼地，积水形成小片沼泽，这一古地貌特征，表明了自8000aBP 以来海平面在上升，海侵面积在不断扩大［图1－3(B)］。

3800aBP，湘湖潮间带沉积进一步扩大，由西兴经下孙一直达跨湖桥，仅在闻家堰、萧山两地呈东北向有两条潮上带分区，其他均为砂堤，为海潮最高期的沉积。至 3000aBP 时，潮间带

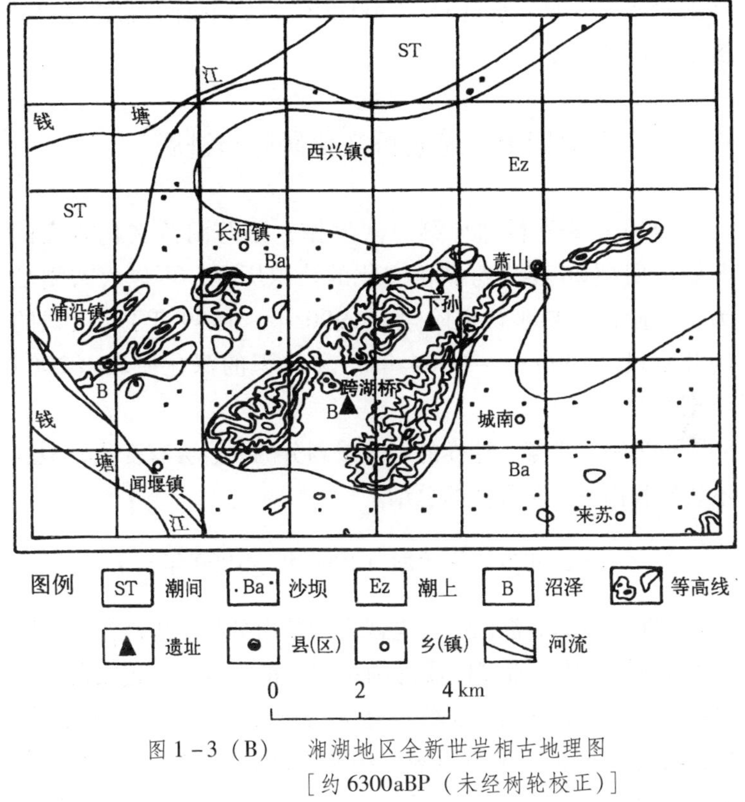

图 1－3（B）　湘湖地区全新世岩相古地理图
［约 6300aBP（未经树轮校正）］

向北退缩，潮上带有所扩大，但湘湖地区仍处于潮水的控制中。

这种水淹状态后来逐渐从海相变化为湖相，一直延续到近代。20 世纪后半叶，因湘湖进一步干涸，砖瓦厂星罗棋布，取土坑提供的典型地层剖面，反映出海相（潮汐）沉积与古湘湖沉积在这一带衔接紧密，证明湘湖是在潮水淤积的基础上形成的，具有泻湖的特征。

从上面提供的地质资料分析，跨湖桥遗址的诞生背景就是在末次冰期后的低水位期。6300aBP① 后，不断上涨的海侵导致了遗址的湮废。

第四节　跨湖桥文化研究与进展

1990 年跨湖桥遗址第一次发掘，是跨湖桥文化研究的开始。回顾 20 年来跨湖桥文化的认识历程，可以大致划分为三个阶段：初步认识阶段（1990 年～1999 年）、认识的展开阶段（2000 年～2004 年）和认识的深化阶段（2005 年至今）。

再过一二十年，这样的划分或划分的内容会有变化，但这不妨碍我们进行阶段性的总结。

一、初步认识阶段（1990 年～1999 年）

1990 年 5 月，浙江广播电视大学萧山分校学生郑苗提供跨湖桥遗址的线索，直接促成跨湖桥遗址的发现。在这之前，最早关注跨湖桥遗址出土文物的还有杭州砖瓦厂的厂医陈中缄，他很可能在 20 世纪 60 年代就已经发现湘湖出土的史前文物，并有意识地进行采集。后来，陈医生的后人将采集文物上交给萧山博物馆，这些上交的骨器、石器与跨湖桥遗址发掘文物完全一致。遗憾的是，跨湖桥遗址的命运比不上河姆渡遗址，种种原因，这一重要的遗址信息没有及时而有效地上报文物部门，并受到重视。

需要指出的是，据当地村民回忆，陈中缄发现的文物点，并不止于现在所界定的跨湖桥（包括下孙）遗址，也就是说，

① 浙江省地质调查院：《区域地质调查报告——杭州市幅》，2003 年。

当初湘湖一带的跨湖桥文化遗址分布范围要更广。

1990 年 10 月至 12 月，跨湖桥遗址开始第一期发掘。发掘取得了不错的成果，彩陶、交叉绳纹卵腹釜、圈足器、木结构的椽子坑等重要信息即刻受到了重视。遗址出土的四个年代测定标本送到国家海洋局第二海洋研究所，测出了距今 8000 多年的年代数据。这一年代是惊人的，因为它比河姆渡遗址早了整整 1000 年。1997 年，《萧山跨湖桥新石器时代遗址》考古简报发表①。发掘者肯定了跨湖桥遗址的年代测定，几个基本概念也在报告中初步提出：早于河姆渡的年代、特殊的文化类型、与长江中游石门皂市下层的文化联系。

跨湖桥遗址发现后，考古界采取了较为谨慎、保守的学术态度，但浙江的考古工作者并没有放弃对遗址的思考。这主要体现在遗址发掘者芮国耀、方向明执笔的《萧山跨湖桥遗址发掘简报》和方向明的《试论跨湖桥遗址》、王海明的《二论跨湖桥新石器时代文化遗存》3 篇文章。以“河姆渡文化课题组”名义发表的《二十年来河姆渡文化的认识与探索》（蒋乐平执笔）② 也谈到了跨湖桥遗址。

芮、方的简报和方向明的探讨文章③，可以反映发掘者对遗址内涵的初步认识。发掘者的观点理应受重视，因为这是其他认识的重要源头。在《萧山跨湖桥遗址发掘简报》中，发掘者公布了重要的遗迹、器物、层位关系及年代测定数据。陶

① 浙江省文物考古研究所：《萧山跨湖桥新石器时代遗址》，《浙江省文物考古研究所学刊》，长征出版社，1997 年。

② 河姆渡文化课题组：《二十年来河姆渡文化的认识与探索》，《浙江省文物考古研究所学刊》，西泠印社，1999 年。

③ 方向明：《试论跨湖桥遗址》，《东方博物》第二辑，杭州大学出版社，1999 年。

器的复原器较少，有几件釜，彩陶被重点介绍；木质文物及建筑遗存、橡子储藏坑等也引人注目。报告在肯定遗址年代的同时，指出其与浙江原有文化体系有较大差别，文化类型存在特殊性，并进一步提出与长江中游文化上的联系，特别是湖南皂市下层文化类型。《试论跨湖桥文化》在简报的基础上有所展开，将陶器质地归纳为夹砂陶、粗泥陶和夹炭陶，夹砂陶以釜类器为主，粗泥陶、夹炭陶多为盘、罐、支座等。夹炭陶与河姆渡的夹炭陶有差别，未发现掺和的炭化稻壳，烧成温度相对较高。陶器主要采用手制，亦有可能采用原始的贴塑法，分段制作普遍。纹饰以绳纹、镂空、刻划为主。彩陶较丰富、彩质疑是一种“漆”。彩纹除直观的太阳纹外，还有直条纹、曲折纹、十字形纹、网格纹等。器类以圜底器和圈足器为主，没有发现三足器。接着比较了与河姆渡遗址四层内涵的异同。陶系上都为黑陶，器类都以釜、罐为主，均不见三足器。但釜的差别大，跨湖桥遗址的罐不见牛鼻耳、没有带嘴或流的器物，跨湖桥的圈足盘类器不见于河姆渡遗址等。陶器的绳纹，跨湖桥遗址以交叉菱形为特色，河姆渡则多赋之以刻划纹，跨湖桥彩陶显然要丰富，河姆渡的少量彩陶受跨湖桥影响的可能性大。跨湖桥出现较早的玉器穿孔技术。在与河姆渡比较之后，又与罗家角进行了比较，指出骨耜的置銎方法有共同性。最后，又与洞庭湖区新石器时代早期文化作了比较，认为釜、罐、盘、支座及其绳纹、刻划装饰的相似性，将这些共同性归纳为“长江流域新石器时代早期文化圈”。

王海明是跨湖桥遗址年代的主要质疑者[①]。他从原有的认

---

① 王海明：《二论跨湖桥新石器时代文化遗存》，《东方博物》第四辑，浙江大学出版社，1999 年。

识框架出发，强调钱塘江两岸存在着两支并行发展的原始文化，即宁绍平原的河姆渡文化和杭嘉湖的马家浜文化。由于跨湖桥遗址与河姆渡遗址均属宁绍地区，这种“地理上的亲缘性是我们不自觉地将跨湖桥新石器时代文化遗存与河姆渡文化比较最‘理直气壮’的一个理由”，通过比较，他认为跨湖桥遗址[①]的年代相当于河姆渡文化晚期或更晚些。尽管如此，他也认为跨湖桥文化遗存具有鲜明的个性。怎样认识这种个性现象呢？他借用了苏秉琦对太湖地区原始文化的认识。苏氏认为河姆渡文化、马家浜文化是同一文化的不同地方类型，可细分为“圩墩—草鞋山类型”（苏南）、“马家浜—罗家角类型”（杭嘉湖）、“河姆渡类型”（宁绍平原），王在这一基础上略作拆分，将钱塘江以南的萧绍地区划出一块，另立一个“跨湖桥类型”。王海明是这样解释跨湖桥遗址不见鼎这一原始现象的：鼎是受马家浜文化影响的器物类型，而马家浜文化向南的传播途径并非现在看来更为狭窄的钱塘江口，而是靠近宁波的杭州湾。他认为海盐王坟遗址、桐乡金家浜遗址、嘉兴南河浜遗址出土的夹炭红衣陶釜、陶罐的造型与纹饰与宁波慈湖下层等钱塘江南岸遗址出土器物比较一致，这无疑是受到河姆渡文化的影响，这反映距今6000年左右，在杭州湾存在着一条至今尚未被我们认识的文化交流通道，具体位置可能在海盐与曹娥江东部的慈溪泗门—周行之间。既然这一拟想中的南北交流通道靠近东部，那么，位于宁绍西部的跨湖桥遗址因为距离较远，受马家浜文化影响较滞后，鼎这种三足器尚没有传播到这里。因此，跨湖桥遗址不见鼎，是距离远、传播迟缓的原

① 浙江省文物考古研究所、萧山博物馆：《跨湖桥》，文物出版社，2004年。

因，并不是因为年代早[1]。

从可以检索到的论文看，王海明是当年唯一质疑跨湖桥遗址测年的研究者。但实际上，持怀疑态度的人更多，这种现象一直延续到 2002 年 3 月的“跨湖桥遗址学术研讨会”之后。因此仅就王得出的结论来看，应该是代表了更多考古界圈内人士的观点。但王的论证过程及思路，则是执着于以钱塘江为分界的“二元”体系，具有一定的典型性，是“二元”思维方式在具体案例分析上的模式化体现，值得作进一步的分析评判。

为庆祝浙江省文物考古研究所成立二十周年，蒋乐平执笔，以“河姆渡文化课题组”的名义发表了《二十年来河姆渡文化的认识与探索》[2] 一文。文章谈到同属钱塘江以南的跨湖桥遗址，指出尽管遗址年代存在异议，但跨湖桥这种特殊的文化类型应该受到足够的重视，建议通过更充分的碳十四年代测定数据确定遗址的年代，因为年代是深化认识的重要基础。

这一阶段与跨湖桥文化研究相关的最重要事件，是无法逆转的学术资源的消失——跨湖桥遗址的进一步破坏。后来看到剩下的半条独木舟，谁都不禁会一声叹息。只能说，这是萧山社会快速发展所付出的一个代价。当然，也是文物法、考古知识未能普及于社会的一个教训。所幸的是，还存在郑苗这样有知识、有责任感的公民。

---

① 河姆渡文化课题组：《二十年来河姆渡文化的认识与探索》，《浙江省文物考古研究所学刊》，西泠印社，1999 年。

② 河姆渡文化课题组：《二十年来河姆渡文化的认识与探索》，《浙江省文物考古研究所学刊》，西泠印社，1999 年。

二、认识展开阶段（2000 年 ~2004 年）

2000 年，浙江省文物考古研究所以诸暨楼家桥遗址发掘为契机，联合萧山博物馆、诸暨博物馆、浦江博物馆，展开浦阳江流域新石器时代遗址专题调查。调查的起因之一，是发现同属浦阳江下游的楼家桥遗址与跨湖桥遗址文化面貌差别很大。楼家桥遗址当然也有自己的文化特点，但相比之下，与河姆渡、马家浜文化的联系要密切得多。那么，这到底是怎么回事呢？

2000 年 12 月下旬，考古人员再一次踏上了跨湖桥遗址。由于考古调查队的队员均未参加跨湖桥遗址的第一次发掘，对遗址十分陌生，更何况经过近十年的破坏，遗址已经面目全非。出现在调查队前面的是一片繁忙的工地，到处都是挖掘机、铲土机以及传送带、小火车的轰隆声，遗址已化作一个 10 余万平方米的大土坑（为后来的湘湖恢复工程提供了很大的便利），遗址已经无踪可寻。最后，还是依靠砖瓦厂工人的指引，在大土坑的一个东部凸出的地块找到了文化层堆积，“贪婪”的履带印痕和铲斗齿痕正“蚕食”着这仅剩的区块，后来证明，这确实也是跨湖桥遗址的最后“阵地”，如果调查队晚到一步，遗址也就彻底消失了。跨湖桥遗址的重新发现有很多因素，但在遗址保护措施尚未到位的历史条件下，考古工作者的方向性选择，即试图在宁绍、杭嘉湖之外寻找学术突破点的努力，成为把握跨湖桥遗址命运的重要支点，则是毫无疑问的。

2001 年 5 月至 7 月，跨湖桥遗址完成第二次发掘。除了遗址的堆积相让人叹为观止（遗址之上叠压 4m 之厚的纯净淤泥，后来确认为海相层），最大的收获是陶器方面。整理过程中修复的陶器达150余件，器物群的呈现比第一次发掘更为完整。在许多方面对发掘者产生认识上的震撼。

第一是陶器制作的精致程度。除器形规整匀薄外，主要指彩陶与黑光陶工艺。彩陶保存的鲜艳程度，可能比不上前次发掘，但由于发现的完整或较完整的器物较多，彩陶的分布位置及组合形态看得更分明了。彩质分为厚彩与薄彩两种，均施于细腻的陶衣之上。薄彩一般见于圈足盘（豆）的内壁，有红、黄诸色，从口沿向内垂挂的环带纹、半月纹最为普遍；一些双腹盘从口沿到底心分层设组，十分讲究，这类器物应当不再是实用器皿，具备了充任礼器、祭器的基本特征。最有特色的是厚彩，施于器物的外部，如罐的肩颈、圈足盘（豆）的圈足等位置。圈足部的彩纹多呈以圆形镂孔为中心的放射纹；肩颈部位则多以组合纹饰出现，太阳纹引人注目；在手法上，点彩、条纹、波浪纹相配合；一件扁腹罐的器耳上还出现一个“田”字符号。厚彩材质似为加有某种黏合剂的泥料，脱落后遗留乳白色痕迹，大都清晰可辨。黑光陶一般见于豆、罐两类器物。黑光陶的概念，是为了区别良渚黑陶。浙江新石器时代晚期有著名的良渚文化泥质黑皮陶，初见很容易相混，当时社会上还出现一种民间说法，认为跨湖桥的黑光陶是从良渚过来的沉船遗存（这种说法当然也对年代持否定意见）。其实胎质完全不同，外露的光泽也是不一样的，但这种混淆至少说明在陶艺效果上不分伯仲。这种黑光的表面形态同样反映在一批外红内黑的器物上，如钵类器，内壁十分光亮，为江南其他考古学文化所不见。器物上常见周正的弦纹、棱纹，分明使用了慢轮修正技术。更令人惊讶的是，在一件外红内黑的陶器的口沿部位发现用黏合剂进行修补的证据。

第二是完全陌生的陶器群组合。从器名上看，不外釜、罐、钵、豆（圈足盘）、甑几种，但形态完全是新的，如钵型釜、折肩釜、扁腹双耳罐、盅型钵、双腹豆。特别是甑，应该是中国出现食物蒸煮的最早证据。发现了唯一的一件流的残件，说明盉类器已经出现。

第三是纹饰的丰富与成熟。拍印的方格纹在浙江地区的新石器时代遗址中可以说从未发现过，但跨湖桥遗址出土了相当的数量，粗格者多呈菱形。另外还有篮纹、篦纹、指甲纹、戳印纹以及“工”字、“卜”字、三角形、方形、圆形等镂空形式。绳纹除拍印，还应当采用了滚印等方法。

当然，最令人关注的还是遗址的年代。2001 年 11 月初，北京大学文博学院碳十四实验室的第二批测定数据出来。检送标本为 2001 年出土的木块，数据排列是 6585 ± 90 年、6970 ± 100 年、6450 ± 90 年、6615 ± 110 年、6180 ± 90 年、6370 ± 120 年；经过树轮校正，年代大致在公元前 6000 年至公元前 5200 年间。同时，1990 年发掘区编号 H22 出土的、补送北京大学实验室的橡子标本的测定数据也已出来，为 6800 ± 170 年，树轮校正后为公元前 6000 年。这些数据虽稍晚于国家海洋局所做的第一批数据，但在整体上完全突破了河姆渡遗址公元前 5000 年的上限。

当初对跨湖桥年代质疑的一个理由是国家海洋局二所实验室对考古标本缺乏知识，技术处理有偏差，测定数据不准确。现在更具权威的北京大学复证了跨湖桥遗址的年代，大约再也没有猜忌的理由了。

跨湖桥遗址以更充足的资料准备，迎来了 2002 年 3 月下旬“跨湖桥遗址学术研讨会”的召开。研讨会的目标十分明确，第一是赢得“浙江最早遗址”的美誉，二是增加学术界与社会各界对跨湖桥遗址的认知度。因此不但邀请了全国各地的专家，新闻媒体也特别作了安排。但尽管有了充分的碳十四年代测定数据，考古资料与学术思路上作了较充分的准备，与会专家对盛情的主办方也充满同情之心，但研讨会上专家们对遗址的年代还是提出了争议性的意见。

以下是“跨湖桥遗址学术研讨会”与会专家发言的实录。口头发言在表达上或有不周之处（记录也会有疏漏），但其基本观点大致可断，从中我们可以更深切地领会跨湖桥文化的研究是怎样一步步发展的。

裴安平（南京师范大学）：汤家岗的细线条附加堆纹、城背溪的圈足盘均有可比之处；细柄豆在汤家岗遗址也有发现。

黄宣佩（上海博物馆）：新的文化类型。釜与河姆渡、罗家角有明显区别；以双耳器、彩陶豆（盘）为代表的文化。非常重要的发现，应该相信碳十四年代数据。无鼎、无穿孔石器、石器硬度高、未陶洗的粗泥陶特征。晚期与河姆渡、马家浜有共同性：1. 红褐色陶衣；2. 双耳罐、釜在河姆渡、马家浜也有。

宋建（上海博物馆）：1. 年代：从文化内涵、现象看，没有三足鼎；制法有慢轮修正，没有快轮；文化特征与石门皂市有联系；遗址中的自然遗物，鹿多、老猪多，说明对野生资源的猎取。新石器时代遗址中，一般是猪的比例增加，鹿的比例减少。人类刚到达一个地区时，有充分的自然资源的保障。2. 文化的独特性：专门的炊器，双耳罐，圈足器，罐、圈足器上的纹饰，构成一套独特器物、独特的文化类型。3. 不理解的地方。很多因素陌生、晚，为什么不大的范围内有三个类型，骨器上体现的穿孔技术，箭镞，大方格纹，高领罐上的刻划纹。既然整体的肯定，地层的认定，这应该是不断发现新事物的过程，认定事实，抱着认识新事物的态度，10000年到8000年是海平面迅速抬高的时期，不会有遗址，8000年到7000年开始稳定，7000年以后稳定，三个文化未必是本地发展起来，不同方向的因素，在小范围里冲突、融合。

张敏（南京博物院）：开了眼界，又有许多问题。年代的确定不能光看碳十四数据，还要看本身的东西，江苏也没有发现7000～8000年的东西，7000年开始稳定下来，早于7000年可能性较小。缺憾：仅此一处，缺乏可比性；文化遗迹缺乏；遗物复杂，很早很晚的东西集合在一起。早的因素：1. 双耳罐；2. 无鼎；3. 石器单调；4. 无玉器；5. 动物中的牛鹿；猪以老幼猪为主；渔猎经济占主导地位。6. 纹饰上的原始性，刻划（不清）、指甲纹。先进（晚）的因素：龙山因素，镞、凿。年代：倾向于7000年左右；晚不过6300年，比河姆渡略早。文化性质：很新、先进；独立性强；外延范围不会很大；面貌复杂，个性突出。形成：不是土生土长，北纬30°，人类活动发达区；海退后形成最高生存空间，来无影，去无踪。结论，独立的文化类型成立，但有待于进一步的工作，二级台地的调查；“通道”上的调查。看不明白。

吴卫红（安徽省文物考古研究所）：1. 不熟悉。细看遗址是个联系的整体，组合独立，独立的文化遗存。2. 早晚差别存在；3. 年代；安徽彩陶7000年前出现，彩绘6000年出现。遗址将长江中游与浙江联系起来，安徽是个中间环节，对我们是个促进。

赵辉（北京大学考古与文博学院）：1. 1990年就看到，初步估计区别不大，根据经验，年代属于大溪早期。2. 对长江流域研究的意义，独特的一套东西，往东没有，与中游关系密切。凌家滩，发展程度高，有玉器，地区接近宁镇，水平比两翼高，石器有两个中心（高峰），巢湖是一处，跨湖桥对这种先进性提供了线索，相近而且发达，后阶段是屈家岭与良渚对峙。前后段不一样。3. 将两者联系起来，提供了中间材料。甚至与珠江三角洲咸头岭类型相似；将南片串起来。把三地串联起来，将是非常重要的工作。文化类型没问题，内容还嫌单薄，加强周围地区的工作。

杨楠（中央民族大学）：与长江中游的共同性，如何分析？虚线，方向如何？独立的文化遗存，不忙于命名一个独立的考古学文化，在二级台地上寻找遗址。

吴汝祚（中国社会科学院考古研究所）：1. 发掘面积 630m^2，与河姆渡一模一样，会议也一样，巧合的背后？（严文明插话：“斗巧”）相当重要。但面积发掘过小，大问题解决还有困难。曾几何时，大汶口放在龙山后面，挖东海峪、三里河以后慢慢解决。宏观容易看，微观难看。进步一定就晚？裴李岗发现的磨光石器（磨盘、带锯齿的镰刀），当时就不认识。碳十四数据不能完全抛弃，跨湖桥是河姆渡源头之一，河姆渡很多东西在跨湖桥找到同类型器的源头。彩陶最早有 8000 多年，与黄河流域不一样，临潼白家村有红陶，这里有红、白、黑，部位也不一样，黄河与长江各有源流，与中游比较，彩陶反而多，关系到底如何？现在说不好，长江流域普遍的衰微过程，河姆渡彩陶少、水平高，与老官台往上走不一样。2. 河姆渡榫卯结构有源，跨湖桥的橡子坑的井字形木结构有榫卯倪端。

缪亚娟（中国社会科学院考古研究所）：是东南沿海地区继河姆渡、良渚以后的重要发现，不同于河姆渡、罗家角，年代要早，为区系类型研究提供新资料。

张忠培（故宫博物院）：1. 陶器加工规整，面貌一致，代表一种遗存的文化特征，少数陶片注意一下，如方格纹等。2. 层层叠压的烧土层与烧土坑是同一房子的使用过程。新的文化，彩陶非黄河流域（老官台）系统，是新的彩陶，与青莲岗构成一个组合，新的遗存。年代，进不了 8000 年，早于崧泽，倾向于宋建、裴安平，公元前 4900 年前后，超不过公元前 5000 年，下限在公元前 4000 年纪中期。不要看得太原始，肯定进不了 8000 年。3. 孤单，进一步调查。提供了一个亮点，一种思考。苏先生的多元说，崧泽之前谱系更多，苏先生的区系概念有一个组合过程，产生新的观念，不一定是两种，现在有三种。

严文明（北京大学考古文博学院）：1. 研讨，很好的学术性研究。2. 1990 年的资料看过，没发表意见；不能不考虑旁边的文化，现在复原器增加，工作很好，上面堆积厚，没有后期扰动，前期的扰动也没有，没有干扰，工作不错，是一个单纯的整体，方格纹不可能晚，自己建立新的思路，不套老筐子，但要比较研究，插不到后面的序列，就往前搁，或不搭界；近而不联系，双耳罐略有联系，比河姆渡早，与皂市、汤家岗像，这批陶器复杂，选料不一样，有慢轮修整，造型圜底、圈足，简单，总体体现早期的特征；但还是复杂，比皂市、汤家岗复杂，不像边缘化，技术水平高，年代相当石门皂市，联系在罗家角有（白陶）、河南龙岗寺也有，远距离的文化交流是可能的。器形复杂，纹饰更复杂，绳纹细匀，刻划纹。是彩陶，不应该叫彩绘，浓泥点的材料（当指厚彩中的点彩），一个器物上几种类型的装饰；烧制方法，十分丰富。黑陶，仰韶早期就有，赵宝沟黑陶很好，裴李岗黑陶一点不比这里差。内涵不属于现有的任何考古学文化，但分布范围不清，不忙于确立新的文化，靠山找一找，更重要的是沿着浦阳江找，现在只是个框架，开了新石器时代考古工作的眼界。

最后的会议纪要①综合了各方面的意见，在年代问题上采用了“跨湖桥遗存有较多接近长江中游地区文化的特征，面貌上接近洞庭湖地区的皂市下层文化或汤家岗、丁家岗下层类型，因此它们的年代相仿。至于跨湖桥遗存与浙江境内河姆渡3、4层或马家浜文化的关系，多数学者赞同跨湖桥遗存的上限较早，或者认为跨湖桥遗存整体早于河姆渡文化；或者晚段和河姆渡文化有一段并行发展的时期。”而在文化性质上，“与会代表一致认为，跨湖桥遗存的文化面貌十分新颖独特，其器物群基本组合、制陶技术、彩陶风格等，皆不同于浙江境内任何一支已知考古学文化，又自成一个整体，是浙江考古的崭新发现。由于其文化面貌的特殊性，因此，可以把它看成一个单独的文化类型。但限于目前有关发现尚少，特别是还不明了这类遗存分布的基本范围，因此，代表们建议，现在尚不急于给予其文化的命名。”②

2002年的“跨湖桥遗址学术研讨会”取得了戏剧性的效果。遗址年代存在争议，但依然被评为“2001年度十大考古新发现”。意外获评，证明考古界对遗址重要性还是有足够的

① 研讨会上专家的选择性发言内容见《跨湖桥遗址学术研讨会纪要》（赵辉整理），《中国文物报》2002年4月5日。

② 研讨会上专家的选择性发言内容见《跨湖桥遗址学术研讨会纪要》（赵辉整理），《中国文物报》2002年4月5日。

认识。年代争议的背后，是对遗址内涵的另一种关注与期许。客观地说，无论放在哪一个年代，跨湖桥遗址都是中国东南地区或长江流域史前考古的一大发现。更何况还有严文明、吴汝祚等考古学家对遗址的碳十四年代测定数据持肯定态度。

从 2001 年秋冬开始，跨湖桥遗址的整理工作紧锣密鼓进行着，为尽早发表考古研究报告作准备。2003 年下孙遗址的发现，加速了报告的编写进度。报告承载的一个使命，是提出“跨湖桥文化”的概念。从发掘者本身的认识及 2002 年“跨湖桥遗址学术研讨会”上的反映来看，跨湖桥遗址的文化特殊性，比其年代，更容易被学术界认同。唯一的不足是缺乏遗址数量的支持，根据考古学文化的命名法则，必须有两处以上的同类型遗址，才能从分布范围的角度，对“考古学文化”概念提供最基本的支撑。2003 年，浙江省文物考古研究所、萧山博物馆联合在湘湖地区进行调查，意图发现其他同类型遗址。这年的春夏之交，杭州铁路工务段高级技师倪航祥，一个一直对跨湖桥遗址发掘给予关注的文物爱好者，提供了下孙遗址的信息。下孙遗址位于跨湖桥遗址东北部不到 2km 处，靠近杭州乐园，同样被砖瓦厂取土破坏。在取土坑的西部剖面上，可以捡拾到零星的陶片。得知信息后，考古队马上发现了稀薄的遗存堆积及“线轮”等跨湖桥典型器物。紧接着对遗址进行试掘，并在 2003 年的秋冬季节进行了正式发掘。

将下孙遗址认作一处独立的跨湖桥文化遗址，略有勉强之处。首先是两遗址相距太近，考虑到两遗址的中间地带还存在着过渡遗存（根据陈中缄后人及当地村民的反映），这两处遗存很可能就属于同一个遗址。其次，下孙的遗存性质很可能是一个制陶作坊，《跨湖桥》报告并没有讳言这一点。也就是说，下孙遗址实际可能是跨湖桥遗址的一个特殊功能区。但为了尽早命名为独立的考古学文化，也因为遗存的严重破坏影响了判断的确定性，报告的“综论”还是从两个不同遗址的角度进行分析，并在这个基础上提出了“跨湖桥文化”的概念，并将“跨湖桥文化”定义为“一种存在于距今8000～7000年、以湘湖及其周围地区为重要分布区，面向海洋、最后为海洋所颠覆的考古学文化。”这一概念值得商榷（从后面的发现看，跨湖桥文化的分布并非面向海洋，而是在河流的上游地区，这一点在后面部分会加以论述）。从中得到的教训是，赖以命名一个“考古学文化”的遗址必须是典型性遗址，否则，即使命名本身没有错误，但其内涵的设定可能会出现非科学的倾向。

2004年11月，《跨湖桥》考古报告紧赶慢赶如期印付，“跨湖桥文化学术研讨会暨《跨湖桥》报告首发式”在萧山召开，“跨湖桥文化”的概念在会上得到严文明等考古学家们的支持，“跨湖桥文化”成功命名。跨湖桥遗址从年代讨论为开端，以“十大考古新发现”中选、跨湖桥文化的命名为高潮，知名度迅速提高，受到国际、国内学术界的关注。

这一阶段，开始从多学科的角度研究跨湖桥遗址。《跨湖桥》报告除了公布传统考古学的研究成果，还在遗址的环境变迁、动植物的利用或驯养等方面进行了专门研究。袁靖等报道了南中国地区最早的家猪；刘莉等提出遗址出土的圣水牛为野牛、并没有走向驯养的观点；郑云飞等从硅藻化石等遗存分析了遗址的沉积环境，并对水稻的驯化现象作了客观的解读。

三、认识深化阶段（2005年至今）

这一阶段的成果主要体现在两个方面，一是多学科研究上，跨湖桥文化的经济、环境、意识形态以及独木舟等方面内容得到更广泛的关注，跨湖桥文化研究出现在更多的国际、国内学术议题中；二是考古发现上，浦江上山、嵊州小黄山、永康湖西、龙游青碓等遗址均发现跨湖桥文化层，这些跨湖桥文化遗存都直接叠压在上山文化层之上；在上山遗址中，甚至发现了上山文化—跨湖桥文化—河姆渡文化（非典型性）的三叠层关系。至此，跨湖桥遗址的年代、跨湖桥文化命名的意义等问题得到了肯定性证明。

在研究方面，有几篇文章值得一提。

第一篇是宗永强等撰写的《沿海湖沼火与水的控制造就华东最早的水稻栽培》[①]，该文通过发掘区的土壤采样，分析样品中的孢粉和微生物化石，试图对遗址环境的复原与重建提供新的解释。其中特别针对文化层比下部的湖相层桤树孢粉急剧减少和细小炭屑成倍增加的数据，得出人类毁林开荒、清除林地以扩大水稻的种植面积的判断。土壤中发现的粪便分解物，也被认为是当时人类可能利用动物粪便作为水稻栽培的肥料。因此，跨湖桥的早期水稻体现了一种用焚烧灌木、控制海水渗入以维持稻田蓄水和肥力的栽培模式，并进一步将跨湖桥遗址看做是东亚最早栽培水稻地点。该成果发表在高等级的国际学术刊物上，但却缺失考古学的知识背景。自然层与文化层的堆积性质完全不同，盲目比较只能得出不切实际的结论。比如，细小炭粒的急遽增加，是因为取样点就在独木舟遗迹附近，这里发现了多处烧土并发现木头或木器被烧的遗迹，树木被燃烧利用又是人类活动的普通现象，与下部的自然层堆积当然不可同日而语。如果这些增加的炭屑发现于确定的耕种区域，或可推导出毁林开荒的结论，但绝不能反向推导炭屑就是

① Zong, Y., Chen, Z., Innes, J. B., Chen, C., Wang, Z., Wang, H., 2007. Fire and flood management of coastal swamp enabled first rice paddy cultivation in east China. *Nature* 449, 459 -463.

一种烧荒火耕的遗迹。对此，舒军武等还从专业角度，对遗址中出现的桤树孢粉，提出了不同的分析意见。舒军武等重新在该遗址及遗址边缘做了更细致的工作，认为“一孔之见”的桤树属花粉单峰值并不能真正代表当时普遍发育桤木湿地林。相反，以栎树、松树为主的常绿、落叶混交林是当时跨湖桥文化时期广泛分布的地带性植物，也是人类活动干扰的主要对象①。这与《跨湖桥》报告的结论是吻合的。同样，宗文将跨湖桥水稻认作东亚最早栽培稻，也是在对史前考古现状缺乏调查的条件下得出的草率结论。这篇文章的最大启示是，自然科学介入考古研究，并不能“自然”地得出科学结论，必须与考古学紧密结合，才能发挥其真正的作用。

另一篇是王长丰等撰写的《浙江跨湖桥遗址所出刻画符号试析》②，试图从意识形态的领域开掘跨湖桥文化的内涵。在《跨湖桥》第八章“总论”第五部分“艺术与宗教”中对陶、木器上原始符号的论述基础上，该文进一步分析认为，这些符号是目前所见到的最早的可能与数卦有关的符号类型，这种符号有可能是用于记录占卜的数字卦象，如果这一推测成立，就可表明早在 8000 ~ 7000 年间，数卦系统就已存在了。这种符号不独见于跨湖桥遗址，舞阳贾湖、大溪、崧泽文化、佛山河宕、良渚、平粮台等遗址也有出现，凌家滩的占卜文化就已经相当成熟。从符号出土地点来看，这些符号大都出土于

---

① Junwu Shu, Weiming Wang, Leping Jiang, Hikaru Takahara, 2010. Early Neolithic vegetation history, fire regime and human activity at Kuahuqiao, Zhejiang Province, East China: a new and improved insight. *Quaternary international* 227: 10 - 21.

② 王长丰、张居中、蒋乐平：《浙江跨湖桥遗址所出刻画符号试析》，《东南文化》2008 年第 1 期。

长江流域和淮河流域，这或可说明黄淮、江淮和江南地区是我国占卜文化的主要源头。跨湖桥遗址符号的发现对我们更进一步地认识我国传统文化的起源与发展，具有重要意义。

焦天龙的《论跨湖桥文化的来源》① 重拾旧说，针对跨湖桥与皂市下层的所谓共性因素展开议论，并大胆提出跨湖桥人从长江中游迁徙而来的可能性。该文的重点是构建从内陆向沿海史前文化传播路线，在具体的比较研究中没有提出新颖的证据，但我们可以借此反思，当初提出的与长江中游史前文化的联系，具有怎样的考古学的认知意义。

为什么在跨湖桥遗址的发现之初，发掘者会将比较的目光投向长江中游地区的皂市下层文化？可从两方面对此进行推测，第一当然是文化面貌本身具有可比较之处；第二是以权宜之计，通过这样的比较获得对遗址测定年代的支持。两种因素可能兼而有之。毕竟，长距离文化之间的直接比较，在以往的研究中从没有真正采用过，尽管罗家角遗址出土的白陶，与长江中游有密切关系。

在20世纪八九十年代前，江淮以南早于7000年前的新石器时代文化，数长江中游洞庭湖地区最为著名。这里除了发现皂市下层文化，还发现了更早的彭头山文化。因此，要肯定在年代上“孤立无援”的跨湖桥遗址，援引长江中游资料十分自然。皂市下层文化以洞庭湖石门皂市遗址命名，主要分布于澧水中下游与沅水、湘水下游，代表性遗址有皂市、胡家杨场、汤家岗等遗址，年代约距今8000～7000年。皂市下层文化的主要特征是，陶系以夹炭红衣陶为主。陶器总体以圜底器、平底器为主，不见或少见三足器，纹饰以绳纹和丰富的刻

① 焦天龙：《浙江省文物考古研究所学刊》第八辑，科学出版社，2006年。

划、压印、戳印为主，圈足上更有几何纹样镂空组合。典型陶器有罐、盆、钵、支座等，釜、罐难以区分。罐有双耳亚腰、折沿、卷沿深腹、高领等形式，盘为敞口、坦腹、外撇圈足。石器特征比较原始，有三种类型：一类为细石器；二类为利用鹅卵石砸击石片制成的斧、锛等；三类为通体磨光、器形较小的斧、锛、凿等。但无论从陶器的制作水平、风格形态，到石器的粗朴特征，与跨湖桥遗址相比，区别是明显的。釜、罐不分现象，亚腰形器均不见于跨湖桥遗址，即使是最值得比较的圈足器及其镂空装饰，也有很大的不同，比如跨湖桥遗址以小圆孔为中心的放射纹题材，就不见于皂市下层。

从资料的纯客观性角度，将跨湖桥文化与皂市下层文化进行比较，并不存在必然性。首先，共性因素不明显，圈足器、彩陶等仅仅是一些概念，在具体的形态上，差距还是比较大的，如果没有年代相近这一点，恐怕很难将两者联系起来；第二，比较的指向在哪？谁影响谁？从年代上看，跨湖桥遗址的年代上限其实比皂市下层要早。皂市下层文化的来源是彭头山文化，那么，跨湖桥文化的来源是否也要向彭头山文化追溯？但彭头山文化中并不存在彩陶、发达圈足器等因素。诚然，我们不能轻易否认新石器时代早中期的长江中下游地区存在着文化上的相互交流与影响，但这种交流、影响不能提到文化源流关系的层面上。值得欣喜的是，从近十年的考古发现看，跨湖桥文化的根在本地，我们在钱塘江上游地区，找到了跨湖桥文化的源头。

2000 年的浦阳江流域考古调查，除了重新发现跨湖桥遗址外，还有一个重要的收获，就是发现了浦江上山遗址[1]。

① 蒋乐平、郑云飞、郑建明：《浙江浦江发现距今 10000 年前的早期新石器时代遗址》，《中国文物报》2003 年 11 月 7 日。

2006年，以上山遗址为代表的考古学文化类型正式被命名为上山文化。上山文化的年代距今11000～8600年，上山文化的发现，是浙江早期新石器时代考古的突破，这证明跨湖桥文化具有本地基础。但跨湖桥文化是否来源于上山文化，还需要在文化关系上寻找证据。

小黄山遗址是第一个发现上山文化、跨湖桥文化叠压关系的遗址①，但由于认识上的纠结，小黄山遗址没有即时指出这一事实。首先确认存在上山、跨湖桥文化叠压关系的是上山遗址②。在2006年发掘的上山遗址的北区，发现了叠压在上山文化层之上的跨湖桥文化层，在这个跨湖桥文化层中，发现了彩陶圈足器、折肩绳纹釜、钵等跨湖桥文化典型器，碳十四测定，这个跨湖桥文化层的年代约距今8500年。2008年以后，在考古专题调查中，金衢地区陆续发现了一系列新石器时代早期遗址。这些遗址包括：龙游青碓遗址、荷花山遗址、永康湖西遗址等。

龙游青碓遗址位于衢江支流灵山江西岸，海拔50多米。遗址分布南北长170多米、东西宽160多米，遗址面积约30000m^2。遗址包含两个阶段的文化层堆积，下层陶器以夹炭红衣陶为主，复原或可辨器物有敞口平底盆（部分为多角沿）、乳丁足盆、镂孔圈足盆、平底贴耳盘、贴耳罐、折平沿（无耳）罐、小钵等，并见有折线刻划、戳印等装饰。石器丰富，主要有石磨棒、石磨盘、石锤、石片石器和少量的磨制石凿、石锛，还采集到穿孔石器等。这些遗物具有浓郁

① 张恒、王海明、杨卫：《浙江嵊州小黄山遗址发现新石器时代早期遗存》，《中国文物报》2005年9月30日。

② 蒋乐平、盛丹平：《上山遗址与上山文化》，《环境考古研究》第四辑，北京大学出版社，2007年。

的上山文化晚期特征，年代约距今9000年；上层陶器包括夹炭、夹砂两种陶系，陶色总体偏灰黑，主要器物有凹沿侈口釜、浅腹平底盘、双耳罐、圈足器，装饰以绳纹为主，还有弦纹、米粒纹、镂孔等，石器见有石锛、磨石、石片等。从类型学的比较看，青碓上层遗物与浦江上山遗址中层的文化面貌基本一致，具有明显的跨湖桥文化特征，年代距今约8000多年。

荷花山遗址位于龙游县衢江东南部，遗址面积约50000m²。2011年9月下旬开始，对该遗址进行了发掘。遗址包括5个文化层，清理了灰坑、柱洞、“石器制造场”等遗迹现象和丰富的陶石器。从发掘出土的遗物分析，遗址的最早年代距今9000年左右。复原陶器近20件，包括大口盆、平底盘（浅腹、深腹）、圜底盘、圈足盘、双耳罐等器形，陶质以夹炭红衣陶和粗泥陶为主。从这些复原陶器和大量带有器形特征的陶片分析，遗址的年代约相当于上山文化晚期，但延续时间更长，末期出现了不少跨湖桥文化的因素，如侈口微敛，沿外侧置对称舌形鋬的绳纹陶釜、圜底钵、锛形石锤、青灰岩石锛等，都具有跨湖桥文化特征①。

在永康湖西遗址的调查中，也采集到侈口微敛、沿外侧置对称舌形鋬的绳纹陶釜，证明也存在跨湖桥文化阶段的遗存。湖西遗址的最大发现，是在上山晚期文化层中，出现了彩陶器。这些彩陶器的彩质与跨湖桥一样分为厚彩与薄彩，厚彩主要呈点彩形式，薄彩多为简单的条纹。湖西遗址的彩陶比跨湖

① 蒋乐平：《浙江龙游县发现9000年新石器时代遗址》，《中国新闻网》2010年9月8日。

桥遗址彩陶简单，但具备了共同的基本特征，是跨湖桥文化彩陶的源头[①]。

上山、小黄山、青碓、荷花山、湖西等遗址的发现，不但在文化的叠压关系上证明上山文化与跨湖桥文化的前后关系，也在文化内涵上证明两者的继承关系。曾经一度困扰学术界的跨湖桥遗址圈足器发达的现象，现在也找到了解释：在上山文化阶段，圈足器和带镂孔的圈足器就已经出现了。这也说明跨湖桥文化从它的出身看，属于典型的内陆型文化。尽管跨湖桥遗址出现了独木舟、跨湖桥遗址的位置靠近杭州湾、跨湖桥遗址最后被海侵背景下的海潮所湮灭，它的源头，应来自河流上游。

通过跨湖桥文化遗存的不断发现，以及跨湖桥文化与上山文化关系的进一步理顺，我们或许可以对浙江新石器时代文化的发展规律作如下归纳。

浙江新石器时代不同时期遗址，呈现一种从上游山地向下游平原、从较高海拔向较低海拔的分布趋势。距今 11000 ~ 9000 年以前的上山文化遗址发布于海拔 40 ~ 120m 的钱塘江上游丘陵河谷地带，距今 8500 ~ 7000 多年前的跨湖桥文化遗址分布于海拔 4 ~ 50m 丘陵平原过渡地带，距今 7000 年以后的遗址则广泛分布于杭州湾两岸的平原区。伴随这一过程的是遗址数量的增加和人口规模的扩大。

新石器时代早期人群从上游山地向下游沼泽湿地迁徙，推测有三个基本动力，一是距今 9000 年前后，东亚地区出现了短期的干冷反复，钱塘江上游出现河流干涸甚至断流

---

① 浙江省文物考古研究所发掘资料。

现象[1]，人类被迫向环境条件更适宜的下游地区转移；二是稻作农业发生后，在灌溉技术尚处于初级水平的条件下，喜湿的稻更容易在下游低湿地获得产量，人类有意识地向下游寻求发展[2]；三是杭州湾两岸平原区的地理环境慢慢稳定下来，河口三角洲丰富的渔猎资源吸引了原始人群膨胀着的胃口。以上三点可能是复合地发生作用。

钱塘江新石器时代文化的发展稳健而快速。距今约8000年的跨湖桥遗址，记录了史前人群初据下游河口地带的文明状态，最早应用慢轮修整技术的复杂陶器群、彩陶装饰的繁盛、漆器的发明以及第一次出现的成熟独木舟、“中药罐”以及鹅卵石铺设的村庄道路。

跨湖桥文化的年代一度因其“过分”的进步状态而受质疑，现在看来，这正是钱塘江史前文化独具的优势，原生文化的创造性特质对一个区域文明的成长具有决定性的影响。

从这一意义上看，跨湖桥人是新石器时代人群从山地走向沿海平原的第一批“弄潮儿”。

至此，我们可以作一个初步的结论。跨湖桥文化是一种主体来源于上山文化、处在山地文化向平原文化发展的过渡期、在钱塘江史前文明史中起到承先启后的关键作用、在中华文明起源研究中具有重要意义的考古学文化。

从考古学的角度，目前尚有两个基本问题需要解决，一是跨湖桥文化的分期。跨湖桥遗址本身的分期远远不够，现在钱塘江上游地区发现了更多的跨湖桥文化遗址，只有完成综合性

---

① 浙江省文物考古研究所调查资料。

② 叶玮等：《浦阳江流域全新世早期环境演变与农业的发展》，《环境考古研究》（第四辑），北京大学出版社，2007年。

分期、建立更详细的脉络框架，才能对其盛衰源流问题做出更充分的解答；二是与河姆渡等后续性文化的关系问题，这实际上是树立跨湖桥文化历史地位的关键性问题。河姆渡文化、马家浜文化直接指向良渚文化、指向中国东南地区史前文明发展的高峰，其中哪些是跨湖桥文化的遗产？这些遗产的进步意义如何？需要得到系统的回答。

第五节　遗址保护研究历程

在开展跨湖桥文化研究的同时，遗址保护研究工作也在紧锣密鼓地进行。跨湖桥独木舟 2002 年 12 月出土后，引起了国内外专家的高度重视，围绕异地保护和原址保护展开了讨论，因独木舟及加工现场相关地层蕴涵丰富的考古信息，多数专家主张实行原址保护，但如此大体量的木质文物在野外进行原地保护困难重重，而且独木舟出土后迅速腐朽，保护难度极大。2003 年开始，上级文物主管部门指定萧山博物馆负责组织跨湖桥遗址保护相关工作。

2003 年 1 月 15 日，浙江省文物局和杭州市萧山区人民政府主持召开“跨湖桥遗址独木舟及相关遗迹保护方案研讨会”，经专家论证，确定了对独木舟及相关遗迹进行“就地保护”的方针，并提出了对独木舟采用低浓度丙二醇溶液喷淋的临时保护措施，独木舟的脱水定型材料拟采用 PEG 为主体的复配材料原则。由于独木舟及相关遗迹的保护在技术上有相当的难度，涉及遗址区环境水文地质工程、遗址土体加固、独木舟及相关木构件脱水加固定型、独木舟及环境微生物的检测与防治等四个课题。经浙江省文物局批准，委托国内漆木器文物保护最具权威的机构湖北省文物保护技术中心着手开展遗址及相关遗迹的保护研究工作，并成立了由湖北省博物馆、萧山博物馆、浙江省博物馆、中国地质大学、中国科学院武汉岩土力学研究所、中国科学院武汉病毒研究所和武汉现代工业研究院等单位参加的课题组，对跨湖桥独木舟遗址原址保护进行可行性研究。2003 年 4 月，课题组就跨湖桥遗址独木舟及相关遗迹的就地保护问题，作出了可行性研究方案报告。

2003 年 9 月 27 日，由浙江省文物局和杭州市萧山区人民政府主办的“萧山跨湖桥遗址独木舟保护可行性研究方案论证会”召开，以王丹华研究员为组长的国家文物局专家组亲临现场，吴加安、嵇益民、杜晓帆、奚三彩、毛昭晰、张秉坚、李国清、曹锦炎、蒋乐平等来自中国文物保护研究所、南京博物院、浙江大学、福建泉州海外交通史博物馆和联合国教科文组织驻京办事处，以及浙江省文物局、浙江省文物考古研究所、杭州市园文局、萧山区文体局、萧山博物馆等单位的专家，对独木舟遗址及其木构件的保存状况进行了考察，并对由湖北省文物保护研究中心牵头的“跨湖桥遗址独木舟保护课题组”所做的《萧山跨湖桥遗址独木舟临时保护措施更改方案》和《萧山跨湖桥遗址独木舟保护可行性研究方案》进行了充分的论证，本次会议是 2003 年 1 月会议的继续，专家们对在这 9 个月里，萧山采取了一些如搭建 500 多平方米临时钢构建筑、杀菌用药等措施表示赞赏。但对于独木舟出土后受自然环境影响，出现的色泽变黑、裂纹增加等变化，表示担忧。专家们一致认为，独木舟很重要，必须得到有效保护。以陈中行研究员为首的课题组做了大量的基础性研究工作，提出了具体的可行性保护研究方案和临时性保护措施，方向是正确的，思路是可行的。鉴于独木舟的现状和现有的保护技术水平，保护难度很大，希望在实施保护措施后，努力实现独木舟不发生大的扭曲、开裂和变形。方案编制完成后，须按程序报国家文物局审批。会上，专家们还对下一步的保护工作进行了研究和部署：一是建设五面体的隔离墙，隔离墙具体范围由浙江省考古所负责划定，工程施工由萧山区博物馆委托工程部门完成，水文地质由中国地质大学负责；二是要尽快实施对独木舟的脱水、杀菌、加固保护措施。建议由浙江省博物馆、荆州博物馆负责保湿、加固、脱盐和脱水定形工作。保湿方法由喷洒改为浸泡，使用 PEG 复合材料，配备恒温恒湿机组，尽可能减少温湿度变化对独木舟等文物造成的损害。由中科院岩土所、浙江大学负责遗址土壤的电化学加固和化学加固。由陈中行研究员、卢衡研究员担任课题组总负责人①。独木舟原址保护工作正式拉开帷幕。

2004 年 10 月 10 日，浙江省文物局、杭州市萧山区人民政府组织召开“萧山跨湖桥独木舟遗址原址保护工程方案的可行性论证会”。以王丹华研究员为组长、陆寿麟研究员为副组长，黄克忠、周宝中、奚三彩、张秉坚、马灵飞、陈进良、杨连生、刘景龙等来自中国文物保护研究所、中国国家博物馆、南京博物院、浙江大学、浙江林学院、河南省古建研究所、武汉大学、洛阳龙门石窟研究院等单位的专家，考察了独木舟遗址现场，听取了项目组的可行性方案报告。与会专家一致认为，“萧山跨湖桥独木舟遗址原址保护工程可行性方案”基本合理可行。独木舟遗址保护的地质工程宜采用暗沟排水方案，以排为主，堵排结合；独木舟及木构件原址脱水定型加固，可采用“PEG + 尿素 + 二甲基脲复合液”方案处理，

---

① 浙江省文物局（浙文物发［2003］7 号）《萧山跨湖桥遗址独木舟保护可行性研究方案论证会纪要》。

方法成熟，较为妥当；独木舟及木构件含盐量较高，特别是可溶性盐将会影响保护方法的实施及保存，因此脱盐方案在一定程度上排除了独木舟及木构件中的可溶盐类，是可行的；独木舟遗址软地基的加固处理方案，采用电化学桩加固法，可以考虑，希望进一步做好金属电极的分布，及电流强度和金属离子扩散范围的测算，降低金属电极的分布密度，做好有效性和有效期的测定；独木舟的防霉技术方案可行，可以进一步筛选高效、长效、低毒的防霉剂，延长使用周期。

2005年8月24日，对浙江省文物局（浙文物发［2005］61号）《关于上报2006年度馆藏文物和重要出土文物科技保护项目的请示》，国家文物局以文物博函［2005］964号文件《关于对杭州萧山跨湖桥独木舟遗址原址保护工作可行性方案的批复》如下：一是《方案》编制规范，保护处理技术路线清晰，措施具体可行，原则同意该《方案》；二是《方案》中“独木舟及木构件脱水加固定型保护项目”要纳入我局木漆器脱水保护技术推广项目，由国家文物局出土木漆器保护重点科研基地（湖北省博物馆）给予技术支持；三是“独木舟及木构件脱水加固定型保护项目”预算核定为69万元。需要申请中央补助经费的，请提出地方配套经费落实意见后录入项目文本，并按程序上报，《方案》中涉及的其他项目经费，请你局协调落实解决。跨湖桥原址保护开始正式进入工程实施的重要阶段。2006年实施完成疏干排水地质工程。

2006年9月19日，“跨湖桥遗址公园博物馆项目”经杭州市萧山区发展和改革局（萧发改投资［2006］465号）批准立项；2007年4月23日，“跨湖桥遗址防洪防水保护工程”经萧山区发展和改革局（萧发改投资［2008］180号）批准实施；2008年4月10日，“跨湖桥遗址公园博物馆项目初步设计”由萧山区发展和改革局（萧发改投资［2008］180号）批准，资金由萧山区财政安排解决。2008年完成跨湖桥遗址保护厅工程建设。2009年9月28日，萧山跨湖桥遗址博物馆建成开放。

2009年7月，跨湖桥遗址博物馆机构成立，接手了保护任务，先后在综合保护工程的各个专业领域展开了相关的科学研究，取得了多项科技成果包括：2009年12月，对保留土遗址、文化层及独木舟周围部分土体实施化学加固工程；2010年3月，对独木舟四周软土地基采用电化学桩法加固。

2010年8月，“萧山跨湖桥独木舟遗址的微生物危害综合防治研究”课题，经浙江省文物局批准立项实施，项目编号为2010008。2010年10月，与浙江天科高新技术发展有限公司（浙江省微生物研究所）合作，对遗址微生物侵蚀情况展开全面调查，对侵蚀严重区域作重点调查、分析和综合治理。

2010年9月，经检测独木舟PEG含量达到要求，开始实施有控风干；2013年8月，“跨湖桥遗址潮湿环境综合保护技术效果监测”课题，经浙江省文物局批准立项，跨湖桥独木舟遗址原址保护工程进入崭新的阶段。

2012年7月11日，杭州市萧山区文化广电新闻出版局组织召开“跨湖桥独木舟遗址展厅除湿与屋面改造方案论证会”，卢衡、尹其平、丁继才、张学军等来自浙江省博物馆、浙江建筑工程建设监理公司、浙江大学的专家参加了会议，专家们考察了遗址展厅内外环境后，对遗址展厅设定的温度范围、设备选型和配置、地面渗漏量、保温材料、网架新增荷载、围堰以上外墙隔热保温措施、网架改造及围护结构材料密封等方面提出了评审意见。

2012年7月26日，“跨湖桥遗址保护厅除湿项目可行性报告”经萧山区发展和改革局（萧发改投资［2012］770号）批准立项，估算投资472万元。2012年12月，跨湖桥遗址保护厅屋面保温通风除湿工程正式启动。2013年4月，遗址厅保温通风除湿环境改造工程顺利通过浙江省文物局组织的竣工验收。

2013年4月3日，“跨湖桥独木舟遗址微生物危害综合防治研究课题阶段性成果评估会”在萧山跨湖桥遗址博物馆召开。萧山区文化广电新闻出版局、浙江大学、浙江省博物馆、中国丝绸博物馆、浙江天科高新技术发展有限公司等单位的专家参加了评估会，以张秉坚教授为组长的专家组认真听取了课题组的情况介绍，并对萧山跨湖桥独木舟遗址现场进行了详细的实地勘察，形成如下评估意见：一、课题按计划进行，课题调查、试验等研究工作认真、细致，所做研究符合课题目标要求；二、本课题的研究具有重要的科学价值和借鉴意义，为我国南方潮湿环境遗址微生物危害综合防治提供了一个探索性案例。并提出了两点建议：一、补充完善相关检测数据，在已有研究基础上，建立遗址环境与本体的监测体系；二、进一步做好课题资料的整理、归档、专利申请和研究成果的发表出版工作，为下一步结题验收作准备。课题组完成论文7篇、研究报告1篇，“一种对潮湿遗址环境丝状真菌的生长抑制方法”（申请号或专利号：201310011415.4），初审通过国家专利。2013年5月“萧山跨湖桥独木舟遗址的微生物危害综合防治研究”课题顺利结项。

由于跨湖桥独木舟遗址原址综合保护是一个系统工程，涉及学科广、参与专家多、时间跨度长，在湖北省博物馆、浙江省博物馆、浙江省文物考古研究所、南京博物院、萧山博物馆和跨湖桥遗址博物馆等文博系统的文物保护与考古专业人员和中国科学院岩土力学研究所、中国地质大学、浙江大学、华中勘察设计院、中国科学院武汉病毒研究所、武汉现代工业研究院及浙江天科高新技术发展有限公司等单位的支持下，参加保护工作的主要研究人员有：陈中行、刘佑荣、卢衡、程昌炳、李敦学、靳海斌、刘莺、刘景龙、程丽臻、李澜、施加农、马翠兰、王兴海、李东风、吴健、楼卫、沈一敏、郑伟军、杨国萍、丁灵倩、徐瑾等，涉及水文地质、岩土力学、环境科学、建筑学、化学、微生物学和文物保护等科研设计工程技术人员，经过十多年的研究和施工终于使跨湖桥独木舟及其遗址得到基本稳定。

第二章 跨湖桥遗址

第一节 遗址概述

一、遗址分布

由于遗址遭到严重破坏，对遗址分布范围的判断只能通过1990年、2001年、2002年发掘区的文化内涵和堆积特征为根据，并参考从20世纪70年代开始参与跨湖桥遗址“破坏”过程的砖瓦厂老工人的回忆。东南边缘进行的地质勘探与民国十六年（1927年）绘制的湘湖图，均可补充说明遗址的面貌。

1990年发掘区、2001年与2002年发掘区、地质勘探点构成三角形分布，其中1990年发掘区不复存在，发掘位置凭记忆确定。从堆积内涵看，1990年发掘区堆积深厚、遗迹丰富，为遗址中心区。2001年、2002年发掘区的遗址堆积较薄，并由西、北向东、南呈明显的坡降，趋于消失，遗迹稀少；地质勘探点在2001年发掘区东南35m，中间区域有砖瓦厂取土坑的剖面，可以看到有稀薄文化层的联系，反映出进一步边缘化的遗址分布趋势。

在老工人的回忆中，2001年、2002年发掘区以西约170m，亦即砖瓦厂取土坑的西部，发现过南北向的石子铺的“路”并发现有四根大木柱构成的方形“房子”；2002年发掘区西北60～80m处，石器、鹿角等发现很多。

民国十六年绘制的湘湖图中，遗址刚好在湖边草滩——冷饭滩附近。这里“滩”的概念是湖中的相对高地，在平常水位时浅露在水面之上。由于遗址中心的地层堆积厚达数米，这种小范围的地貌特征可能与遗址有一定的关系。综合以上线索，可以对跨湖桥遗址的分布作基本的推断：遗址的中心区在1990年发掘区与记忆中的“石子路”“木头房址”分布区，也就是民国十六年湘湖图（图2－1）中的冷饭滩一带。回忆中的“鹿角”“石器”分布区缺少遗迹方面的内容，不属于遗址中心，虽然从这里到跨湖桥（指桥的具体位置）之间，也发现过稀少“石器”等遗物，但考虑到跨湖桥以北也发现过骨、石器，这一带可能存在两个遗址。这一判断牵涉到遗址的聚落性结构，缺乏深入探讨的条件。从现有的资料分析，有理由将城厢砖瓦厂的取土区看作一个相对独立的遗址单元。取土坑的西、西南、西北缘的暴露剖面上未见遗址分布。2001年、2002年发掘区至记忆中的“石子路”分布区的最大宽距以200m计，1990年发掘区与记忆中的“石器、鹿角”分布区的直线距离约150m，以这两个基本数据为准，可以判断跨湖桥遗址的面积超过30000m^2（图2－2）。

二、地形与地貌

遗址西北近山。北侧为寨岭庵（海拔126m），西侧为狮子山（海拔83m）。遗址分布区的海拔高程约4m。虽然遗址破坏严重，但可以从砖瓦厂取土坑提供的地层剖面、三期发掘揭示的遗址堆积走向、地质勘探这三个方面对遗址的生成环境作以下几点基本判断。

第一，遗址坐落在从西北山麓向东南延伸的第四纪黄土层上，该土层层表为末次冰期暴露于地表的铁质风化壳。

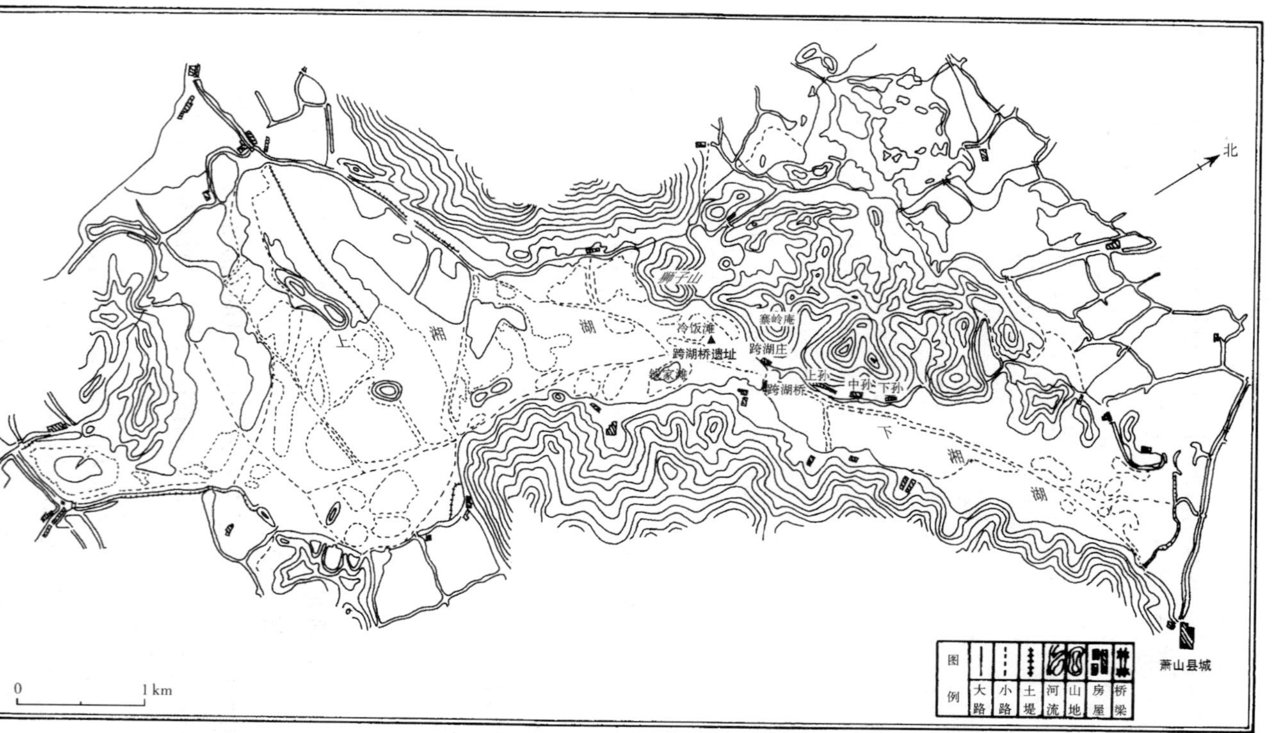

图 2－1　民国十六年（1927 年）湘湖图

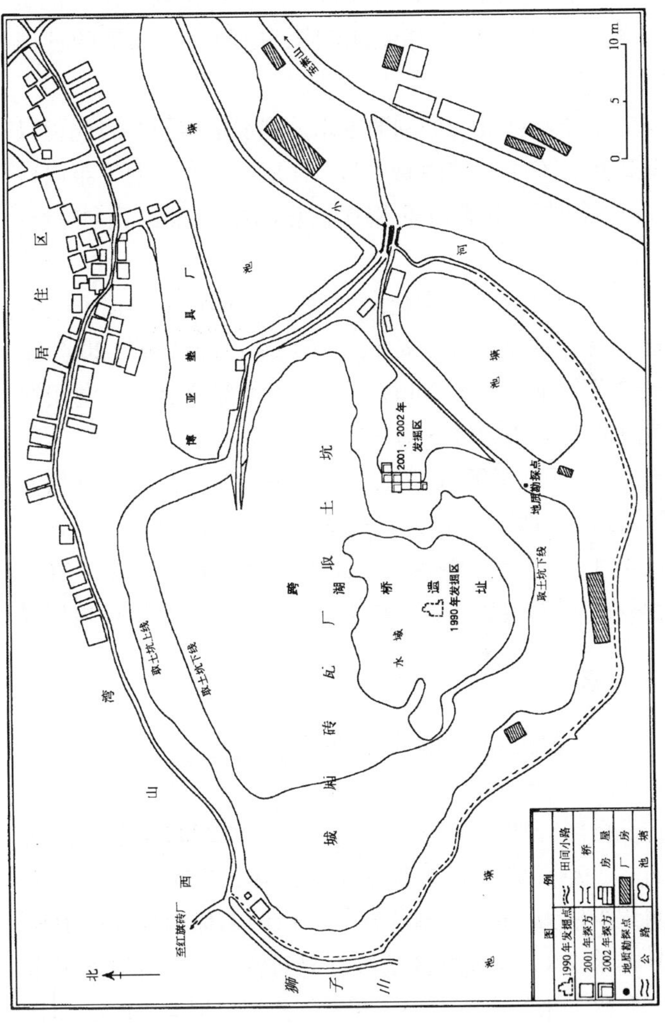

图2-2　跨湖桥遗址分布图

第二，遗址东部边缘距与西部山脚相距350m，之间的坡度落差仅5m左右，因此遗址所在位置的地貌比较平缓。地貌的具体形态也并非表现为均衡的坡降，中间存在局部的低岗小丘。

第三，取土坑西北缘的剖面上未发现遗址堆积，因此可以判断遗址离山体有一定的距离。与浙江地区距今六七千年以后形成的新石器时代山前遗址相比，跨湖桥遗址离山体相对较远。

第四，1990年发掘区文化层的厚度达3m以上，遗址大部分直接叠压在含铁锰质结核的黄土层之上；2001年、2002年发掘区的文化层堆积在1.2m以下，堆积大部分叠压在湖相淤泥上，说明遗址东南边缘滨临水域。

第五，2001年、2002年遗址发掘点东侧30m处有一块保留湘湖湖底原始地貌的耕地，海拔高度为3.8m。以此为参照，2001年、2002年发掘区遗址依托的生土面的海拔高度为-1.2～-0.9m。北侧最高，直接叠压在黄土层上，其他位置均叠压在湖相沉积之上。

第二节　地质剖面与文化层

考古发掘区分别选择1990年、2001年和2002年发掘区的典型剖面。1990年发掘区上部地层遭破坏，当时对破坏程度未作实测，粗估为1m，绘制的探方剖面图未标示这部分的厚度；2001年和2002年发掘区虽然也遭到破坏，但可以参考东侧较近处保留下来的完整地貌，探方剖面图根据地表的延伸趋势作了复原，目的是反映遗址的埋藏深度。

考古分层与地质分层不尽一致，原因除了所处位置的差异，最主要的是由于不同的解剖与观察方法。考古分层的依据是对土质土色的直接观察：地质分层则采用刻槽方法逐层进行稳定同位素、磁化率、地球化学、有机碳、孢粉、超微钙藻、碳十四等标本的采样分析，采样间距除超微钙藻样为1cm外，其余均为5cm。

一、更新世晚期及全新世地质剖面

（一）地层介绍

剖面自上而下的野外分层为1～26层，列述如下（图2－3）。

1. 褐灰色黏质粉土，呈透镜状、团块状或疙瘩状。产钙质超微化石：*Gephyrocapsa oceanica*，*Helicosphaera carteri*（20cm）

2. 黑褐色黏土，局部见水平层理。产钙质超微化石：*Gephyrocapsa oceanica*，*Helicosphaera carteri*（33cm）

3. 深灰—灰色粉质黏土，局部见微细水平层理。产钙质超微化石：*Gephyrocapsa oceanica*，*Helicosphaera carteri*（厚10cm）

4. 褐灰—灰色粉质黏土，见短轴状、新月状及碟状变形层理。产钙质超微化石：*Gephyrocapsa oceanica*，*Helicosphaera carteri*（10cm）

5. 灰—褐灰色极薄层状淤泥质黏土与微层状粉质亚黏土互层，微细水平层理发育，并可见透镜状、波状或斜层理。产钙质超微化石：*Gephyrocapsa oceanica*，*Helicosphaera carteri*（22cm）

6. 灰—褐灰色粉质黏土，发育微细水平层理。产钙质超微化石：*Gephyrocapsa oceanica*，*Helicosphaera carteri*（15cm）

7. 灰—深灰色黏土，发育微细水平层理。上部见钙质超微化石：*Gephyrocapsa oceanica*，*Helicosphaera carteri*（40cm）

8. 褐灰—浅灰色黏质粉土，底面为一保存清楚的自然界面（1.5cm）

9. 褐灰色含粉粒或粉质黏土。上部含钙质超微化石：*Gephyrocapsa oceanica*，*Helicos phaera carteri*（18cm）

10. 灰—深灰色黏土，松软（10cm）

11. 文化层，主要岩性为黑褐色亚黏土，扰动迹象明显。有陶片、木炭以及菱角、松果等野果，并见石器、骨器和脊椎动物化石（36cm）

12. 深灰色黏土，含少量粉粒，黏性好，见少量木炭及植物根（36cm）

13. 灰褐色黏土、含粉粒黏土，黏度中等，见树根（41cm）

14. 深灰—灰黑色黏土、淤泥质黏土，塑性高，见少量木炭及植物根（60cm）

15. 深灰—灰黑色含粉粒黏土，软塑，含少量木炭（30cm）

16. 灰—蓝灰色亚黏土，黏性一般，硬塑（30cm）

17. 灰色亚黏土，硬塑（35cm）

18. 褐铁质风化壳，原岩可能为亚黏土（17cm）

19. 灰黄色黏质粉砂土，有一定固结度（10cm）

20. 黄褐色褐铁矿化黏质粉砂土，含铁锰质结核（15cm）

21. 灰黄—黄褐色含砾亚砂土，局部含铁锰质结核（14cm）

22. 灰黄色粉砂土（17cm）

23. 灰黄色砂砾层，含铁锰质结核与团块（9cm）

24. 褐—褐黄色铁锰质结核层（40cm）

25. 灰黄色含砾粗砂（10cm）

26. 灰黄色砾石层，本层呈透镜状产出（40cm）

（二）地层说明

地层序列分晚更新世宁波组、全新世河姆渡组、全新世镇海组三个连续阶段。18～26 层为晚期更新世地层，其顶界面的铁质风化壳向西、北逐渐抬升，在遗址的中心位置与文化层直接叠压；12～17 层呈地形沼泽相，厚约 2.32m，说明这一阶段这里是一片水域。上部的文化层（11 层）内涵十分稀薄，从两个测年数据看，属于遗址晚期，为湖沼干涸后的边缘性堆积。10 层时水位重新上涨，从后来以潮间带、潮上带为主导的堆积趋势看，该地形沼泽层的成因是东海海平面上升导致的地下水排泄受阻。之后，该区域基本成为海（潮）水淹没区，间或出现海退（8 层），但时间很短。从剖面顶界的堆积特征看，这里受海水控制的时间下限迟至 BPa3000① 年以后。

二、1990 年发掘区的地层堆积

发掘共布 5m × 5m 探方 13 个，编号为 T104、T201、T202、T203、T204、T300、T301、T302、T303、T304、T402、T403、T404（图 2－4）。包括扩方实际发掘面积 330m^2。探方地层统编 9 层，择 T301、T302、T303、T304 的北壁、T202、T302、T402 的东壁；T402、T302、T202 的西壁作介绍。

第①层：青灰色淤泥。厚超过 1m 的青灰色淤泥，经扰动，仅于底部有沉积砂层，出土砖块、铁镰等，也出土少量陶片。

第②层：灰黑色土。质地松软，含砂性，出土陶片较为

① 碳十四年代测定数据，未经树轮校正。

丰富。

第③层：黄色斑土。质地紧密，较为纯净，局部分布，遗物出土不甚丰富。

第④层：灰土。含炭粒，陶片出土数量较少。

第⑤层：灰黄斑土。质地纯净，陶片数量较少。此层下有F2等遗迹。

第⑥层：褐色土。夹杂较多的木屑等残留物，呈层状堆积，出土陶片丰富。

第⑦层：灰土。质地松散，夹杂炭屑等，陶片数量较少。此层下有H24、南北向木桩等遗迹。

第⑧层：灰土。粉性，局部夹杂黄斑土，出土陶片较多。

第⑨层：灰褐色淤土。局部夹杂丰富的陶片、有机物等，呈水平状分布。

⑨层以下为含铁、锰结核物质的黄色生土。

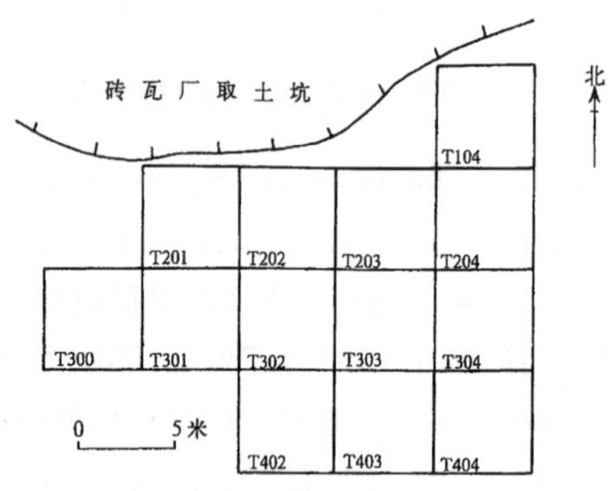

图2-4 跨湖桥遗址1990年发掘区探方布图

三、2001年、2002年发掘区的地层堆积

2001年共发掘10m×10m探方2个、10m×8m探方2个、

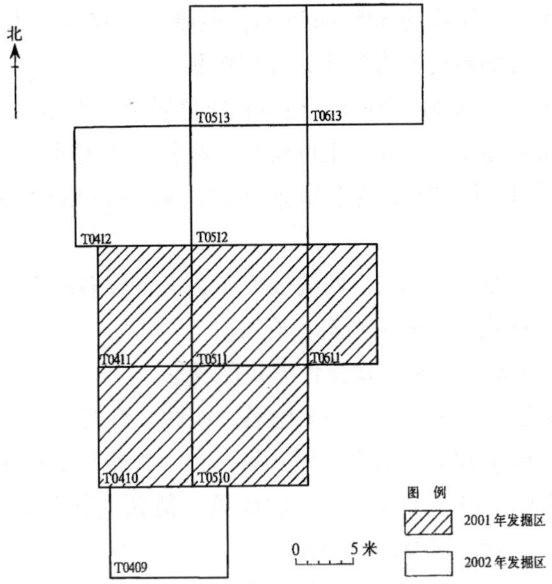

图 2－5　跨湖桥遗址 2001 年、2002 年发掘区探方布图

10m×6m 探方 1 个，编号依次为 T0510、T0511、T0410、T0411、T0611。另有 T0610、T0612 文化层稀薄放弃发掘。2002 年发掘区在 2001 年发掘区周围展开，共布 10m×10m 探方 4 个，编号为 T0412、T0512、T0513、T0613；7m×7.8m 探方 1 个，编号为 T0409，后向东扩方 3m（图 2－5）。但由于处于遗址破坏的边缘位置，探方多不完整，上部文化层也多遭到不同程度的破坏。统编为 9 层，发掘区的文化层分布不均匀，发掘时采取分编亚层的方法。择 T0410、T0510 北壁剖面和 T0513、T0512、T0511、T0510 东壁剖面作介绍（图 2－6）。

（一）T0410、T0510 北壁剖面（图 2－6，1）

①层：淤土，包含少量现代人类活动遗物。已遭砖瓦厂取土破坏，参考邻近地层作假设性复原，厚约 20cm。

②A 层：厚度约 335 ~ 435cm，残厚 1 ~ 200cm。层理状平行堆积，含细砂纯净青灰土，海相沉积。

②B 层：厚 20 ~ 30cm，纯净青灰色淤土。沼泽相沉积。

③层：厚 1 ~ 10cm。土色褐灰，略黏。西端被破坏，包含物多为碎木屑。覆盖整个遗址区，由西向东略倾斜，趋于消失。

④层：厚 1 ~ 25cm。西端被破坏。出土较多的陶、石、骨器及动植物残骸。向东倾斜、消失。

T0510 发现陶釜与动物骨头共存现象。

⑤A 层：厚 1 ~ 25cm，土色黑，沙性，有机物丰富，西头被破坏，向东倾斜、消失。出土陶、石、骨器及动植物遗骸。

⑤B 层：厚 1 ~ 15cm，土色浅黑，稍黏。分布东部边缘。出土陶石、骨、器及动植物残骸。

⑥A 层：厚 1 ~ 24cm，土色棕褐，较松软，含沙性。向东倾斜、消失。出土陶、石、骨、木器及动植物残骸。

⑦层：厚 1 ~ 25cm，土色灰黑，杂橡子壳。出土陶、石、骨、木器，动物头骨及鹿角较多。向东倾斜消失。

⑧A 层：厚 1 ~ 28cm，黑褐色土。分布于中部，出土陶、石、骨、木器及动植物残骸。

T0410 西北部发现密集的橡子壳；T0411 发现三堆动物骨头。

⑨A 层：厚 1 ~ 9cm，灰褐色土，质松，分布于西部端，向东倾斜、消失。陶片稀少，层中夹有由西向东、倾斜分布的草木灰。

以下为湖相沉积。

湖Ⅲ层：厚 10 ~ 30cm。土色浅灰，略黏。出土陶、石、木器，数量较少。发现龟壳。

湖Ⅳ层：厚10～45cm。深灰色，陶片及动植物残骸稀少，出土木板及篾编簸箕等特殊物品。

湖Ⅴ层：厚30～200cm（钻探获得），为纯净的湖相沉积，包含少量的有机质。

以下为含铁质的淡黄色生土，生土面从西向东变深。

（二）T0510、T0511、T0512、T0513东壁剖面（图2－6，2）

①层：表土，包含少量现代人类活动遗物。已遭砖瓦厂取土破坏，参考邻近地层作假设性复原，厚约20cm。

②A层：厚度345～445cm，残厚1～280cm。海相沉积，堆积呈层理状，纯净青灰土，含细砂。

②B层：厚20～30cm，纯净青灰色淤土。沼泽相沉积。

③层：厚1～10cm。土色青灰夹杂褐色，略黏。西头被破坏，包含物多为碎木屑。覆盖整个遗址区，由北向南略倾斜，南端消失。

④层：厚1～30cm。北端被破坏，向南倾斜、消失。出土陶、石、骨器及动植物残骸。

⑤C层：厚1～15cm，土色黑，结构松散，含木屑、炭粒、石块。出土陶、石、骨器及动植物遗骸。发现可拼合的陶釜在原地破碎的迹象。

⑥B层：厚1～30cm，土色浅棕色，分布中南部。含碎木、橡子、石块，出土骨、木、陶器。并发现小孩头骨残块。

⑥B层、⑦层下发现草木灰、烧土面遗迹。

⑧C层：厚1～12cm，灰绿色淤土，含大量的动物肋骨、脊椎骨、龟壳、木片碎屑和红烧土，出土陶、石、骨、木器。

⑨C层：厚1～20cm，灰褐色土，质松，含有较多的橡子壳、动物肢骨、鹿角、烧过的树根、木屑等，分布北部。出土骨、木、石、陶器。

以下为湖相沉积。

湖Ⅲ层：厚1～40cm。土色灰黑，向南变浅灰，略黏。出土陶、石骨、木器，数由北向南逐渐减少，趋于消失。

湖Ⅳ层：厚1～45cm。北端隆起，向南下沉而趋平缓，土质黏，土色东端黑褐，有机质丰富，向南变淡，南部已比较纯净深灰色。陶石、骨木器等遗物集中在北部，南部稀少。

湖Ⅴ层：厚1～230cm，为纯净的湖相沉积，包含少量的有机质。

以下为含铁质的淡黄色生土。生土面从北向南变深；北端处在湖岸位置。

第三节 重要遗迹

一、1990年发掘

发现有灰坑、房址、墓葬、灰沟、柱洞及一些特殊建筑遗迹。这些遗迹分布于不同的层位，是遗址形成过程中的客观记录。

1. F4

F4位于T303，营建于⑦层面上，仅残存南部一角，邻方未有发现。残存墙体高30～40cm，宽约35cm。墙体土色灰白色，质地纯净紧密，墙体中间以约30cm间距埋设木桩，木桩皆经过加工，横截面呈半圆形、三角形或长方形，木桩底部有明显的砍削痕迹，木桩现残长13～64cm。

F4室内残存烧土面一处。

2. H17

H17位于T303东南部，开口于⑥层下。平面呈近正方形，袋状，底略平。坑口边长约65cm，底部边长约70、深50cm。

坑口架设井形木构，为交叉叠压两层，木条长约70cm，横截面分为圆形、半圆形、长方形三类。形成的井框边长约30cm。

坑内保存有丰富的橡子。其中西壁近底部处有一长48、宽17、厚3cm的木板。坑底部北和西南角还有残存的木桩，性质不明。

3. H12、H13

H12位于T304的西南角。堆积分为两层：上层为块状的黄绿色斑土，质地松软，夹杂零星的红烧土颗粒和少量陶片。下层为褐色淤泥。上下层之间发现交杂（似为有意构筑）的木构和条木。

H13位于T304的东部，坑口平面呈圆形，深约160cm。坑内堆积为黄色斑土，质地纯净，坑内有塌陷的木板。

4. 建筑C

建筑C主要分布于T302，延及T202、T402，整体呈长方形，南北向。地面为黄色斑土，质地较为坚硬，堆积最厚约10cm，呈西北向东南倾斜。填土均为黑灰色黏土。

5. H2

位于T202中部，北邻H1、东南邻H3，西北侧近烧土堆积。平面呈不规则形，口略大，底部近平，坑深80cm，坑壁明显，其中东壁有明显的火烧痕迹。填土黑色，质地松软，较为纯净，包含有灰烬和少量陶片、碎骨。

6. 建筑A

①层下的遗迹。位于T404和T303。

遗迹整体略呈正方形，长约5.7、宽约4.7m。西南部略高于东北部。

遗迹西北部有一隆起的、呈椭圆形的、灰白色烧结面的硬壳状小土丘（底部凹），东西长约1.8、南北宽约1.2m，隆起程度约高过周边红土面0.14m，周围还发现若干鹅卵石块。硬壳下分两层，均为上红下黄的粉性烧土。

周边铺垫的红土层除西北部分外分布于整个遗迹范围，最厚0.12m。中心位置有一椭圆形坑，坑内堆放石块，深约0.3m。另一小椭圆形坑则位于偏东部位，深约0.16m。中心偏南部位还发现有经纬结构的编织物残留。红土层面还有为数较多的小圆洞，直径约0.05m。红土四周也有若干的鹅卵石块。

红土层下压一层黑灰色土。

黑灰色土层下压黄土，黄土层分布较均匀，厚约0.1m。

二、2001年、2002年发掘的相关遗迹

独木舟位于已处在干涸状态的“湖”边，周围保存有相关的遗迹现象。

（一）“湖”相堆积

⑨C层下，发掘区出现大面积的湖泊相沉积区。土质以灰黏为主，有机质及文化遗物明显由西北向东南减少。从T0613东北角过T0513东北角到T0512的西北角有一条长约27m的弧线型“堤”状堆积。堆积物的内涵以碎木、炭灰、橡子壳及陶片等生活杂质为主，含土量偏少。这一位置，恰好处在是生土面迅速下降、湖相沉积出现的边界线上。所谓“堤”，实际上为当时湖边生活垃圾的集中倾倒所致。这种向河、湖岸边倾倒生活垃圾的习惯至今仍见于江、浙农村。因为水的作用，这种堆积特征的表现形式是，离岸越近，堆积越深厚稠密，离岸越远，则愈疏薄。遗址的情况正是如此。由此判断，这一由混含生活杂质的“深色”向自然纯净的“浅色”过渡的弧形区域应当是一个湖泊的岸边。

（二）“湖”的范围与地层关系

1. 范围

岸“堤”从东北端的T0613、T0512向西南顺延，在发掘区的西部位置应该在T0411、T0410的西侧不远处。参考T0410、T0411的地层堆积，第⑨B层明显从西向东呈倾斜分布，且有机质丰富，特别是发现密集的橡子壳；湖Ⅲ、Ⅳ层也表现为有机质与包含物从西向东逐渐稀少、土质渐趋纯净的特点。这一堆积情形与T0613、T0512同层位的堆积情形是一致的，属于湖边堆积性质。

T0409、T0412还发现若干木桩遗迹。均为尖头木桩，多呈倾斜或扭曲状，符合湖边淤湿地带的打桩特征，可能与某种湖滨作业有关。

通过对这一“湖”“堤”现象的揭露与性状确定，可以对遗址堆积过程作这样的轮廓性描述：在遗址形成的最早阶段，2001年、2002年的发掘区大部分属于近岸水域，但由于生活垃圾堆积等多方面的原因，水域已趋萎缩；到了⑨层，这一水域已经干涸或向东南方向退却，遗址分布相应有所扩大。

2. 层位

分为五层，择T0512、T0513西壁剖面介绍。

Ⅰ层：位于T0512的西北大部，分布不甚规则，有机质较丰富，略含沙性。文化遗物包括骨木陶器，西北边缘发现较多的橡子壳，局部发现少量的苇、篾编织物，动物遗骸。该层厚约15cm。

Ⅱ层：分布位置与Ⅰ层重合，土质较黏。包含的文化遗物有陶石骨木器。该层厚约10cm。

（Ⅰ层、Ⅱ层在发掘之初是作为灰沟看待的，独木舟就是在清理这一现象时被发现的。独木舟附近的木屑尤为密集，但

边界是模糊的）

Ⅲ层：分布大部分发掘区，土质灰黏，包含陶石骨木器及动植物遗骸，有机质从西、北向东、南渐稀。北部边界在湖岸一线。从堆积相分析，该层为湖干涸阶段形成。厚1～35cm。

Ⅳ层：分布于整个发掘区。沿岸堆积丰厚并呈倾斜状，向东、南方向逐渐稀薄，到T0510、T0611位置已基本见不到遗物。因此与上下层的关系也是愈远愈模糊。厚1～28cm。

Ⅴ层：纯净的淤泥层，湖相堆积。深度从“堤”边向东南迅速变深，距“堤”仅7m处，深度陡至2m。这层淤泥之下为含铁质的生黄土。这一发生较大落差的低洼地形，是这片水域形成的自然基础。

（三）独木舟及相关重要遗迹

独木舟的具体位置在T0512、T0513内，西北—东南向摆放，基本与湖堤呈相同走向。从前面的层位关系分析，独木舟废弃阶段，水域已经干涸，但未完全成陆。Ⅰ、Ⅱ层分布局促，当为水域的收缩形态，可能成为通向大水域的通道，水涨而满，水竭而枯。因此，独木舟当初的位置就在近岸水域的小水港边。独木舟并非孤零的遗物，与它共生的还有相关的遗迹现象（图2－7）。

1. 形状和特征

独木舟的东北端保存基本完整（彩版一，1），船头上翘，比船身窄，宽约29cm，离船头25cm处，宽度突增至52cm，弧收面及底部的上翘面十分光洁。内外加工的工具痕迹不能看清，离船头1m处有一片面积较大的黑炭面，东南侧舷内发现大片的黑焦面，西北侧舷内也有面积较小的黑焦面，这些黑焦

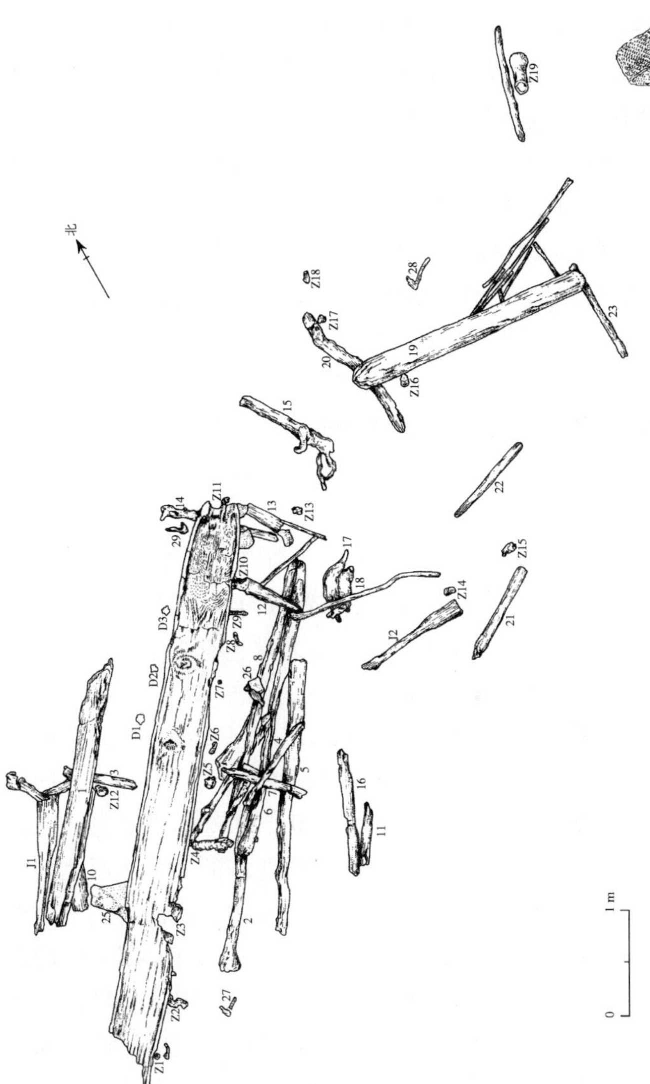

图2－7　跨湖桥独木舟遗址平面分布图

面当是借助火焦法挖凿船体的证据。离船头42、67、110cm处有三组横向裂纹，可能是翘起的船头受力下沉所至。船头留有宽度约10cm“挡墙”，已破缺；船舷仅在船头部分保存约1.1m的长度，其余部位的侧舷均以整齐的形式残去，残面与木料纵向的纹理相合。仔细观察残面的延伸，刚好处在侧舷折收的位置（接近直角），从这一现象推知，独木舟的深度比较平均。从残破面上测量，船体较薄，底部与侧舷厚度均为2.5cm左右。船的另一端被前些年砖瓦厂取土挖失，船体残长5.6m。在船舷完好位置所能测量的船体最大内深不足15cm，考虑到底部顶托两侧下沉的变形因素（可以从弧面的起伏观察到），该位置实际要更深些。经鉴定，独木舟的材质为松木。

2. 相关遗迹

①桩架结构

沿独木舟的周围（图2－7），分布着有规律的木桩和桩洞。东南侧舷（依照舟体的实际摆置方向，下同）有10个木桩（编号Z1～Z10），紧挨舟体；东北端也有1个木桩，编号Z11；西北侧舷的中部发现1个木桩，编号Z12，北部还发现柱洞3个，编号D1～D3。Z1～Z10基本呈直线分布，但插入角度有所差异。通过解剖，Z4下端倾斜深入舟体底部，同样呈倾斜角度的木桩还有Z2、Z9、Z10；Z3基本垂直打入，同类木桩还有Z1、Z2、Z7、Z8、Z6。东北端的Z11和西北侧的Z12也基本为垂直打入。D1～D4为木桩拔去后的遗迹，由于周围湖相淤泥的闭合作用，已发生变形，因此不能对桩木的形态作相应的推断。另外，周围还发现其他的零星木桩，编号Z13～Z19。发掘过程中，当地文物部门作出现场保护独木舟的决定，独木舟及其遗迹没有彻底的发掘，有关桩木许多数据无法客观获得（表2－1）。

表 2－1　独木舟遗迹木桩统计表

桩（洞）号	形状		尺寸			插入方向	备注
	躯干	底部	直径、宽、厚（cm）	上露长度（cm）	插入深度		
Z1	圆木带皮	不详	4	20	未发掘	基本垂直	
Z2	圆木带皮	不详	5	32	未发掘	内斜	上端外弯
Z3	板木	不详	18×4	24	>40cm	基本垂直	
Z4	圆木带皮	不详	10	45	>50cm	内斜	躯干弯曲
Z5	圆木带皮	不详	10	15	未发掘	不详	
Z6	圆木带皮	不详	5	20	未发掘	不详	上部弯曲
Z7	圆木带皮	不详	5	10	未发掘	直	
Z8	圆木带皮	不详	4	15	未发掘	不详	上部弯曲
Z9	圆木带皮	不详	4	25	未发掘	内斜	上部外弯
Z10	板木	不详	14×4	13	未发掘	略内斜	
Z11	圆木带皮	不详	5	18	未发掘	基本垂直	上部弯曲
Z12	圆木带皮	削尖	10	65	39cm	垂直	
Z13	圆木带皮	不详	6	6	未发掘	基本垂直	上部弯曲
Z14	圆木带皮	不详	6	20	未发掘	倾斜	上部弯曲
Z15	圆木带皮	不详	7	15	未发掘	倾斜	上部弯曲
Z16	圆木带皮	不详	7	7	未发掘	基本垂直	
Z17	圆木带皮	不详	5	8	未发掘	基本垂直	
Z18	圆木带皮	不详	4	15	未发掘	基本垂直	
Z19	圆木带皮	不详	8	55	未发掘	基本垂直	躯干弯曲

除木桩、桩洞外，舟体东北端底部还垫有一根横木，编号14。该横木为自然树枝，未经专门修削，西端略粗，直径约8cm，有杈节，东端略细，直径约7cm。舟体中部西侧，还有1根横木板，编号3。3号横木紧挨Z12，垂直相交，但未直接

伸入舟底。舟体中部偏南，还发现有一块上部平整的大石块，编号 25，紧枕船底。石块宽大于 40cm，长大于 45cm，厚约 15cm。

经鉴定，2 号、5 号桩为栎木、12 号桩为酸枣、19 号桩为枫香。

从上面介绍的现象分析推知，独木舟是由这些桩木结构固定在这里的。枕石与横向垫木应该出于平稳的需要，说明舟体的摆置有特别的要求。

② 木桨与木料

独木舟的东南侧有一堆木头，分木料与自然树枝两类。木料分剖木与整木两类。编号 2、5、6、8、9 五根剖木，与独木舟平行放置，略有交错；树皮尚未去掉，截面多呈扇形，显见源于同一整木；剖面呈自然裂痕，未修削。6 号、8 号木料长约 280、宽分别为 8.5cm，5 号木料长约 260、宽约 8cm，2 号、9 号木料被叠压，未得到精确测量。能够大致均匀地剖出所需木材，显然需要一定的技术与工具。在木堆的东北端，另有 1 根整木，整木长 250、直径约 22 ~ 26cm，两端截面隆凸不整，从许多错杂相切的断面分析，当经过锋利石器所加工。其他编号为 4、7、17、18、20、21、22、24 的木头都带有不同程度的截、剖痕迹。编号 1、10、11、12、13 为板材，其中 1 号木板长 248、宽 24、厚约 2cm。其他多为形状不一的树枝。

独木舟的两侧，还各发现 1 支木桨，编号 J1、J2。1 号木桨保存较差，已开裂，长 140cm，桨板宽 22、厚 2cm，桨柄宽 6、厚 4cm；2 号木桨保存完整，长 140cm，桨板宽 16、厚 2cm，桨柄宽约 6 ~ 8、厚约 4cm，柄部有一方孔，宽 1.8、长 3.3cm，凿穿，孔沿及孔壁光整，无磨损痕迹。

经鉴定，1 号、5 号、10 号木材均为松木。

③ 砺石、石锛与锛柄

木堆及独木舟周围发现砺石（编号26）、3个锛柄（编号27、28、29）和多个石锛，尤其是锛柄的较集中发现，应该与木作加工现场有关，另外，在船的侧舷，还发现数片石锛的锋部残片。

④ 席编物

在独木舟及相关遗迹的清理过程中，还发现多处小块的苇席状编织物。其中1块保存较好（编号30）。单根宽度约3.8cm，从残处观察，似有双层，下层单根宽度约0.8cm。编织物形状呈梯形，三面残，但残面比较整齐，完整一面斜向收边，残幅最宽约60、最窄约50cm，编织手法与现在江南一带的席类编制相似（彩版二，1）。

3. 迹象分析

综上所述，这应该是一个与独木舟有关的木作加工现场。但独木舟已经制作完成，旁边的堆料的形态与尺寸也不符合制造独木舟舟体的要求，那么这些木料干什么用？或许我们可以从“边架艇”的概念及形态特征中得到启示。

边架艇，中国古代谓之戈船。这戈船即今太平洋上的边架艇，就是在独木舟的一边或两边绑扎木架，成为单架艇或双架艇。任何小船加上单架或双架，在海上航行虽遇风浪，不易倾覆。架的形状似戈，就是戈船名称的由来①。

何以证明跨湖桥独木舟遗迹的木作现场与边架艇有关呢？由独木舟改造成边架艇需要辅助木料，此其一；旁边的剖木料长者近3m，大小、体量与独木舟舟体的体积相匹配。南太平

---

① 凌纯生：《中国远古与太平印度两洋的帆筏戈船方舟和楼船的研究》，《“中研院”民族学研究所专刊之十六》，1970年。

洋独木舟资料有这样的记载“……但两旁则有浮木以增加其平稳。这些平衡的浮木大概有半个独木舟长，并且穿过船壳的洞，用纤维质的东西使其稳固在每一边上。”① 此其二；独木舟的侧舷以整齐的方式断去，可能与绑缚边架的方式及在航行中的特殊受力有关。此其三。这最后一点，是对独木舟为残破形象的一种分析，与尚未进行的绑架工程似有矛盾，但笔者以为，当时制作一条独木舟不容易，特别是这条独木舟用工考究，即使船舷坏了，是否还可继续利用呢？也许正是因为船舷坏了，更需要一种相适应的绑架形式，以取得较好的航行与稳定效果呢？在独木舟发明之前，有一个使用木（竹）筏的时代，从逻辑上讲，边架船是筏子的延伸形态，不过增加了一个主载体（独木舟），因此，当独木舟遭损的情况下，继续加以利用是十分自然的。

体态轻薄是跨湖桥独木舟的重要特征。可以推测，这是为了方便不同环境中的使用，在小河、沼泽，采用独木舟的形式，到大湖、甚或近海地区，就采取边架艇的形式。

（四）其他遗迹

1. 木桩遗迹

除独木舟遗迹发现较集中的木桩外，T0409 和 T0412 发现有其他木桩。木桩均未见柱坑，打入湖相淤土中，多呈倾斜状，分板桩、圆木桩两类，底端稍加砍削，略呈尖状。圆木桩多留树皮，上部呈扭曲状。择 T0409、T0411 四个木桩作介绍。

Z1、Z2 位于 T0409 中部，⑦A 层下。相距 4.4m。Z1 长 170cm，圆木，不很直，上端扭曲，带树皮，直径约 15cm，底

① 凌纯生：《中国远古与太平印度两洋的帆筏戈船方舟和楼船的研究》，43 页，《“中研院”民族学研究所专刊之十六》，1970 年。

削尖。Z2 长 130cm，板木，直，宽约 20cm，底削尖。

Z3、Z4 位于 T0411 北部，⑨C 层下。相距 0.95m。Z3 长 120cm，圆木，带皮，上部扭曲直径约 7cm，底削尖。Z4 长 142cm，圆木，上部略曲，直径约 10cm，底削尖。

2. 树桩遗迹

T0410⑨层下发现树桩（SZ）2 个。下部根系保留，桩头见烧炭痕，但未见砍伐工具痕。择个体较大的 SZ1 作介绍。

SZ1 直径约 40cm，高（根系以上）约 45cm，上部搁一根长 250cm 的边皮料木板，宽端宽 16、厚 2cm，窄端宽 5、厚 1cm，不对称搁于桩上，木板受压已断裂，两端呈下垂状。

3. 烧面遗迹

该类遗迹往往不能明确其完整形状，属平面型遗迹，薄。基本结构是以烧土面为中心，周围散布灰烬。保存多不能完整，T0513、T0512 有发现。择 T0512⑧层遗迹作介绍。

烧面遗迹位于 T0512 西部，入探方西壁隔梁（因独木舟遗迹保护未完整发掘）。灰烬分布不规则，区域长度超过 136cm；烧土面偏于灰烬面的东部边缘，略呈椭圆形，长径 30、短径 22cm。烧土面为红色焦土，厚约 2cm，灰烬面黑，草木灰构成，厚约 1cm。烧土面下依稀仍见黑色灰烬。

第四节　重要遗物

跨湖桥遗址长年处在地下水位之下，为遗物的保存创造了良好的条件。以下简要介绍陶器、石器、骨器、木器四大类人工遗物。

一、陶　器

第二、三期发掘共约750m^2面积内，出土陶片数万片。发掘区处在遗址边缘的临水地带，属于生活垃圾的集中区域，因此陶器的修复率比较高，共拼复陶容器200多件，其中大部分采用对称原则进行了石膏复原，陶器群的构成面貌得到了比较清晰的呈现。通过对不同部位残陶片的观察，对陶器的制作工艺和使用方法也获得了一定的认识。

（一）陶系

夹砂陶、夹炭陶是主要陶系，另外还有少量的夹蚌陶。这是一般概念上的区分方法。跨湖桥遗址的一个显著特点是几乎所有陶器的胎质都含有炭素，具体表现为胎色偏黑，另外，陶器表皮还可观察到草木灰痕迹。在本章的陶系分类中，所谓夹砂陶，是指陶胎中含有或多或少的砂粒，夹蚌陶指陶胎中含蚌壳碎末。但无论从直接观察和实验室分析，陶胎中均存在明显的炭质。

从陶质构成在诸器物形态中的分布看，陶质的选择具有针对性，不同功能的器物需要用不同的胎质。具体区分为炊器与非炊器两大类。炊器主要用夹砂陶制作，砂粒直径一般小于1mm，大多呈白色或白中带黄的白云母、石英、长石，棱角分明；偶尔代之以碎蚌末。胎色一般呈灰黑色，由于火候关系，也有呈灰褐色的。夹炭陶器中，炊器与非炊器的含炭量又有所不同，前者含炭量多、胎质疏松、破裂面显得更粗糙些；后者显得更细腻，泥性成分更突出些。为介绍方便，前者简称为夹炭陶，后者简称为泥性夹炭陶。夹炭陶、泥性夹炭陶胎色均黑，部分胎芯稍许泛黄，似为未充分燃烧之故。

夹砂陶多呈黑褐色，其中也有一部分呈灰红、灰黄。发掘过程中发现，这种陶色的变化与土壤的埋藏环境密切相关，黑土壤地层中陶器一般能够保持它的原色，比如红衣、彩陶能够较好地保存下来，含砂性的浅色土壤中陶色泛黄，因此对两者的数量统计只具有参考意义；夹炭陶一般为黑陶；泥性夹炭陶多施陶衣。

（二）陶衣与纹饰

1. 陶衣

陶衣主要见于非炊器类容器，如罐、钵、盆、豆、圈足盘等。部分釜、甑类炊器的内外壁也见有一层不同于黑胎的薄衣，外壁一般为褐黄色，内壁一般为灰白色，器表很可能也经过泥浆涂饰处理；极个别的夹炭类陶釜的口沿甚至见到隐约的红衣。

红衣是最醒目的陶衣装饰，不同器物有不同的装饰部位。盘、钵、盆类主要施于外壁。罐主要见于肩颈部，这反映了跨湖桥人比较成熟的审美观念。陶器一般置于地面，人的视角向下，浑圆的装饰区域更能突出审美效果。红衣之上又经常伴出乳白色的彩陶图案，两者相得益彰。值得注意的是，在红衣剥落（褪色）区，均露出灰白的底色，这层灰白衣一直延伸到肩部以下、覆盖未施红衣的其他部位，说明在陶器成形后，器表经过了两道上衣工序。灰白衣也并非只充当红衣的底色（化妆土），一些施红色彩绘的浅盘类陶器上，衬底也是灰白或灰黄衣，说明陶衣除红衣外，灰白、灰黄衣也是陶器重要的装饰色。

实验分析表明，相对于陶胎的矿物成分，红陶衣中 SiO_2 含量高（72.78%）、Al_2O_3 的含量低（17.01%）、Fe_2O_3 含量较高（4.66%）。遗址出土过纯红的铁矿石，矿物成分与红陶衣接近，可以判断跨湖桥陶器的红陶衣是用这种原料碾磨成粉，制成浆料，涂刷敷施，烧制时经氧化形成的。

除红、灰陶衣外，还有黑衣。黑衣的情况较复杂，一般来说，黑陶是缺氧条件下（还原焰）的渗炭结果。跨湖桥遗址陶器中，出土大量内外黑亮的罐、豆类器，同时还出土外红内黑（光亮）的陶豆、陶钵、陶盆。外红内黑陶器的黑色往往延到口沿之外，这种外延的黑色痕迹呈一种流焰状，证明还原焰确实是黑陶的成因。但跨湖桥遗址的黑陶十分光亮，视觉上有一种晶莹的感觉，仔细观察，可以发现表面有细微的迸裂纹，这种效果决非一般的陶土所能成就，应该是在十分细腻的陶衣上作精心处理的结果。从实际保存的情况看，这种黑光陶衣的附著强度比红衣与灰白衣要强，不易脱落。应当说，黑光陶衣是体现跨湖桥遗址比较先进、又能被成熟运用的陶艺成就。

2. 彩陶

彩纹主要施于罐、圈足盘、豆三种器形，是跨湖桥遗址非常醒目的陶器装饰。粗略统计，彩陶器（片）约占陶器（片）总数的2%，占罐、圈足盘、豆三种陶器（片）数量的5%。由于彩纹一般施于陶衣之上，陶衣的脱落、褪色和彩纹本身的褪色、脱落都影响到彩陶的寻找与分辨，实际上也确实存在似彩非彩的模糊陶片。

彩质分厚彩、薄彩两种。厚彩的特征是乳白色，干厚，触摸呈明显的隆凸状，但脱落现象严重，但脱落后剩下的印痕仍可辨别原来的纹样。厚彩均施于器物的外壁，如陶罐的肩部、圈足器的圈足部位。厚彩是具有自身特点的着彩形式，化学成分（重量%）SiO_2 占 79.86、Al_2O_3 占 13.13、Fe_2O_3 占 2.4 、TiO_2 占 0.48 、CaO 占 0.46、MgO 占 0.70、K_2O 占 2.26、Na_2O 占 0.70、MnO 占 0.01、P_2O_5 占 0.05，可见厚彩是用含铁量较低的泥料烧制后形成的，颜色较淡。薄彩，触摸无隆凸感，红彩为主，红彩褪色可以变成淡黄，因此不能确定是否存在淡黄色彩陶。实验室检测，红彩的化学成分 SiO_2 占 68.76、Al_2O_3 占 21.42、Fe_2O_3 占 3.52、TiO_2 占 0.66、CaO 占 0.67、MgO 占 1.58 、K_2O 占 2.16、Na_2O 占 1.05、MnO 占 0.13、P_2O_5 占 0.03。另外还存在黑彩，数量少，或许色素过浓的红彩一种。从较完整的陶器中观察，薄彩均施于豆盘、圈足盘内壁，但在极少量的残陶片上，也看到施于外壁的薄彩。

3. 纹饰

除彩陶外，陶器的装饰工艺还包括印、戳、刻、镂、贴手法。这些工艺手法除了装饰的目的，同时也应该与陶器的成形紧密相连。

（三）器物

陶器分圜底器、圈足器、平底器三类。圜底器最多，约占容器总数的 79%，圈足次之，约占容器总数的 18%，平底器最少，约占 3%。平底器多见于罐类，其中与下腹呈圆角的不规则平底器占多数。

从东南沿海地区新石器时代考古中习惯的功能分类，占陶器主要部分的陶容器分为釜、罐、钵、盆、盘、豆六大类，另外还有器盖、纺轮形器、线轮、支座及少量不明器物。

二、石 器

（一）石料与加工工艺

石料采自附近山区，以沉积岩为主，少量火山岩。石料的选用与工具的用途相关。锛均为沉积岩中的泥岩，有砂质纹理，容易开裂，韧性好，质地较细腻，形成于下古生代。砺石均为沉积岩中的砂岩，质地较硬，但颗粒较粗，较脆而易断。

磨棒则较为复杂，有基性脉岩、沉积岩、火山岩三种。个别斧用火山岩制作。装饰品用萤石。

石器加工主要采用打、琢、磨的方法。石器大多经磨制，但也有少量毛坯，可见在打、琢成型后，磨制是最后的一道工序。显然，要保证磨制的效率与质量，打琢是基础，遗址出土许多磨制成型的小石锤，反映琢打技术对于石器工艺的重要性。石器磨制水平很高，大多通体磨光，遗址出土大量磨石，其中包括充当磨制工具的砺石。萤石类装饰用具中出现钻孔技术。

（二）器物

135 件。分锛、斧、凿、镞、锤、磨棒、磨石、璜式饰件等类。

三、骨、角器

100 余件。以动物肩胛骨、肢骨、肋骨、头骨及鱼骨、鹿角为原料，加工方法采取切、割、削、磨等方法。器形有耜、镞、镖、锥、针、匕、匙、哨、叉等，包括农耕、渔猎、纺织、缝纫、生活用具。

四、木（竹）器

（一）木料与加工工艺

木料材质有马尾松、青冈、麻栎、榉、糙叶树、柘、春榆等，大多用木料的边材加工而成，加工技术包括砍、削、凿、刻、磨等，许多尖锥形器利用火烤法增加其硬度。

（二）器物

126 件。分生产工具、生活用具和建筑用具。一些器物功能待定。

锥。51 件。细杆状，均用边材削制，一端削（磨）尖，另一端平或钝尖。

第五节　遗址年代和分期

一、年　代

（一）出土标本的碳十四年代测定

国家海洋局第二海洋研究所、北京大学文博学院考古与文物保护实验室、中国社会科学院考古研究所科技中心对 1990 年、2001 年、2002 年三次发掘 14 个采样标本进行了碳十四年代测定[①]（表 2－2）。

表 2－2　出土标本的碳十四测年

实验室编号	样品来源	样品物质	^{14}C 年龄（BP）	树轮校正年龄（BC）	实验室
HL91002	T302⑨	木块	7618 ±242		国家海洋局第二研究所
HL91001	H22	橡子	7282 ±155		国家海洋局第二研究所
BA9906	H22	橡子	6800 ±170		北京大学考古文博学院
BK200166	T0411 湖Ⅲ	木头	6970 ±100	5980（6.6%）5950 5920（61.6%）5740 6020（95.4%）5660	北京大学考古文博学院
BK200165	T0410 湖Ⅲ	木头	6585 ±90	5620（68.2%）5470 5670（95.4%）5360	北京大学考古文博学院

① ^{14}C 半衰期为 5568 年。

续表 2－2

实验室编号	样品来源	样品物质	^{14}C 年龄（BP）	树轮校正年龄（BC）	实验室
BK03006	独木舟遗迹	舟体	7070 ± 155	6070（67.2%）5770 5760（1.0%）5750 6250（95.4%）5650	北京大学考古文博学院
BK03007	独木舟遗迹	木头	7055 ± 90	6010（65.6%）5830 5820（2.6%）5810 6080（95.4%）5730	北京大学考古文博学院
ZK3173	独木舟遗迹	舟体	6991 ± 50	5980（10.2%）5950 5920（58.0%）5800	中国社会科学院考古研究所
HL91026	建筑 B	木桩	7069 ± 210		国家海洋局第二研究所
BK200168	T0511⑧C	木头	6615 ± 110	5640（68.2%）5470 5730（95.4%）5360	北京大学考古文博学院
BK200167	T0410⑧A	木头	6450 ± 90	5480（68.2%）5320 5620（2.7%）5580 5560（92.7%）5250	北京大学考古文博学院
BK200169	T0410⑥A	木头	6180 ± 90	5260（68.2%）4990 5320（92.7%）4900 4890（2.7%）4850	北京大学考古文博学院
HL91023	T304②	木块	6690 ± 176	5310 ± 176	国家海洋局第二研究所
BK200170	T0510②	木头	6375 ± 120	5480（66.6%）5230 5220（1.6%）5210 5650（95.4%）5000	北京大学考古文博学院

1990 年 5 个测定单位的地层顺序为：

⑨层（T302⑨）→⑦层下（H22）→⑥层下（建筑 B）→②层（T304②）

五个测定数据，与地层关系基本吻合。

2001、2002 年九个测定单位的地层顺序为：

湖Ⅲ层（T0410 湖Ⅲ、T0411 湖Ⅲ）→湖Ⅱ层（独木舟、独木舟遗迹）→⑧层（T0511⑧C、T0410⑧A）→⑥A 层（T0410⑥A）→②层（T0510②）。

9 个测定数据与层位关系略有颠倒，但总体符合湖区沉积→⑧A 层→⑥A 的形成过程。②层并非遗址堆积，木头标本应该是水动力带来，数据略偏早。

上述 14 个测定数据中，海洋二所做的 4 个数据年代偏早。同是 H22 出土的橡子标本，北京大学的测定数据晚 400 余年。如果将海洋二所的数据都减去 400 年，结果大致与北京大学和中国社会科学院的测定数据吻合。

（二）地质勘探的相关碳十四测定

浙江省地质调查院在遗址区勘探的全新世～更新世综合柱状剖面，也提供了一系列包括文化层在内、具有前后地层关系的碳十四测定（表 2－3）。

表 2－3　地质勘探的碳十四测年

地层		沉积相	^{14}C 测定年代
1	顶	潮上带	2950 ± 100
5	底	潮间带	3825 ± 100
6	底	潮间带	4410 ± 120
7	顶	潮上带	4820 ± 150
8	底	地形沼泽	5070 ± 150
9	顶	潮上带	5920 ± 170

续表 2－3

地层		沉积相	^{14}C 测定年代
10	底	地形沼泽	6330 ± 190
11	顶	遗址文化层	6120 ± 240
	底		6370 ± 230
12	底	地形沼泽	7910 ± 250
	顶		8125 ± 250

该组数据均未经树轮校正。

（三）热释光测定

2002 年发掘过程中，上海博物馆实验室（文化部文物保护技术上海检测站）到发掘现场，针对独木舟遗迹的年代问题采集了 3 个陶片标本，获得了 3 个年代数据（表 2－4）。

表 2－4 陶片标本热释光测年

原始编号	实验室编号	地层	年代
T0511	SB623	湖Ⅱ层	7900 ± 800
T0512	SB624	湖Ⅰ层	8050 ± 800
T0513	SB625	湖Ⅰ层	8100 ± 800

（四）年代分析

地质调查表明，跨湖桥遗址所在的湘湖一带没有石灰岩矿带分布，附近也没有泥炭沉积。可以排除测定的干扰因素。25 个碳十四测定数据中，海洋二所的 4 个数据偏老，可能属于设备性的误差。总体上，数据的分布符合逻辑，基本反映了遗址的年代。陶片的热释光法测定数据对此作了有力的补充。

根据以上年代测定，可对遗址形成的时间过程作如下分析。

第一阶段。包括 T302⑨层、H22 在内的 1990 年发掘区的早期地层及 2001 年、2002 年发掘区的湖Ⅳ～湖Ⅰ及独木舟遗迹。当时的生活中心区是 1990 年发掘区一带，在遗址的东侧（即 2001 年、2002 年发掘区）尚为一片水域，但已出现干涸的趋势，人们的活动区域迫近湖边，并习惯向湖边清扫、倾倒生活垃圾。这一阶段的晚期，原湖边约二三十米的范围之内大都已经干涸，这种结果除水位的下降外，与生活垃圾的填塞有密切关系。与独木舟相关的湖Ⅰ、Ⅱ层分布区应该是因独木舟需要而留出的水道。这一阶段的 8 个碳十四数据，标本 HL91002、HL91001 偏老，BK200165 偏晚，其他 5 个基本为距今 7000～6800 年，树轮校正后，以北京大学考古与文博学院实验室 95.4 置信度为标准，最早数据为 BK03006：BC6250 年，最晚数据为 BK200165：BC5360 年。综合考察年代定在距今 8000～7800 年。

第二阶段。包括建筑 B 在内的 1990 年发掘区中期及 2001 年、2002 年发掘区的八九两层堆积。这时的遗址范围已经向东部扩展，湖边独木舟被掩埋。标本 HL91026 以偏老 400 年计，3 个碳十四数据均距今 6600～6400 年，树轮校正后，以北京大学考古与文博学院实验室 95.4 置信度为标准，最早数据为 BK200168：BC5730 年；最晚数据为标本 K2001167：BC5250 年。综合考察，年代定在距今 7700～7300 年。

第三阶段。包括 T304②层代表的 1990 年发掘区晚期和 2001 年、2002 年发掘区的⑦～④层，以及地质勘探点的文化层堆积。遗址堆积区向东南方向继续扩大。从 T0512⑦层下的烧土面遗迹看，原边缘湖区完全成陆，生活区域向东扩展。但总体看来，这里活动遗迹稀少，仍为生活边缘区。陶器修复率高，与生活垃圾的集中倾倒有关。除标本 L91023 偏老，2001

年发掘区的3个碳十四测定数据和地质调查院的2个数据均在距今6400～6100年。树轮校正后，以北京大学考古与文博学院实验室95.4置信度为标准，最早数据为BK200170：BC5650年；最晚数据为标本BK2001169：BC4850年。年代距今7200～7000年。

2001年、2002年发掘区的③层，未见文化遗物，但包含较多的碎木屑，是水位上涨，沉渣上浮的堆积相，遗址湮废。

二、遗址分期

根据遗址演变特征及碳十四测定数据的分析推断，结合以出土陶器为主要的文化特征的类型学研究，可以将跨湖桥遗址分为相应的三期。

第一期。包括1990年发掘区第⑨～⑦层，2001年、2002年发掘区湖Ⅳ～湖Ⅰ层。年代距今8200～7800年。

第二期。包括1990年发掘区⑥～③层、建筑B，2001年、2002年发掘区的⑧、⑨层。年代距今7700～7300年。

第三期。包括2001年、2002年发掘区的⑦～④层。年代距今7200～7000年。

必须指出的是，上面主要通过陶器的变化进行文化分期，但陶器在变化的同时，存在一种非常稳定的特征：即许多器形从早到晚始终存在、没有消失，即使一些发生变式的器形，有些也只是第Ⅰ式数量渐少，第Ⅲ式数量渐多。在近千年的时间里，遗址的文化特征变化较小。这本身也成为跨湖桥遗址重要的文化现象。从考古类型学的角度，是暴露出在分期实践中的不足之处，即只考虑了变化，而缺乏对变化速度的分析。

第六节　跨湖桥文化总论

一、文化特征

从器物、建筑、独木舟、经济行为和宗教艺术等方面概括遗址的个性特征和文化成就。

（一）器物特征

1. 陶器

（1）制作工艺

陶器制作以泥条盘筑为主，辅以套筑、贴筑。出现慢轮修整技术。

按照习惯的分类概念，跨湖桥陶器的胎质分为夹砂、夹炭、夹蚌三类，但前两类只是适当掺和了一些砂粒、蚌壳，炭、泥仍是胎质的主要成分。总体上，跨湖桥陶器的胎质十分单一，以粉碎的草木灰和细泥拌和料为基础，炊器或掺和石英类砂粒、蚌壳。胎质一般都十分细腻。这一特征与河姆渡遗址[①]不同，河姆渡夹炭陶陶胎中常见颗粒明显的植物残骸和碎末烧失后留下的气孔。最近发现的更早期的浦江上山遗址[②]，夹炭陶中也普遍发现稻壳及植物碎末的烧失痕迹。

匀薄、规正是跨湖桥陶器的另一特征。从大型的釜、罐到小型的豆、钵，器壁的厚度均保持在0.5cm内，厚薄均匀。小型器突出精致的器表装饰（黑光陶、红衣），大型器

① 浙江省文物考古研究所：《河姆渡——新石器时代遗址考古发掘报告》，文物出版社，2003年。

② 蒋乐平、郑建明等：《浙江浦江县发现距今万年左右的早期新石器时代遗址》，《中国文物报》2003年11月21日。

则以规正、匀薄取胜。A、B 型釜多呈卵形，器高腹深，除口沿部略厚外，颈部以下整个器身完全控制在 0.5cm 之内，而且有愈向下愈薄的趋势。与河姆渡深腹陶器内壁大多有修刮痕不同的是，跨湖桥同类陶器的内壁一般都未再作特殊的处理，留下的只是麻密、重叠的浅窝，这些痕迹是配合外壁加工（拍打）的垫具留下的。早期陶器的制作一般都同时用拍、垫加工成型。

实际上，跨湖桥陶器的胎质和造型是一个统一体。陶胎中掺入细腻炭素，而不见颗粒粗糙、未经炭化的植物枝叶（河姆渡遗址早期夹炭陶是这种情形），这样就增加了胎体的细腻度，以符合匀薄、规范的陶器制作要求。从美学的角度，器物的匀薄必须配以器表的光洁，才能达到和谐，而要做到器壁的光洁，必须解决胎质的细腻。两者相结合，是跨湖桥制陶工艺的基础。

值得注意的是，尽管跨湖桥遗址陶器体现出匀薄、精致的直观面貌，但其烧成温度却在 750℃ ~850℃ 间，总体上要低于河姆渡遗址早期（四、三层）的 800℃ ~850℃。这反映了跨湖桥陶器的工艺成就是在原始的烧造条件下完成的。

（2）器类与器形

釜、罐、钵、盘、豆为基本陶器群。线轮、纺轮别具特色。陶容器以圜底器、圈足器为主，平底器少见，不见三足器。

与多数遗址一样，跨湖桥陶釜采取圜底的形式。自身特征体现在三个方面：①卵形深腹为主体形态；②A 型釜的折肩及肩部以上绳纹被抹光的特征；③一般说，炊器需要和器盖配合使用，但跨湖桥遗址器盖稀少（早期文化特征）。

圈足器及其圈足部位刻划、镂空装饰的发达是跨湖桥遗址异于地域文化传统的特征之一。浙江新石器时代，河姆渡文化早期圈足器数量很少，圈足部位不见镂空装饰；马家浜文化[①]时期，带喇叭形圈足的泥质红陶豆成为典型陶器之一，圈足部位出现小圆孔和楔形镂空；圈足器及其圈足部位镂空装饰的真正流行是在崧泽文化[②]时期，但崧泽文化圈足器为泥质灰陶，器形及装饰风格与跨湖桥遗址明显不同，年代上相差近两千年。

跨湖桥遗址不见三足炊器，这一点符合长江下游包括浙江地区新石器时代文化发展的时代特征。太湖以南，鼎出现在马家浜文化的中晚期，河姆渡遗址和罗家角遗址早期遗存均不见三足器。这是在跨湖桥遗址在地域文化传统中体现早期特征最明显的证据。

平底器见于陶罐。此类平底器多在圜底的基础上略加揿压，底面仍显鼓凸，纯平底器极为罕见（下孙遗址略多）。尽管存在平底形态，圜底罐仍在跨湖桥遗址陶罐中占多数，成为跨湖桥遗址陶器的特征之一。在具体分类中，尤以 G 型罐最具典型性。

钵的形态最为独特，成为复原率最高的一种陶器。尤其是 A、B、C 三型，未见于已知的其他新石器时代遗址，是跨湖桥遗址的典型器。

另外，A 型豆的双腹形态及其倒盘型圈足、F 型敛口钵、C 型圈足盘竖贴筋条的形态、I 型罐的罐耳特征均表现了跨湖桥陶器形态的个性特征。

---

① 浙江省文物管理委员会：《浙江嘉兴马家浜新石器时代遗址的发掘》，《考古》1961 年 7 期。

② 上海市文物管理委员会：《崧泽——新石器时代考古报告》，文物出版社，1987 年。

（3）装饰工艺

彩陶是最重要的特征。东南沿海地区的新石器时代文化遗址中，尚无其他遗址出现如此丰富的彩陶。发现过彩陶的有河姆渡遗址，仅见几片①。从化学成分看，两遗址彩陶的彩纹颜色的深浅首先与 Fe_2O_3 的比重有关②（表 2－5）。

表 2－5　跨湖桥遗址与河姆渡彩陶彩质成分比较

遗址	彩质	化学成分（重量%）									
		SiO_2	Al_2O_3	Fe_2O_3	TiO_2	CaO	MgO	K_2O	Na_2O	MnO	P_2O_5
跨湖桥	厚彩	79.86	13.13	2.4	0.48	0.46	0.70	2.26	0.70	0.01	0.05
跨湖桥	薄彩（红）	68.76	21.42	3.52	0.66	0.67	1.58	2.16	1.05	0.13	0.03
河姆渡	黑彩			6.44		0.67	0.50	1.49	0.10	<0.01	

中国南方地区，彩陶最早出现在长江中游洞庭湖地区的皂市下层文化时期，钱粮湖农场坟山堡遗址底层出土了彩陶残片，时间超过了 7000 年。但直到丁家岗和汤家岗遗址的早期（距今 7000～6500 年），彩陶仍属肇始阶段③。北方地区，彩陶最早出现在前仰韶文化时期，北首岭下层发现少量的彩纹陶钵④。北首岭下层的年代为距今 7000 多年。跨湖桥遗址中，彩陶在早期就已出现。早期彩陶的主要形式为盘内彩，表现

① 浙江省文物考古研究所：《河姆渡——新石器时代遗址考古发掘报告》，文物出版社，2003 年。

② 据实验人员介绍，跨湖桥遗址薄彩检测标本的彩料过于稀薄，取样时不可避免混入陶器胎质成分，含铁量等检测指标可能偏低。

③ 何介均：《环珠江口的史前彩陶与大溪文化》，《南中国及邻近地区古文化研究》，香港中文大学，1994 年。

④ 中国社会科学院考古研究所宝鸡工作队：《一九七七年宝鸡北首岭遗址发掘简报》，《考古》1979 年第 2 期。

手法已经较为成熟。晚期薄彩、厚彩并存，彩纹丰富而规范。在年代上看，跨湖桥遗址是中国最早出现彩陶的遗址之一。

彩陶作彩于陶衣之上，因此陶衣成为跨湖桥彩陶文化的构成元素。特别的是，陶罐往往在折肩以上施衣作彩，浅盘器则内壁作彩，施彩区的边缘均以带彩分隔。这种在浑圆之中进行彩纹布局的特色体现了跨湖桥彩陶对视觉效果的特殊追求。另外，厚彩、薄彩的彩料之分及其点彩等别具一格彩纹形式，也构成跨湖桥遗址彩陶浓郁的自身特色。

黑光陶和外红内黑（光）陶器也是体现跨湖桥陶器制作水准的重要方面。跨湖桥黑光陶的特色在于与匀薄胎体的结合，精美的程度平添三分。实际上，北方前仰韶文化的巩义瓦窑嘴遗址①中，也发现了十分精致光亮的薄胎黑陶。可见这些精美陶器在这一时期出现，并非偶然。

菱格、方格的拍印纹在浙江新石器时代遗址中极为罕见，余姚鲞家山遗址有过零星发现②。其他地区大多也在新石器时代末期出现。因此菱格、方格的拍印纹也构成跨湖桥陶器的显著特征之一。

值得注意的是，跨湖桥遗址陶器缺乏带有动植物或人物形象的雕刻或堆塑装饰，这一点，与包括河姆渡、罗家角遗址在内的浙江地区许多新石器时代文化遗址不同。

2. 骨、木、石器

骨器数量不多，特征相对单薄。与河姆渡、罗家角遗址比

---

① 巩义市文物管理所《河南巩义市瓦窑嘴新石器时代遗址试掘简报》，《考古》1996 年第 7 期。

② 据发掘者介绍（未收入报告。参见孙国平、黄渭金《余姚市鲞家山遗址发掘报告》，《史前研究》2000 年，三秦出版社）。

较，骨料的取舍、加工和器形的分类特征都是一致的，如耜、纬刀（匕）、哨、针、锥、鹿角器等。耜采用凿孔插装法按柄，与罗家角遗址[①]相同，而与河姆渡的捆扎按柄法不同。虽然在鹿角器上也发现了刻划装饰，但与河姆渡遗址比较，跨湖桥遗址骨器的装饰工艺显得十分单调。

钉型骨器形制独特，同时还见有硬木质的钉形器，两者大小相仿、形态一致。未曾见于其他遗址。

新石器时代遗址中，因保存原因，木器发现较少，功能及其相关的定名研究比较缺乏。A、B 型锥，风格统一，数量多。其他如双尖型、烟嘴型、秤砣型、“哑铃”型器及 A 型镞均未呈见于其他遗址。值得注意的是截面呈三角形的尖槽型木器，因无法平面摆放，应该是浮置水中的器物，反映了与水相关的生活内容。

与出土数量较多的木质锛柄相应，石器中石锛的数量也是最多。跨湖桥独木舟遗迹中发现数件锛柄，这是石锛作为独木舟或其他木器加工工具的重要证据。斧、锛之分在于锋刃的偏与正，几件特征明确的石斧，器身多呈浑圆、便于手握，顶部不见捶击的疤痕，也不见配套的木质斧柄，可见这类石斧采用“手斧”的使用方法。

石锤成为跨湖桥石器的特色之一。A 型锤的存在证明石锤也有精心制作的需要。从形态本身，A、B 型是限于观察条件所作的区分，两者均磨制规整，如果锤面完全崩残，两者就无法辨别。从功能看，B 型锤崩疤较大，破损严重，当为石器的加工工具，A 型锤的规整形态及麻密琢点反映其使用时的精确

① 罗家角考古队：《桐乡县罗家角遗址发掘报告》，《浙江省文物考古所学刊》，文物出版社，1981 年。

要求，用于石器的精加工。C 型锤利用自然石块、痕迹较轻微，可能是用于敲砸坚果的食物加工工具。

（二）建筑特征

跨湖桥遗址的建筑遗迹主要分布在遗址中心区。1990 年发掘区揭示四处房址遗迹和多处相关的建筑遗迹。由于发掘范围的局限，遗迹的揭露基本不完整，但还是反映了定居生活的一些特征。

木构建筑是主要建筑形式。建筑特征多以成排的柱子（洞）为标志。2002 年发掘区发现的“独木梯”，是干栏式建筑存在的一种间接证明。但几座建筑残址中，缺乏大型的、垫有柱础的立柱，与河姆渡遗址比较，跨湖桥遗址带榫卯的建筑构件比较缺乏。从出土的少量榫卯残件及独木舟的制造技术分析，跨湖桥遗址已经具备了相应的木作技术，但没有成就河姆渡式的木构建筑奇迹。查访得知，被破坏的区域里发现过更大的木柱，榫卯构件则没有留下特殊的记忆。这背后应该反映了遗址间文化背景的差别。

F4 是以木桩立骨的土墙式建筑。这是一种地面建筑形式。河姆渡遗址早期，架空式干栏建筑是唯一的房屋建筑形式。跨湖桥遗址证明，土墙式地面建筑在更早期已经存在了。

另外，跨湖桥遗址还开始用鹅卵石铺设村落道路。

（三）重要文化成就——独木舟

在文化特征及文化成就的反映上，必须提到独木舟。因为它是大陆沿海迄今发现的最早的一条独木舟；而遗址所在的古越地区，又以造独木舟著称。

远古时代，居于亚洲东部沿海的族群，史书概称为

“夷”。吕思勉认为夷与越是同一民族，淮北称夷，江南称越。[①]《越绝书》卷三：“习之于海，夷、海也”，可见“海洋文化”就是“夷”的一个鲜明特征。

夷越民族以航行造舟著称。“夷”又称“貉”，《周礼·夏官》贾疏引《郑志》：“九貉即九夷”。貉又作貊，《诗经·大雅·皇矣》：“貊其德音”。郑玄笺：“貉本作貊”。刘节断称：“貊族的发明是‘造舟’。所以貊貉的貉字，可以从舟，作䑝。其字音又读各切。与貉、貊字同一声类。从舟而不读舟声，必定别有意义。我们看创造的‘造’字，也从舟，告声，作艁。正是告诉我们，作舟是很古的人的一种创造”[②]。

文献记载，从周成王开始，就有“於越献舟”的记载[③]。春秋战国时期，以姑苏、会稽为中心建立吴、越两国，越王勾践自称其民“以船为舟，以楫为马，往若飘风”[④]；魏襄公七年（前312年），越王派公师隅去中原献舟三百[⑤]；《越绝书·记地传》载“杭坞山”（今萧山航坞山）是“勾践杭也”。舟楫在越文化中的地位之重，在与其他地区的比较中，给人十分突出的印象。

新石器时代遗址中的考古发现表明，这里也是出土舟船最早最集中的地区。跨湖桥遗址以外，余姚河姆渡遗址出土了六支船桨[⑥]，桐乡罗家角遗址出土过如同船底形的木

---

① 吕思勉：《中国民族史》，1934年。

② 刘节：《中国古代宗族移殖史论》，41页，1948年。

③ 《艺文类聚》卷七十一引《周书》。

④ 《越绝书》卷八。

⑤ 《水经·河水注》引《竹书纪年》。

⑥ 浙江省文物考古研究所：《河姆渡——新石器时代遗址考古发掘报告》，文物出版社，2003年。

质“拖泥板”[①]。吴兴钱山漾遗址和杭州水田畈遗址都出土过木桨[②]。

跨湖桥遗址的独木舟，证明中国大陆的东南沿海地区是发明、使用独木舟最早的地区之一。

日本三方町遗址、鸟浜遗址出土绳纹时代的独木舟[③]。形态与跨湖桥遗址独木舟类似。这种文化上的联系值得进一步的研究。

（四）经济形态

第一，稻作农业的内涵与特征。稻作农业的证据表现在两个方面，一是具有栽培稻特征的稻米颗粒及相应的植物硅酸体的发现；二是以骨耜代表的稻作农业工具的发现。发现的1000多粒稻米、稻谷和谷壳中，稻米369粒、稻谷196粒、稻壳498粒。稻谷与稻米显示栽培稻的特征，与现在的籼稻相似，相应的植硅体形状却接近粳稻。同时还存在在粒形上接近野生稻的稻谷。这些现象说明跨湖桥遗址的稻谷可能驯化自本地的野生稻，是没有完全分化的原始栽培稻。农业的发明是人类文明史上的巨大进步，但稻种变异与新石器时代早期经济生活的相互作用方式则未见定论，这里我们提出了“冬（春）季食物的选择性储藏萌发野生稻栽培”农业起源研究思路。在地层上，栽培稻标本在早期已经发现，说明跨湖桥遗址从一开始就开始了稻作生产实践，尽管层位之间所采集的稻米标本

---

① 罗家角考古队：《桐乡县罗家角遗址发掘报告》，《浙江省文物考古所学刊》，文物出版社，1981年。

② 浙江省文管会：《吴兴钱山漾遗址第一、二次发掘报告》，《考古学报》1960年2期；浙江省文管会：《杭州水田畈遗址发掘报告》，《考古学报》1960年2期。

③ 福井县三方郡三方町教育委员会：《ユリ遗迹》，三方町文化财调查报告书14集，若越印刷株式会社，2001年10月。鸟浜贝冢研究会：《鸟浜贝冢研究》，若越印刷株式会社，1996年。

有多有少，但都不足以证明农业产量的本质变化。中期地层中发现集束状的带茎秆的稻禾标本①，但均为秕谷，说明栽培稻处于原始的低产量阶段。确定的农业生产工具只有骨耜，但跨湖桥出土的骨耜地按柄为插装法，从插孔的大小看，骨耜能否作为翻土工具需要更进一步的研究。骨耜分平头、双刺两种，其中双刺头的未见完整器，只是根据河姆渡的发现作参考判断。如果骨耜是唯一的翻土工具，或可说明当时的稻作农业尚未进入成熟的水田耕作阶段。另有一种木器呈双头尖状，即B型木锥，是否具备点种的功能，值得探讨。石磨棒与磨盘是带有探索性的概念，最近浦江上山遗址发现了早期新石器时代文化的重要遗存，磨棒与磨盘成为遗存的基本内涵之一，作为脱壳工具，成为农业工具套的组成之一，具有重要意义。从遗址所反映的证据看，稻作农业的一个特点是原始，特点之二是从早到晚未见大的变化。

第二，采集经济。遗址出土菱角、核桃、酸枣、芡实等多种可供食用的野生果物，特别是遗址发现橡子坑。橡子坑的制作相当考究，先挖出筒状或袋状的坑，口部甚至边壁用木料搭成框架结构。另外一个有趣的现象是，许多橡子坑被二次利用，坑口形成焦积的锅底状灰烬烧土坑。说明橡子坑的使用不是长年的，而具有季节性。这帮助我们对橡子坑的性质作出确定的推断。它可能不仅是一般意义上的储藏坑，而是针对橡子食性的一种加工程序，因为橡子中包含的鞣酸味涩，只有通过在水里浸泡，才能够将鞣酸消除。橡子的食用价值至今在朝鲜等地还被广泛利用。在浙江的史前遗址中，橡子坑发现较为普

① 编者按，T0410北隔梁⑧层发现一小捆较整齐摆置的带穗稻禾，约十余根，下端未及根部，印象中是在中段割断。

遍，河姆渡[①]、沙溪遗址[②]均有发现。从橡子坑加工与橡子食用的复杂程序看，采集文化是史前考古学文化的重要内容。这种采集文化的特征在跨湖桥遗址中是一种稳定的文化现象。

第三，渔猎经济。2001 年、2002 年发掘区共发现 32 个种属的动物骨头 5000 余块，许多哺乳类动物骨头有火烤遗留的黑焦面，肢骨的端部敲断的现象也比较普遍，反映了烧烤食肉和吸食骨髓的行为，说明渔猎经济的重要地位。遗址出土的明确的狩猎工具中，有石镞、木镞、骨镞的数量不多。浮标的发现，说明当时已经开始出现结网捕鱼的行为。

第四，家畜的饲养。明确的畜养动物有狗和猪。遗址出土的家猪是迄今为止发现的南方地区最早的家猪。

（五）艺术与宗教

1. 彩陶中的太阳纹、火焰纹图案

直观上，跨湖桥遗址彩陶器上的圆圈、放射线组合图案，包括镂空、刻划放射线图案，都是以太阳为模仿题材。施于豆盘内底的红彩大圆圈同样是指代太阳。这就提出了一个太阳崇拜的问题。

火焰纹的特征也十分明确，或许也反映一种拜火心理。太阳与火在光热上存在统一性，因此太阳崇拜的宗教核心可能是对光与热的祈祷。这与河姆渡遗址太阳与鸟组合背后的生殖崇拜观念属于不同的文化系统[③]。

---

① 浙江省文物考古研究所：《河姆渡——新石器时代遗址考古发掘报告》，文物出版社，2003 年。

② 浙江省文物考古研究所：《北仑沙溪新石器时代遗址发掘简报》，《南方文物》，2005 年 1 期。

③ 蒋乐平：《浙江史前鸟像图符的寓义及流变》，《浙江省文物考古研究所学刊》，长征出版社，1997 年。

2. 建筑B宗教性质的推测

建筑B是一种分层的台形建筑，平面略呈圆形。共分19层之多，每层都发现一个烧土坑，是一种烧火的痕迹。烧土坑一般都有固定的形状。筑台的过程，实质上表现为烧土面的递增过程。发掘者认为，土台是伴随周围的地层堆积逐渐形成的。较难从实用的功能角度理解烧土面的意义，屋外炊煮场所也不太可能形成如此稳定、独立的台形结构。是否可以理解为一种用火祭仪式呢？

3. 其他

从上述的原始宗教现象推知，遗址出土的内彩陶豆、圈足盘可能属于祭器的范畴。

二、环境与文化

目前尚无法从历史与传统的角度解释跨湖桥遗址独特的文化面貌。从文化生态学的角度，文化的相互影响不只是简单地表现在不同的文化之间，而且存在于与它赖以生存的环境之间。文化的多样性是适应特殊环境的不同要求的反映。聚落形态是人们在地形中选择自己居住位置的方式。聚落形态的变化，实际上反映了文化对生态环境适应方式的变化①。

在生态环境的基本方面，跨湖桥遗址可以与河姆渡遗址作比较，两遗址共同点很多：经纬度相近；海拔均低于现海平面。但由于年代和地理条件的区别，两遗址在受气候环境与海侵的影响方面，存在大的差距，并对遗址的命运发生深刻的影响。

气候环境上，河姆渡遗址发掘者认为遗址早期气候较现在

① 栾丰实等：《考古学理论·方法·技术》，文物出版社，2002年。

的杭州湾地区温暖，亚热带常绿阔叶林发育，林下多热带蕨，并发现亚洲象、犀牛等热带动物。跨湖桥遗址气候特征总体表现为温暖湿润，也发现犀牛，植被面貌大致和现在的杭州湾地区相似；气温出现波动，但年平均气温亦与现在相当或略低。地球化学垂向分带特征也表现相似的结论。两遗址比较，认识上有差异。明确差异有助于作进一步的分析与研究，比如，现在的亚洲象、犀牛确实分布于南亚的中南半岛及印度等地，但能否类推同样存在亚洲象、犀牛的六七千年前的气候？动物的适应性完全是有气候决定的吗？其中是否存在人类干预的因素？

地貌环境的变迁也是跨湖桥遗址和河姆渡遗址进行比较的重要内容。年代上看，跨湖桥遗址废湮之时，正是河姆渡遗址形成之际，在相似的海拔高程，又同在杭州湾地区，前者被淹没，后者却兴起，这是一个矛盾的现象。

钱塘江口特殊的水文环境决定了跨湖桥遗址沉积特征。由于江河下泻、海潮侵淹的交互作用，现在萧山的中、北部，呈一种南高北低，即沿海高、内地低的地形。北部平原的高地势，即为江河、海潮带来的泥沙堆积。5000 年来钱塘江口岸地理的变化，充分反映了潮水改造地形的能力。掩埋跨湖桥遗址的潮上带、潮间带沉积显然属于同样的性质。结论是，距今7000 年开始的海平面上升本身不足以长时间淹没遗址，海潮与江水共同作用下海平面的区域性抬升及其所带来的泥沙堆积才是决定性的。有理由认为，著名的“钱江潮”现象是解开跨湖桥遗址沉积之谜的钥匙。

从浙江省地质调查院提供的瞬时岩相古地理图显示，跨湖桥遗址的诞生期恰好处在一个短暂的水位下降期，距今9000 ~ 8000 年间。在沼泽地形中出现一块面积不大的剥蚀区，气候及泽被环境非常适合人类的生存。然后再度沦为沼泽区，最后为潮上带、潮间带控制。这一过程基本解释了跨湖桥遗址诞生的条件，同时也暴露了遗址被沼泽、沙洲包围的天然局限。这一不利条件限制了文化的繁殖、扩张与对外的交流，也弱化了抵抗自然灾变的能力。

全新世以来杭州湾地区海岸变迁与人类生存的关系问题是一个复杂而重要的问题，也是一个系统化的解释工程。陈桥驿先生提出的“卷转虫”海侵问题①。“卷转虫”海侵在距今7000～6000年前达到高峰。从时间上看，这次海侵与跨湖桥遗址的毁弃大致吻合，但与河姆渡遗址联系起来，只能将海侵的顶峰期（杭嘉湖、宁绍平原成为连成一片的浅海）限定在距今7000年左右的百年之内，这也是年代测定所不能精确的范围，之后开始了河姆渡遗址。一个有趣的现象是，跨湖桥遗址、河姆渡遗址的文化面貌从一开始就表现出令人惊叹的成熟性与发展高度，而且在文化内涵上各有渊源。推演跨湖桥遗址被海水侵淹这一“象征性”事件的意义，或可认为这些海洋文化的孕育地就在近海大陆架，保守的说，杭州湾南岸全新世以来伴随海平面上升而堆积起来的沿海平原应该成为探索的重要区域。

三、与周边地区史前考古学文化的关系

简要介绍河姆渡文化、马家浜文化以及跨湖桥遗址附近地区的新石器时代遗存的文化特征、时空分布有利于加深对跨湖桥遗址的认识。

---

① 陈桥驿：《越族的发展与流散》，《吴越文化论丛》，中华书局，1999年。

（一）河姆渡文化

从 20 世纪 70 年代开始，浙江地区新石器时代文化逐渐形成了以钱塘江为界线的分区演进系统，即河姆渡文化分布的南区和马家浜—良渚文化分布的北区。

河姆渡遗址①位于浙江省余姚市，南隔姚江接四明山北麓，北面为宁绍平原。1973 年、1978 年两次发掘。遗址的文化内涵主要包括以下方面的内容：①以有脊釜为代表的夹炭质陶器群和锛、斧等石、木、骨器组成的独特的器物群；②保存大量的栽培稻遗存；③发达的木构技术与干栏建筑；④牙雕、骨雕、陶刻等形式的艺术成就及相关联的宗教内容。河姆渡遗址的年代距今 7000～5000 年。河姆渡遗址发现后，宁绍地区一直作为一个相对独立的文化区域而占据东南沿海新石器时代考古中的重要位置。河姆渡文化的概念，具有区域文化的象征意义。跨湖桥遗址的发现，区域文化的一元观念被打破，将宁绍平原新石器时代遗址统归河姆渡文化传统，逻辑上的缺陷已经暴露。这对河姆渡文化的研究具有决定性的意义。河姆渡文化概念从开始就存在着分歧②，第一种是狭义的，内涵包括河姆渡遗址三四层，地域限姚江流域的附近地区；第二种是可称之为广义的，内容包括河姆渡遗址一至四层，分布范围包括整个宁绍、舟山地区，甚至有囊括浙南地区的趋向。很显然，第二种概念与河姆渡遗址不恰当的定位有关。

前面在对跨湖桥遗址文化特征的论述中，已经提及两者的区别与联系。区别是主要的，但也存在共性的因素。这种共性应该从区域文化的大传统中去理解，对这一大传统的认识，需

---

① 浙江省文物考古研究所：《河姆渡——新石器时代遗址考古发掘报告》，文物出版社，2003 年。

② 林华东：《河姆渡文化初探》，浙江人民出版社，1992 年。

要在文化渊源的追踪中去完成，现在尚缺乏讨论的条件。同时，这些共性成分中不排除跨湖桥遗址文化因素的流传，虽然跨湖桥遗址作为文化的整体未发现明确的继承者，但一些文化因素完全有可能随着人群的迁徙而传播。这些共性因素包括：

1. 器物方面

① 陶器的制作。主要表现为夹炭陶和炊器的绳纹装饰。夹炭陶与绳纹装饰在南方地区分布较广，但在宁绍地区延续时间长，成为一种较稳定的文化传统。

② 陶釜的使用。突出表现为釜、釜支子的配合。

③ 具体的陶器形态，比如双耳罐、敛口盆，特别是跨湖桥遗址C型盆的敛口形态酷似河姆渡文化的敛口釜。

④ 骨、木器。无论在形态、类型上，比陶器有更多的共同性。比如骨耜（装柄方式不同）、骨哨、骨匕、骨镞、木锥、木锛柄等。

⑤以榫卯结构为核心的木构建筑技术。

2. 生产经济

骨耜与栽培稻集合成耜耕农业的概念。两遗址间骨耜的使用方法有区别，但耜耕农业的存在是一致的。另外还有猪的驯养、橡子坑代表的采集业、丰富的动物遗存代表的狩猎、捕捞经济等。

3. 水上交通工具

河姆渡遗址没发现独木舟，但发现了木桨，说明也开始了对水的征服。鉴于这一地区后来发展的越文化中，独木舟成为重要的文化特征之一，有理由认为河姆渡遗址也出现了独木舟。

（二）马家浜文化

马家浜文化为分布于杭嘉湖地区的一支新石器时代文化，

形成于距今7000年左右的桐乡罗家角遗址①。罗家角遗址第四层的河姆渡文化因素很明显，之所以将罗家角遗址归入马家浜文化、并视之为马家浜文化的源头，当是考虑了分区的因素，存在将钱塘江南北机械割裂的认识倾向。罗家角遗址早期更多地反映了南方文化的因素②。因此跨湖桥遗址与罗家角遗址的比较是同河姆渡遗址比较的一种延伸，毋需重复列举。特殊的有两点。第一，跨湖桥遗址骨耜的插装安柄方法同于罗家角遗址。第二，虽然外红内黑的陶器特征在河姆渡文化中同样存在，但最早是作为马家浜文化的陶器特征总结出来的。这种特征多见于豆、盉类器，为烧制过程中充分利用氧化焰、还原焰的特殊效果。跨湖桥遗址中，这种外红内黑陶器有更普遍的发现，如豆、钵、盆、盘等。虽然陶质有别（河姆渡文化、马家浜文化中该类陶器多为泥质陶），文化的共性还是值得关注。

马家浜文化中的另一路因素以腰沿釜及炊器的非绳纹特征为代表，这一特征后来成为马家浜文化的主流因素，可称之为北方因素③。比较发现，跨湖桥遗址与之没有联系。这也表明，跨湖桥遗址完全属于南方文化系统的古遗址，比河姆渡遗址更为纯粹，这与它的年代是吻合的。

（三）浦阳江流域的新石器时代遗址

1. 浦江上山遗址④

上山新石器时代遗址，位置在跨湖桥遗址南约100km。年

---

① 罗家角考古队：《桐乡县罗家角遗址发掘报告》，《浙江省文物考古所学刊》，文物出版社，1981年。

② 蒋乐平：《浙江史前文化演进的形态与轨迹》，《南方文物》1996年4期。

③ 蒋乐平：《浙江史前文化演进的形态与轨迹》，《南方文物》1996年4期。

④ 蒋乐平、郑建明等：《浙江浦江县发现距今近万年的早期新石器时代遗址》，《中国文物报》，2003年11月7日。

代距今约 11000～9000 年。

文化面貌以圆石球、不规则扁长方体的“磨棒”、形制较大的“石磨盘”及夹炭红衣陶器为基本特征。石球采自河滩鹅卵石，直径 5～9cm，棱角部位多琢打成钝圆形状，部分石球保持原来的自然圆卵状。“石磨棒”也利用自然卵石，一面或多面有明显的磨擦痕迹，磨擦面呈弧隆状。“石磨盘”均有一个浅弧状磨面，其他面保持自然形状，磨面广度可达 30～50cm。陶器多厚胎，表层多似有红衣，低温烧制，陶胎破裂面常见片状层理现象，胎体可见明显的稻谷壳粒。可辨器形中多呈大敞口小平底的盆形器，中腹或近沿处见有粗圆的桥形环钮。另外，石器中还见有少量的通体或局部磨制的斧形、锛形石器、用琢穿法成孔的“加重器”、石片石器及砺石等，陶器中也见有少量的釜、罐类残片。陶器多素面，偶见绳纹、戳印纹、线划纹。

遗址中还发现一处由三排柱洞构成的长方形建筑基址以及大量灰坑遗迹。

尤其值得注意的是，上山遗址夹炭陶片的表面有大量的谷壳印痕，胎土中夹杂大量的谷壳。对陶片取样进行植物硅酸体分析显示，许多陶片中含有来自稻叶片运动细胞的扇形硅酸体。对陶片中谷壳形状的初步观察结果是，粒的长度比野生为短，粒的宽度比野生稻大，与野生稻有所不同，可能是一些经人类选择的早期栽培稻。

上山遗址是中国东南沿海地区发现最早的新石器时代遗址。陶器构成十分单调，以平底盆形器为主，与跨湖桥遗址差别很大，这是由年代的差距决定的，同时也是地域位置决定的。虽然两遗址分处浦阳江的上下游，相距不过 130km，但地理条件有相当大的差距，一为浙中山区，一为浙东平原，海拔相差近50m，至今两地的语言习俗仍有很大差异。前面提到跨湖桥遗址具有面向海洋的文化性质，那么相对而言，上山遗址则有更多的内陆性质。虽然也开始了稻作农业，但上山遗址中以石球、石磨盘核心的工具组合应当代表了另一种经济方式。

尽管如此，上山遗址与跨湖桥遗址间仍可找到共同点。除稻作农业外，以柱洞为指征的木构建筑形式可以说构成了一个文化传统，这种建筑形式到河姆渡文化发展到高峰。

2. 诸暨楼家桥遗址①

楼家桥遗址，位置在跨湖桥遗址南部23 km。早期年代约距今6500年。跨新石器与商周两个时代，新石器时代遗址又分早、中、晚三期，晚期为良渚文化遗存，内涵比较单薄；早、中期是遗址的主体部分。

早期遗物以陶器为主，另有少量的玉管、骨锥、骨凿、象牙小罐；石质工具见有石锛，数量极少，陶器有圆柱足（部分根部外侧贴有突脊）鼎、隔档（敞口内侧有一周3～4cm宽的隔档）深腹缸、深腹钵式豆、有脊釜、双鋬耳罐、扁圜把钵、腰沿釜、圈足盆等；陶系有夹炭红衣陶、夹炭黑衣陶为主，夹砂红陶次之；纹饰流行堆贴与刻划纹，堆贴以环圈为多，亦见细泥条塑贴的网格纹，往往与刻划纹相配合，另外还多见近似蜥蜴的堆塑纹样；刻划以水波纹、弦纹最为常见，绳纹仅见于有脊釜的底腹，数量很少。

早期地层中还保存有干栏式、“塔”式建筑基础、木桩、带卯眼的木构件等遗迹，并发现亚洲象、犀牛等动物

① 蒋乐平：《诸暨市楼家桥新石器时代遗址》，《中国考古学年鉴》，文物出版社，2000年。

骨头。

中期遗物中，陶器继承了早期的特点，鼎足跟部的突脊演变成锯齿状，发展成颇有特色的扉棱足鼎，成为该阶段的主要炊具，隔档深腹缸数量增多，引人注目——这两类器物是楼家桥遗址最典型的陶器。夹砂陶数量增加，泥质红陶也有一定的比例，器形有侈口凹沿釜、泥红陶喇叭形圈足豆、腰沿釜、多角沿盘、异型鬶等。纹饰仍以堆纹、刻划为主，环形堆纹往往与动物的头部造型相配合，很有特色，绳纹减少。石质生产工具大增，有锛、穿孔斧、凿、刀等种类，装饰品有玉玦、玉环等。遗迹有灰坑、柱洞、石器制造场等。

楼家桥遗址早中期内含河姆渡文化的因素，但具有明显的地方特色。作为经过正式发掘、离跨湖桥遗址距离最近、年代也最近的新石器时代遗址，却未见有跨湖桥遗址的影响，无论是典型器的组合，还是动物形象的刻画、堆塑装饰，均不属于跨湖桥传统。

3. 其他遗址线索①

萧山舜湖里遗址，位于楼家桥遗址东北方向约 2 km 处，内涵同楼家桥遗址。

萧山乌龟山遗址，位于跨湖桥遗址南 15 km。遗址下层发现河姆渡文化典型的夹炭绳纹有脊釜，年代距今 6500 ~ 6000 年。

萧山金鸡山遗址，位于跨湖桥遗址南约 10 km。遗址出土相当于河姆渡遗址二层的鼎、豆类陶器。年代距今 6000 ~

---

① 浙江省文物考古研究所等：《萧山茅草山新石器时代遗址发掘简报》，《东南文化》2003 年 9 期。孙国平等：《杭金衢高速公路萧山段新石器时代至明清时期遗址》（金山遗址），《中国文物报》1999 年 7 月。舜湖里、乌龟山、金 鸡山、蜀山遗址均为浙江省文物考古研究所发掘调查资料。

5800 年。

另外还发现相当于良渚文化的蜀山、茅草山、金山等新石器时代末期遗址。

四、与长江中游早期新石器时代遗址文化因素的若干联系

这一联系是 1990 年发掘报告中提出来的，主要指洞庭湖地区以石门皂市遗址命名的皂市下层文化，主要分布于澧水中下游与沅水、湘水下游，如皂市、胡家杨场、汤家岗等①。年代约距今 8000 ~ 7000 年。

皂市下层文化的主要特征是，陶系以夹炭红衣陶为主。陶器总体以圜底器、平底器为主，不见或少见三足器，纹饰以绳纹和丰富的刻划、压印、戳印为主，圈足上更有几何纹样镂空组合。典型陶器有罐、盆、钵、支座等，釜罐难以区分。罐有双耳亚腰、折沿、卷沿深腹、高领等形式，盘为敞口、坦腹、外撇圈足。石器特征比较原始，有三种类型：一为细石器。二为利用鹅卵石砸击石片制成的斧、锛等，三类为通体磨光、器形较小的斧、锛、凿等。

从陶器的制作水平、风格形态，到石器的粗朴特征，与跨湖桥遗址相比，区别是明显的。即使是最值得比较的圈足器及其镂空装饰，也有很大的不同，比如跨湖桥遗址以小圆孔为中心的放射纹题材，就不见于皂市下层。问题在于，正是这些与本区域文化传统不相容的因素，却在长江中游地区找到了参照系。除圈足器外，皂市下层的Ⅱ式钵如果添加双耳，与跨湖桥

① 湖南省博物馆：《湖南石门县皂市下层新石器时代遗存》，《考古》1986 年 1 期；湖南省文物考古研究所：《湖南临澧县湖家屋场新石器时代遗址》，《考研学报》1993 年 2 期；湖南省博物馆：《湖南安乡县汤家岗新石器时代遗址》，《考古》1982 年 4 期。

遗址G型罐极为相似，跨湖桥遗址中十分特殊的A、B、C型钵与汤家岗中期Ⅰ式钵有可比较之处；尤其值得注意的是，跨湖桥遗址的周缘带槽的线轮在皂市下层也有发现（定名为Ⅱ式陶饼）。在缺乏更多解释材料的条件下，不能否认两者之间的文化影响。

实际上，两地间的联系，从罗家角遗址出土白陶开始，已经提了出来。白陶是长江中游陶器的创造性成就，从文化传播的角度分析罗家角遗址中的零星发现，是符合逻辑的。跨湖桥遗址为长江中下游地区文化上的这种交流现象提供了新的证据。

五、新发现的跨湖桥文化遗址

跨湖桥文化分布问题的解决，与上山文化的发现有直接关系。上山遗址位于远离平原的河流上游——这是一个在很长时间经常被提及但一直没有真正关注的地区，在追踪上山文化的过程中，一个新的新石器时代考古区域开辟了，渐次发现了一系列的跨湖桥文化类型遗址。

这些跨湖桥文化遗址多数分布在浦阳江上游、曹娥江上游、衢江流域和永康江流域，均属钱塘江大流域。在钱塘江流域之外，目前仅在灵江上游的仙居县发现一处具有跨湖桥文化特征的遗址——下汤遗址，但下汤遗址所在的灵江上游，与属于钱塘江流域的东阳江上游仅隔分水岭，十分靠近钱塘江流域。因此，钱塘江流域是跨湖桥文化的分布中心。

下面简单介绍经过发掘或调查发现的跨湖桥文化遗址①，

① 截止2013年6月的考古发现。

内容主要集中在陶器部分。

（一）浦阳江上游的上山遗址（中层）

上山遗址位于浦江县黄宅镇渠南村的北部，钱塘江南系支流浦阳江的上游，一条名叫蜈蚣溪的小河在遗址的东侧通过，南距浦阳江干流约1km。

上山遗址以上山文化为主要堆积。但在遗址北区T0410、T0411的③、④两层发现了明确的跨湖桥文化层，另外又发现了跨湖桥文化时期的一条壕沟，遗址南区也存在跨湖桥文化遗迹。由于叠压在跨湖桥文化遗存之下的还有更早的⑤层，属上山文化遗存，因此将跨湖桥文化层简称为上山遗址中层。

上山遗址中层出土遗物以陶片为主，多为夹砂（多见粗砂）含炭的灰黑陶，也有夹炭红衣陶。陶器类型有釜、罐、盘、钵、盘、器盖、纺轮等，不见三足器。还有石锛等石器。这里主要介绍陶器的类型特征。

总体上，陶釜是上山遗址中层最丰富的陶器，陶质则以含粗重砂粒的夹炭陶为主。在具体的器物对比上，这些器物中其中的折肩绳纹釜、甑、蘑菇柄器盖、陶片打琢的纺轮、带镂空的圈足盘以及钵式绳纹釜、口沿外侧带双錾的侈口釜等，都具备明显具有跨湖桥文化的风格。

平底盘多出现在壕沟（G1）中，这类平底盘比上山文化晚期的同类器更浅。G1出土的陶釜，多薄有红衣，与跨湖桥的灰黑陶有异。可能属于跨湖桥文化的更早期的遗存，与上山文化关系更密切。

（二）曹娥江上游的小黄山遗址（B区及A区的部分遗存）

小黄山遗址位于嵊州市甘霖镇上杜山村，地处曹娥江上游支流剡溪流域。遗址坐落在相对高度约10m的古台地上，周围为河谷平原的环境。遗址分 A、B 两区，A 区以上山文化堆积为主，跨湖桥文化堆积主要在 B 区。在跨湖桥文化遗存中，陶器以夹砂黑陶为主，器形以陶釜居多，基本特征为敞口、宽沿，沿面内凹，折肩、圜底。肩以下排印交叉绳纹。另外，还有敛口圜底钵、双腹豆、甑等器物。陶器纹饰除交叉绳纹外，还有条带状红彩、镂孔放射纹等。

小黄山遗址 B 区遗存中的陶器，除陶色比跨湖桥遗址略偏黄外，基本特征与跨湖桥遗址完全一致，是目前发现的与跨湖桥遗址共同点最多的遗存类型。但小黄山遗址 A 区同时出土一种腹部很浅的夹炭质平底盘，与上山遗址中层有共同点，可能与河流上游的生存环境有关联性。

（三）衢江流域的青碓遗址和荷花山遗址

青碓遗址和荷花山遗址均位于钱塘江上游的衢江流域。青碓遗址龙游县龙洲社区寺后村西面 500m 处，灵山江西岸，海拔约 50 多米。所在位置原有一个相对高度约 1.5m 的丘堆。丘堆在数十年中已被取土平整，现已夷为平地。遗址的下层为上山文化遗存。上层陶器包括夹炭、夹砂两种陶系，陶色总体偏灰黑，主要器物有凹沿侈口釜、浅腹平底盘、双耳罐、圈足器，装饰以绳纹为主、还有弦纹、米粒纹、镂孔等，典型牛鼻耳出现。石器见有石锛、磨石、石片等。从类型学的比较看，青碓上层遗物与浦江上山遗址中层的文化面貌基本一致、具有明显的跨湖桥文化特征。

荷花山遗址位于龙游县湖镇镇邵家自然村南侧，2011 年发掘，分东、西两区。东区以上山文化堆积为主，西区则以跨湖桥文化堆积为主。西区遗存中的侈口微敛，沿外侧置对称舌形鋬的绳纹陶釜、圜底钵、锛形石锤、青灰岩石锛等，都具有跨湖桥文化特征。

（四）永康江流域的湖西、长城里遗址

湖西遗址位于永康市江南街道湖西村南侧，海拔约 80m。遗址以相对高度约 5m 的地塔山为中心分布。考古探掘获知，遗址堆积的主要内容是上山文化晚期遗存，但因为遗址被一条名叫溪心路的开阔马路所破坏，在破坏区域，可以采集到具有跨湖桥文化特征的凹沿绳纹釜等陶片，因此判定湖西遗址也存在跨湖桥文化的遗存堆积。

长城遗址位于永康市经济开发区长城村南，海拔约 90m，被道路建设严重破坏，在采集的陶片中，包括夹炭厚胎的上山文化特征陶片，也发现夹砂绳纹的跨湖桥文化特征陶器。

（五）义乌江流域的桥头遗址

桥头遗址位于义乌市，遗址内涵以上山文化晚期为主，2 层下 H4 等遗迹属于跨湖桥文化阶段遗存。与上山晚期粗泥红陶的总体面貌相比，陶色明显变深，夹炭比例变高。主要器形有平底盘、双耳罐等。

（六）灵江流域的下汤遗址

下汤遗址位于仙居县横溪镇下汤村北一个俗名太墩的高地上，高出周围约 2m，面积约 25000m^2。周围多山，三面环河，浙江第三大河灵江上游永安溪流经遗址南面①。

下汤遗址发现于 20 世纪 80 年代，出土遗物多为调查采集品，年代跨度较大，其中的新石器时代遗存，过去一直没有认识其文化性质。自上山文化、跨湖桥文化命名后，才发现遗址出土的大量标本属于上山文化和跨湖桥文化，其中的双耳罐、

① 台州地区文管会、仙居县文化局：《浙江仙居下汤遗址调查简报》，《考古》1987 年 12 期。

平底盘、绳纹釜残片，均可以与上山中层、小黄山遗址 B 区等进行比较。

上述遗址，证明钱塘江的南域是跨湖桥文化的分布范围。这些遗址中，除了跨湖桥遗址和下孙遗址处于河流下游的河口平原地带，海拔约 5m，其余遗址均处于河流的上游地区，这些遗址均位于海拔 40m 以上的河谷低丘之上。若从地理方位的角度，则有一个自西向东的分布问题，其中跨湖桥遗址、下孙遗址、小黄山遗址靠近东部，青碓遗址、荷花山遗址靠西，其余遗址处在中部。

上述遗址中，上山遗址、小黄山遗址、荷花山遗址经过正式发掘，掌握较详尽资料，但小黄山遗址、荷花山遗址或未作全面的资料整理，或公布的资料有限。其他遗址，均为调查所得，在全面反映遗址的文化面貌上有缺陷。从所能利用的资料看，这些新发现的遗址中，既存在与跨湖桥遗址相一致的文化因素，又存在有别于跨湖桥遗址的文化因素，这一现象，属于区域间文化类型的差别。根据这个差别，可将上山遗址、小黄山遗址、青碓遗址和荷花山遗址的陶器内容分为两个组别，甲组陶器：与跨湖桥遗址（下孙遗址）一致或相近；乙组陶器：除跨湖桥（下孙）遗址之外，遗址之间具有基本的共同性。

从上述陶器分组的情况，在钱塘江上下游近 200km 的范围内，大致可分为两个类型：跨湖桥类型和荷花山类型。

跨湖桥类型，主要分布在区域东部的河口地带，代表性遗址有萧山跨湖桥遗址和下孙遗址。跨湖桥类型陶系以黑胎夹砂陶为主，也有一定比例的夹炭陶和泥性夹炭陶，出现彩陶、黑光陶等特色陶系。器形复杂，圜底、平底、圈足器各占比例，釜、罐、盆、钵、盘、豆几大器类均有丰富的变化形态，其中又以釜的形式最为丰富，折沿折颈的夹砂A型罐是典型的形态；圈足器上的放射刻划纹、戳点纹以及比较丰富的镂孔装饰，均为跨湖桥类型的主要文化特征。除陶器外，跨湖桥类型的磨制石器十分发达，打制石器稀少；骨木器也比较丰富。跨湖桥类型的陶器和骨木器特征，除区域文化个性之外，遗址保存条件好、复原器多、容易被较完整的观察和分析，也是影响认识的重要因素。

荷花山类型，主要分布在区域西部，钱塘江干流的上游，金衢盆地的中心地带。代表性遗址为荷花山遗址和青碓遗址。荷花山遗址的陶系以夹炭陶为主，部分也夹杂较粗的砂粒。陶器也是圜底、平底、圈足各占比例，器形相对比较简单，主要见有釜、罐、圈足盘等器物，多有淡薄易脱落的红衣，绳纹比例稍低。跨湖桥类型中并不占主要地位的D、E型釜，在荷花山类型中所占比例最高，但E型釜的鋬凸，多见双凸形，不似跨湖桥类型呈多凸的鸡冠形；罐主要见有A型罐，数量不少，陶质以夹炭为主，与制作更为精致、陶质以泥性夹炭为特征的跨湖桥同类器不同；双腹盘与跨湖桥类型的A型豆有相同的特征，但圈足较宽矮，外腹有凸鋬。从陶器的碎片中，可发现彩陶和黑光陶的标本，这与跨湖桥类型具有可比性。石器保留较多的打制特色，而与上山文化有更密切的联系。荷花山类型较简陋的陶器特征，也与金衢盆地酸性土壤的保存环境有关，易破碎的陶片、骨木器的缺失，在体现类型的完整性方面，逊色于跨湖桥类型。荷花山类型最具特色的是平底盘，腹极浅，极端形式是没有腹壁，中底浅薄，似“砚台”。这种平底盘，应该是由上山文化晚期流行的平底盘演变而来，制作工艺变粗糙，器形更趋向浅薄。荷花山类型的这个特征，反映在钱塘江上游地区，上山文化与跨湖桥文化的关系更为紧密些。

处在跨湖桥类型与荷花山类型之间的，可以称之为“过渡类型”，以上山遗址和小黄山遗址为代表，分布位置一般在钱塘江下游支流的上游，位置靠东。在器形的复杂和丰富性方面，过渡类型更接近跨湖桥类型，但浅平底盘的存在，有接近荷花山类型的特征。

可以将跨湖桥文化的类型划分如图 2－8 所示：

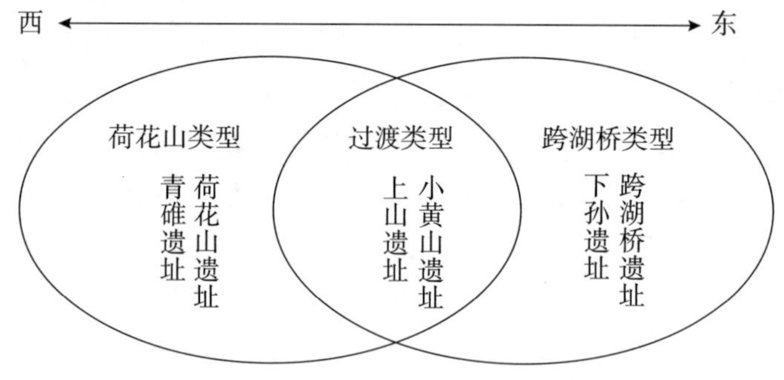

图 2－8　跨湖桥文化类型分布示意图

第三章　遗址疏干排水

第一节　遗址水文地质研究

一、自然地理环境

萧山地处浙东低山丘陵区北部、浙北平原区南部，自然环境优越。境内地势南高北低，自西南向东北倾斜，中部略呈低洼。地貌分区特征较为明显：南部为低山丘陵地区，海拔高度400～600m，间有小块河谷平原；中部是水网地带，河湖众多；北部和东部是堆积平原，河渠纵横交错，呈格子状分布，为典型的江南风貌。全市地貌中，低山丘陵占17.4%，平原占65.8%，水域占16.8%。其中，堆积平原约909 km^2，按成因可分陆相堆积平原和海相堆积平原两类，以海相堆积平原为主。低山丘陵，主要分布在南部，面积260 km^2。山体基本呈西南向东北展布，是龙门山、会稽山与天目山的分支和余脉，分别从县界的西南部、南部、西北部入境。

萧山地理坐标为北纬29°50′54″～30°23′47″，东经120°04′22″～120°43′46″，全境位于北亚热带季风气候区南缘。总的气候特征为：冬夏长，春秋短，四季分明；光照充足，雨量充沛，温暖湿润；冷空气易进难出，灾害性天气较多；光、温、水的地域差异明显。年平均气温为16.1℃。年平均地面温度为18.3℃。年平均降雨量1406.8mm。年平均无霜期248天。

年平均日照时数 2071. 8h。年平均蒸发量 1223. 7mm。风向随季节转换，11 月到次年 2 月，北—北西风最多；2 月起北—北东风渐盛；3 月 ~6 月和 8 月以东风为主；7 月多西南风；9 月 ~10 月多北风。灾害性天气主要是：寒潮、低温、暴雨、台风、冰雹和飑等。

二、地形地貌

跨湖桥独木舟遗址，位于杭州市萧山区城厢镇西南约 4km 的湘湖村，属丘陵坡麓地貌。遗址西南约 7km 为钱塘江与浦阳江交汇处，在此形成曲折“之”字形，往北再折向东北流入东海。

湘湖群山环绕（图 3 – 1），跨湖桥独木舟遗址依山傍水。遗址区位于湘湖岸边，海拔高程一般为 1 ~4m，西面狮子山的海拔高程为 83. 6m，北面的城山海拔高程为 150. 2m，东面排背山海拔高程为 135. 3m，湘湖水位为 5. 35m，遗址区大部分地面低于湘湖水位。遗址西侧为一水塘，是原城厢砖瓦厂长期取土形成的土坑积水坑，水位保持在 –9. 10m 左右。

遗址区东北、西南为湘湖水域，由于后期人为活动的影响，遗址区湘湖变为沟通东北、西南湖水的河沟，湖水位为 5. 35m。遗址西北、北为原城厢砖瓦厂坑，高程，北面 –4 ~ –5m；西面低于 –9m，由于大气降雨积水变为一巨大的水塘，靠抽水保持水位，独木舟遗址位于该水塘东面坡上，地面高程约 0m，低于湘湖正常水位。

三、地层岩性

根据考古发掘及钻孔揭示，独木舟遗址埋藏于现代海相沉积物下，层底略低于现代海平面，上部覆盖的青灰色海相淤积

图3－1　跨湖桥独木舟遗址地理环境示意图

层厚达4.6m。遗址区出露地层有：泥盆系上统西湖组、第四系上更新统和全新统各不同成因的堆积物（图3－2、3－3）。

（一）泥盆系上统西湖组（D_{3x}）

地表分布于遗址区外围北侧低山，遗址区仅在ZK1中有揭示，埋藏深度21.1m，揭露厚度2.90m，未揭穿。岩性为灰黄色、青灰色泥岩、灰白色石英砂岩，泥质含量高。岩芯呈10～30mm短柱状，饱和，岩芯表面见石英脉，节理裂隙发育，并由铁锰质渲染，裂隙面呈闭合状。该层地层的宏观特征明显地具有构造上相对稳定的海陆交互相沉积特征，岩层层理清晰，野外地质调查中在遗址西狮子山测得其产状为：142°∠50°。

（二）第四系

1. 上更新统（Q_3）

在遗址区内广泛分布，是组成遗址区的主要地层，按其成因可分为：坡洪积（Q_3^{dl+pl}）和残坡积（Q_3^{el+dl}）两种。

（1）坡洪积（Q_3^{dl+pl}）：主要分布在遗址外围，区内8个钻孔均有揭示，仅ZK1揭穿该层，厚度约4.2m。岩性上部为黄色、灰白色含砾细砂土或砂砾层，饱和，稍密—中密，其中夹黏土或海相淤泥质黏土，局部夹少量砾，砾粒径为2～30mm，局部呈粉砂状或砾砂状。下部为黄色、灰白色圆砾，饱和，稍密—中密，粗颗粒粒径为20～50mm、个别达110mm，局部呈砾砂状。

（2）残坡积（Q_3^{el+dl}）：在遗址区大面积出露，厚度2.20～9.20m，8个钻孔均揭穿该层，是组成遗址的主要地层。岩性上部为黄色、灰黄色粉质黏土，饱和，硬塑。含氧化铁斑点，见灰白色、灰绿色条纹及团块，含量在10%～30%，局部夹少量砾砂。无摇振反应，干强度中等，韧性中等，稍有光滑；下部

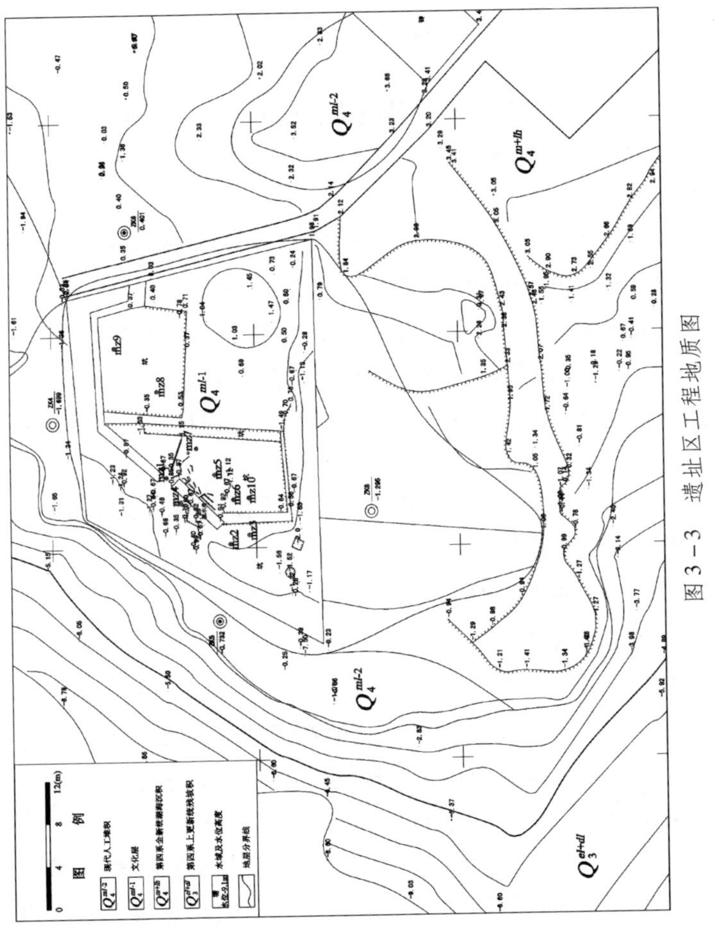

图 3－3　遗址区工程地质图

为黄色、褐黄色黏土，饱和，硬塑—坚硬。泥感很强，断面十分光滑，见灰白色、灰绿色团块条纹，含量在30%~60%。含氧化铁斑点，局部夹少量砾砂，砾砂呈团块状。无摇振反应，干强度高，韧性高，稍有光滑。

2. 全新统（Q_4）

在遗址区内广泛分布，是组成遗址区的主要地层，按其成因可分为：海相和湖沼相堆积（Q_4^{m+lh}）与人工堆积（Q_4^{ml}）两种。

（1）海相和湖沼相堆积（Q_4^{m+lh}）：为灰色淤泥质黏土和淤泥质粉质黏土，饱和、流塑。含少量腐殖质及植物残骸，有臭味。无摇振反应，干强度中等，韧性中等，稍有光滑。层厚0.00~7.80m，除ZK4、ZK5外其他钻孔均揭穿该岩层。该层在独木舟遗址西南角有大面积出露。跨湖桥遗址遗存埋藏于该海相沉积之中，遗址底层略低于现代海平面。独特的自然环境，使遗存长年保存于水线以下，有利于遗存中的动植物遗骸及骨器、木器等遗物完好地保留下来。

（2）人工堆积（Q_4^{ml}）：在遗址区零星分布，按其成因可分为：文化层（Q_4^{ml-1}）和现代人工堆积（Q_4^{ml-2}）两种。

①文化层（Q_4^{ml-1}）为灰色淤泥质粉质黏土、灰黄色粉质黏土夹碎石，含较多腐殖质、动植物遗骸及骨器、木器等遗物，是古人生活和生产遗留下来的堆积物，独木舟在该层中发现，文化层主要分布在遗址区古人生活活动场所。

②现代人工堆积（Q_4^{ml-2}）主要是考古发掘过程中清理出的弃土和先前该处砖瓦厂遗留的废渣、生活垃圾，岩性以废渣、生活垃圾、碎石夹黏土为主，含有腐殖质和动植物遗骸。

四、地质构造

遗址区大地构造上位于湘湖褶皱带，该褶皱带由一系列走向北东的褶皱和与其伴生的断裂组成，主要有桥头王向斜（6）、华眉山背斜（7）、湘湖向斜（8）及跨湖村断裂②等（图3－4、3－5）。总体以宽缓向斜和紧密背斜为特点，呈隔挡式产出，同时由于受断裂构造影响，完整性遭到一定的破坏。

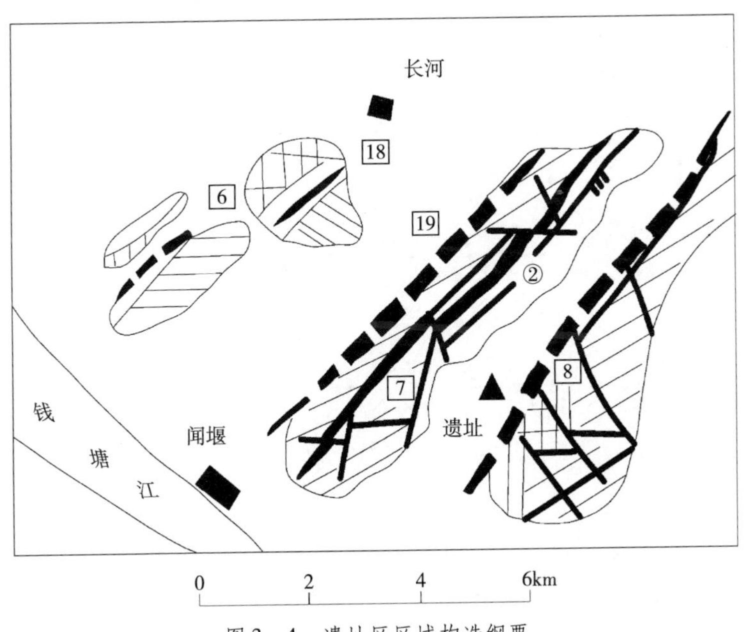

图3－4　遗址区区域构造纲要

独木舟遗址位于该褶皱带湘湖向斜（8）近核部（如图3－4所示），向斜轴向51°，两翼地层倾角45°～65°；其长约6.5km，宽2.5km。剖面上属直立水平向斜。平面形态分别属开阔型和短轴状。核部为泥盆系西湖组地层；两翼为志

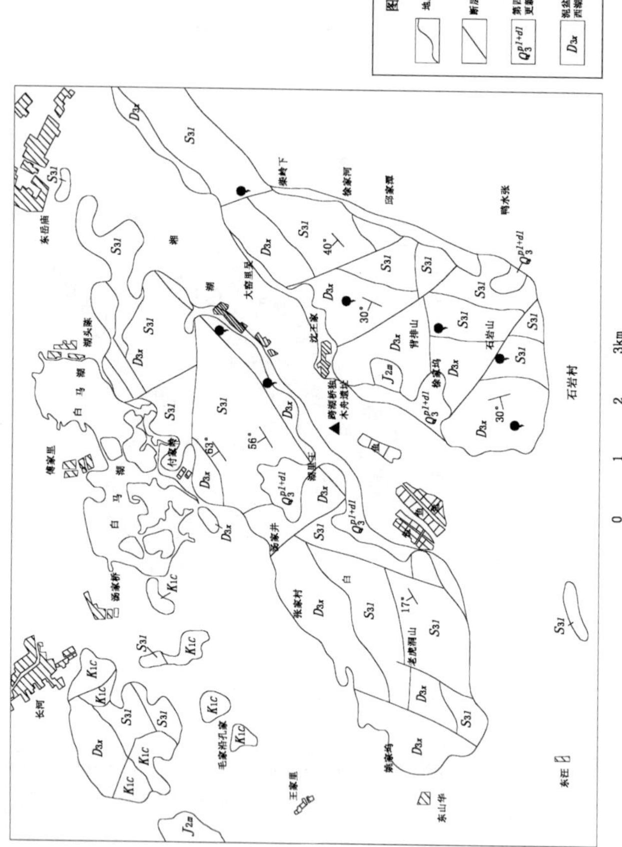

图3-5 跨湖桥遗址区区域地质图

留系唐家坞组和康山组地层；东南翼地层齐全，产状为：319°∠40°；西北翼毗邻华眉山背斜（7），受北东向压性断裂影响，地层缺失，岩石破碎，节理发育。向斜形态完整，核部被大片第四系掩盖，为典型的向斜谷地貌。

跨湖村断裂位于湘湖向斜（8）西北翼（图3－4中②所示）。由两条等距平行的断裂组成，破碎带总体走向60°，倾向南东；倾角65°左右，延伸长4 km以上。断裂破碎带宽达75～150m，岩石强烈破碎，局部可见走向60°左右的构造透镜体；有流纹斑岩充填，且具压碎结构；节理十分发育。断裂作用使地层局部倒转，并缺失部分唐家坞组。

受各期构造影响，区内基岩中节理、裂隙等十分发育。据有关资料分析越皇城一带西湖组砂岩、石英砂岩中发育一北东60°向的节理带，节理带出露宽逾100m，密度为15～20条/米。节理面垂直，产状直立，走向上略呈波状弯曲，垂直擦痕发育。

据区域地质资料，遗址区及邻近地区新构造运动微弱，地震强度弱、震级小，属地震发生频率低的相对稳定地带。据国标《中国地震动参数区划图》（GB18306－2001），本区地震动峰值加速度为0.05g，按1990年国家地震局《中国地震烈度区划图》本区基本烈度为Ⅵ度。根据国家标准《建筑抗震设计规范》（GB50011－2001）的规定，从场地土的性质结合邻近资料综合分析判定，属于软弱场地土，场地类别为Ⅲ类，地震特征周期为0.45s。

五、水文地质条件

独木舟遗址所在地为属于原来的湘湖湖区沼泽草滩地，属于山前滨湖型遗址。遗址保护范围海拔高度一般在0～2m左右，低于湘湖湖水水位。湘湖位于萧山中部，属钱塘江水系，为河流湖泊水系，是萧绍平原水系的组成部分。本区位于北亚热带季风气候区南缘，光照充足，雨量充沛，温暖湿润，年平均降雨量 1406. 8mm，年平均蒸发量 1223. 7mm。

（一）土体透水性

遗址区地表广泛地分布一层第四系，岩性以灰色淤泥质黏土、淤泥质粉质黏土、黄色、褐黄色黏土和黄色、灰黄色粉质黏土为主。土体结构致密，钻孔中该类土体岩芯均处于饱和状态。为查明遗址区岩土体的渗透性，本次工作在遗址区所涉及的地层中进行了土体现场试坑试验 6 组，钻孔注水试验 12 段/孔和原装土样室内渗透试验 9 组，得到遗址区内各地层岩土体的渗透系数如表 3 -1 和表 3 -2 所示。

由表 3 -2 中实验资料可知：

1. 地表土体透水性不大，一般为中等透水性，往深部因土体风化作用较小，土体透水性相应减小。从总体上来看，遗址区地下水类型为第四系孔隙水。

表 3 -1 遗址区钻孔注水试验成果表

编号	试验深度（m）	岩性	渗透系数（cm/s）	透水性分级
ZK2	1. 80 ~ 8. 00	Q_4^{m+lh}淤泥质黏土	$<1.0\times10^{-7}$	微透水
ZK6	1. 90 ~ 7. 00	Q_3^{el+dl}粉质黏土	$<1.0\times10^{-7}$	微透水
ZK4	1. 50 ~ 5. 70	Q_3^{el+dl}黏土	$<1.0\times10^{-7}$	微透水

表 3 -2 遗址区土体渗透试验成果表

地层岩性	渗透系数（cm/s）	渗透性分级	试验方法
Q_4^{ml-1}灰褐 - 褐色淤泥质黏土，土体较软，土体中裂隙发育	6.18×10^{-4}	中等透水性	地表试坑试验

续表 3-2

地层岩性	渗透系数（cm/s）	渗透性分级	试验方法
Q_4^{ml-1}黑褐色淤泥质黏土	1.03×10^{-5}	中等透水性	室内渗透试验
Q_4^{m+lh}淤泥质黏土、淤泥质粉质黏土	7.82×10^{-3} ~ 8.24×10^{-5}	中等—弱透水	地表试坑试验
Q_4^{m+lh}淤泥质黏土、淤泥质粉质黏土	4.50×10^{-7} ~ 4.18×10^{-8}	微透水性	室内试验
Q_4^{m+lh}淤泥质黏土、淤泥质粉质黏土	$K_v=9.53\times10^{-7}$	微透水	钻孔岩芯室内试验
	$K_h=1.23\times10^{-5}$	弱透水	
Q_3^{el+dl}粉质黏土	3.56×10^{-5}	弱透水	地表试坑试验
Q_3^{el+dl}粉质黏土	1.33×10^{-6}	弱—微透水	室内试验
Q_3^{el+dl}粉质黏土	$K_v=2.66\times10^{-5}$	弱—微透水	钻孔岩芯室内试验
	$K_h=2.55\times10^{-6}$	微透水	
Q_3^{el+dl}黏土	$1.72\sim2.81\times10^{-5}$	弱透水	地表试坑试验
Q_3^{el+dl}黏土	2.52×10^{-7} ~ 1.08×10^{-8}	微透水	室内试验
Q_3^{el+dl}黏土	$K_v=2.66\times10^{-5}$	弱透水	钻孔岩芯室内试验
	$K_h=2.55\times10^{-6}$	微透水	

2. 遗址区第四系分布广，成因复杂。厚度不大，多在10m范围内。岩性以坡洪积、残坡积、海积和湖沼堆积以及人工堆积为主。透水性因岩性、密实度和时代差异较大。如在野外地表土体试坑渗水试验中发现：地表淤泥质黏土孔隙发育，它的透水性较粉质黏土和黏土大，而钻孔岩芯室内实验结果表明淤泥质黏土的透水性与黏土的透水性较为接近。地表土体裂隙发育，渗透性增大，如SW4渗水试验点，裂隙发育，渗透系数可达7.82×10^{-3}cm/s。

第四系上更新统坡洪积（Q_3^{dl+pl}）主要分布在遗址区外

围，区内各钻孔均有揭示，岩性以黄色、灰白色含砾细砂土或砂砾夹黏土为主。由于该土体地表没有出露而且钻孔岩芯完整性差，无法对它进行地表和室内渗透性测定实验，据钻孔岩芯取样实验测得它们的砾粒含量最小为12.1%，最大达57.8%，砂砾含量较大，推测其透水性为强—中等。

第四系上更新统残坡积（Q_3^{el+dl}）主要分布在遗址区西侧水塘沿岸以及遗址点北到山脚的大片范围，岩性以黄色、褐黄色黏土和黄色、灰黄色粉质黏土为主。泥感很强，黏粒含量最小为36.8%，最大高达67.5%。断面十分光滑，见灰白色、灰绿色团块高岭土，含量最小为30%左右。含氧化铁斑点，局部夹少量砾砂，结构密实，其渗透性一般为微—弱渗透性，其中黏土的渗透性很弱，可视为相对隔水层。

第四系全新统海相沉积（Q_4^{m+lh}）主要分布在遗址区东南侧一大片范围，岩性以灰色淤泥质黏土和淤泥质粉质黏土为主，含少量腐殖质及植物残骸。渗透性差，一般为渗透性为弱—微透水性。但地表土体中见有裂隙发育，渗透性增强。

文化层（Q_4^{ml-1}）主要分布在独木舟遗址周围，岩性以灰色淤泥质黏土和淤泥质粉质黏土为主，含较多腐殖质及植物残骸以及石器陶片等古人生活用具和垃圾。土体泥感较强，断面稍有光滑。野外地表试坑实验中发现SW6渗水试验点，裂隙发育，实验渗透系数为6.18×10^{-4}cm/s，实地考察中还发现该层岩性的有机质含量和孔隙较第四系全新统海积和湖沼堆积大的多，其结构也比第四系全新统海积和湖沼堆积疏松，因而它的渗透性也较第四系全新统海相沉积大。

现代人工堆积（Q_4^{ml-2}）主要分布在遗址区北侧和东侧的局部范围。岩性为废渣、生活垃圾、碎石夹黏土为主，含有腐殖质和动植物遗骸，是考古发掘过程中清理出的文化层和先前该处砖瓦厂遗留的废渣、生活垃圾。该层土体结构松散，其渗透性较强。

（二）地下水类型及补排水条件

受区内特殊的水文地质条件及其所处的环境条件控制，形成了本区独特的地下水补给、径流、排泄条件。在原城厢砖瓦厂建设前遗址区为湘湖湖区，处于地下水排泄区，是本区地下水的排泄基准面。之后由于城厢砖瓦厂取土形成巨大的取土坑，地面标高由原来的1～3m，变为现在的－4～－5m，其中西侧甚至低于－9m，靠抽水维持目前水位，低于5.35m的湘湖正常水位。这一变化极大地改变了遗址区的水文地质条件和地下水补给、径流和排泄关系。下面分别进行详细的描述：

1. 地下水类型

按地下水的赋存条件及含水介质特征，遗址区地下水可划分为第四系孔隙潜水、第四系孔隙—风化基岩裂隙承压水两类。第四系孔隙潜水存在于第四系上更新统残坡积（Q_3^{el+dl}）、第四系全新统海积和湖沼堆积（Q_4^{m+lh}）、文化层（Q_4^{ml-1}）和人工堆积（Q_4^{ml-2}）土体中。地下水埋深浅，主要承受大气降水和湘湖水补给，水位动态变化大，水量小。第四系孔隙—风化基岩裂隙承压水赋存于第四系上更新统坡洪积（Q_3^{dl+pl}）砂类土及风化基岩中，主要承受大气降水及局部地表水侧向补给。据现场调查，该区这两类水的水力联系较弱。影响独木舟原地保护的主要是上层孔隙潜水，是遗址疏干排水的对象。

2. 地下水补给、径流、排泄

（1）补给

本遗址属于山前滨湖型遗址，遗址区的补给源主要为大气降水垂直入渗补给及湖水和山区基岩裂隙水对遗址区的侧向补给。

大气降水入渗是遗址区地下水的主要补给源。据气象资料，遗址区内多年的平均降水量为1406.8mm，遗址区地形平坦，地表第四系覆盖层结构疏松，有利于水土保持和降水入渗。根据有关资料分析，遗址区降水入渗补给系数可取为0.13。大气降水入渗补给量受季节影响，年内分布不均。

遗址区东侧和南侧为湘湖水域，湖水位5.35m，高于独木舟遗址地面，而且距遗址很近，无疑是遗址地下水的重要补给源。但由于区内土体渗透性差，估计其渗漏量不会太大。

遗址点东南、西北为基岩山，基岩裂隙水也会对遗址区地下水形成侧向补给源，其补给量受气候、水文和地貌等因素控制，动态变化大。

（2）径流

本区地下水的循环属于入渗—径流型。受湖水和大气降水补给地下水由四周向遗址西侧水塘排泄，最后由水泵人工抽出区外。遗址保护范围地下水呈东南—西北向流动（图3－6），即地下水在东南方向接受湖水补给流经遗址向西侧水塘排泄，同时大气降水入渗也补给一部分。在这种渗流场及区内岩土透水性控制下，遗址区地下水不仅埋深浅，一般为1～3m，而且流动慢。目前，独木舟及围岩处于饱水状态，并在一定范围内波动。

（3）排泄

萧山跨湖桥独木舟遗址区内地下水以渗水、抽水及蒸发等方式排泄，其中抽水是主要排泄方式。

遗址西侧水塘是砖瓦厂常年取土留下的取土坑积水形成的。在独木舟遗址发现挖掘后，为避免遗址被淹没，对其进行定期抽水降低其水位。该水塘水位长期维持在－9.1m左右，比独木舟遗址低－8m左右，因此，水塘起着排泄遗址区地下水的作用，是该区地下水的排泄基准面。

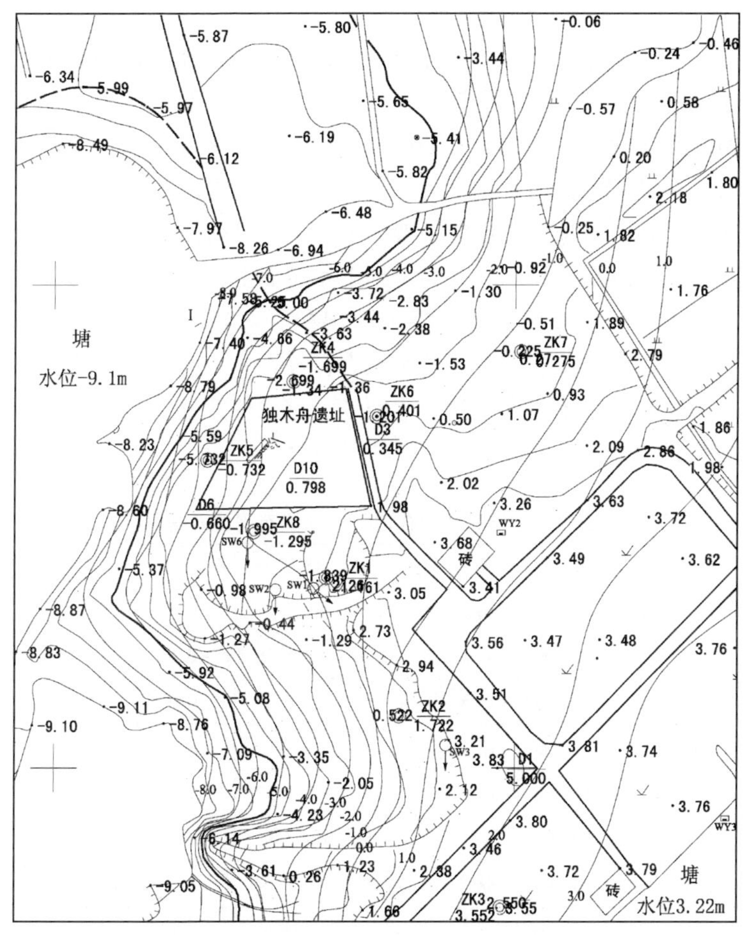

图 3-6 遗址区地下水等水位线图

渗水也是区内地下水排泄的方式之一，现场调查发现在遗址西南、东北及水塘周边地形低洼处有多处泉流和渗水，但其流量都比较小。

（三）地下水埋深特征

为查明遗址区地下水分布情况，在独木舟遗址四周打了8个钻孔，并安装了3个地下水位长期观测孔（ZK1、ZK5、ZK6），经过一个多月（2004年4月20日～2004年5月21日）的观测，结果如表3－3所示。由表中钻孔地下水位标高可知：遗址区地下水埋深一般为1～3m，目前独木舟（标高为－0.85到－0.92m）处于稳定地下水位以上，但由于区内岩土毛细水十分发育加上大气降水影响和空气湿度大等原因。目前，独木舟及围岩仍处于饱水状态，并在一定范围内波动，进一步将导致独木舟含水量发生波动，进而使其发生严重的霉变腐烂现象。

表3－3　长期观测孔地下水位值与观测时间表

日期	时间	天气	ZK1（m）	ZK5（m）	ZK6（m）	备注
2004.4.20	9：20	晴天	－0.28	－3.10	－0.32	初测
2004.4.21	10：00	晴天	－0.70	－5.16	－0.51	晴天
2004.4.22	10：00	晴天	－1.58	－5.39	－0.57	晴天
2004.4.23	10：00	晴天	－2.43	－5.71	－0.85	晴天
2004.4.24	10：00	晴天	－2.91	－5.77	－1.69	晴天
2004.4.25	10：00	晴天	－3.98	－5.91	－1.94	夜晚有大雨
2004.4.26	10：00	晴天	－0.59	－5.64	－1.22	中午有大雨
2004.4.27	10：00	晴天	－0.53	－5.68	－0.81	晴天
2004.4.28	10：00	晴天	－1.55	－5.86	－1.64	晴天
2004.4.29	10：00	晴天	－2.38	－6.00	－2.39	夜晚有大雨
2004.4.30	10：00	小到大雨	0.98	－5.28	－0.24	晴天
2004.5.1	10：00	晴天	－0.67	－5.42	－0.52	晴天

续表 3－3

日期	时间	天气	ZK1（m）	ZK5（m）	ZK6（m）	备注
2004. 5. 2	10：00	晴天	－2. 01	－5. 51	－1. 21	晴天
2004. 5. 3	10：00	多云	－2. 90	－5. 64	－1. 79	夜晚有大雨
2004. 5. 4	10：00	晴天	－1. 13	－5. 29	－0. 26	晴天
2004. 5. 5	10：00	晴天	－2. 82	－5. 53	－0. 58	晴天
2004. 5. 6	10：00	晴天	－3. 93	－5. 6	－0. 9	晴天
2004. 5. 7	10：00	小雨转晴	－4. 57	－5. 74	－1. 68	后半夜有大雨
2004. 5. 8	10：00	小雨	－2. 74	－5. 76	－1. 79	夜晚有大雨
2004. 5. 9	10：00	晴天	－1. 29	－5. 62	－0. 41	下午有雨
2004. 5. 10	10：00	晴天	－2. 30	－5. 72	－0. 43	晴天
2004. 5. 11	10：00	晴天	－3. 57	－5. 83	－0. 68	晴天
2004. 5. 12	10：00	小雨	－4. 56	－5. 9	－1. 76	下到大雨
2004. 5. 13	10：00	阴天	－0. 69	－5. 43	－0. 31	晴天
2004. 5. 14	10：00	晴天	－3. 01	－5. 53	－0. 61	中午有小雨
2004. 5. 15	10：00	大雨	－1. 37	－4. 03	－0. 32	晴天
2004. 5. 16	10：00	阴天有雨	－0. 30	－4. 74	0. 11	晴天
2004. 5. 17	10：00	晴天	－3. 91	－5	－0. 56	晴天
2004. 5. 18	10：00	晴天	－4. 49	－5. 09	－0. 73	晴天
2004. 5. 19	10：00	阴天	－4. 87	－6. 1	－1. 61	晴天
2004. 5. 20	10：00	晴天	－4. 99	－5. 47	－1. 65	晴天
2004. 5. 21	10：00	晴天	－5. 03	－5. 64	－2. 53	晴天
孔底标高（m）			－22. 88	－11. 03	－12. 10	－12. 10

备注：遗址区是以 D1 点坐标（500，500，5）为独立坐标

（四）遗址区水文地质模型

根据地下水的赋存条件及含水介质特征，遗址区地下水为第四系孔隙潜水和第四系孔隙—风化基岩裂隙承压水。第四系

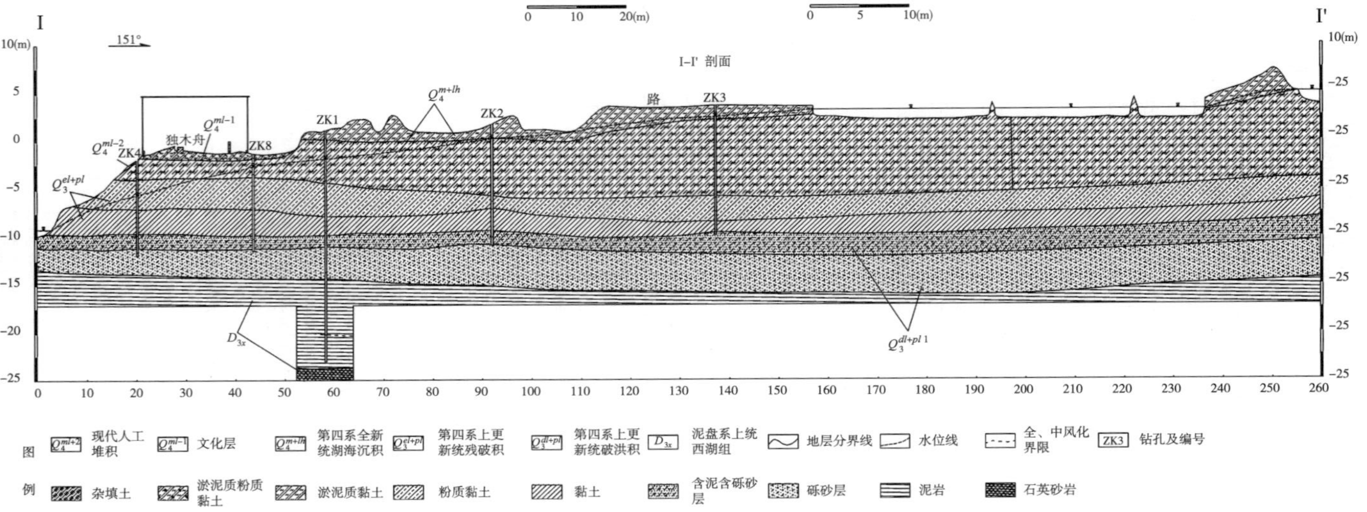

图 3-7 遗址区水文地质模型图

孔隙潜水存在于第四系上更新统残坡积、全新统海积和湖沼堆积、文化层和人工堆积土体中。第四系孔隙—风化基岩裂隙承压水赋存于第四系上更新统坡洪积砂类土及风化基岩中。据现场调查，该区这两类水的水力联系较弱。地下水主要承受大气降水和湘湖水补给，由四周流经遗址向遗址西侧水塘排泄，地下水位埋深浅、动态变化大、水量小。

从以上水文地质条件分析，可将遗址区水文地质概化为如图3－7所示的模型，第一层由第四系全新统海积和湖沼堆积弱透水层组成的孔隙潜水含水层，第二层由第四系上更新统残坡积组成的微弱透水层，第三层由第四系上更新统坡洪积组成的承压含水层，第四层为基岩裂隙含水层组成的弱透水含水体，底部为微风化和新鲜基岩组成的相对隔水层。

（五）地下水化学特征

表3－4和表3－5给出了遗址区湖水、自来水和钻孔地下水的水质分析成果。由表可知：

1. 在遗址区内所取水样均在弱酸—弱碱之间，遗址区所取水样按矿化度分析，遗址北侧沟水为微咸水（弱矿化水），南水塘边的渗水为咸水（中等矿化度），其余均为淡水。

表3－4 遗址区水化学分析成果表

Ca^{2+} meq/%	Mg^{2+} meq/%	$Na^{+}+K^{+}$ meq/%	SO_4^{2-} meq/%	Cl^{-} meq/%	HCO_3^{-} meq/%	水质类型	水类型
62.4	11.5	26.1	25.5	27.1	47.4	重碳酸·氯化物·硫酸盐—钙型淡水	自来水
54.74	9.82	35.44	23.86	27.02	49.12	重碳酸·氯化物—钙·钠型淡水	

续表 3－4

Ca^{2+} meq/%	Mg^{2+} meq/%	$Na^{+}+K^{+}$ meq/%	SO_4^{2-} meq/%	Cl^{-} meq/%	HCO_3^{-} meq/%	水质类型	水类型
40. 50	33. 76	25. 74	48. 95	18. 78	32. 27	硫酸盐・重碳酸—钙・镁型淡水	遗址西塘水
42. 0	34. 8	23. 2	53. 3	17. 1	27. 5	硫酸盐・重碳酸—钙・镁型淡水	
51. 26	28. 14	20. 60	22. 11	20. 10	57. 79	重碳酸—钙・镁型淡水	遗址南塘水
50. 15	13. 46	36. 39	26. 91	24. 16	48. 93	重碳酸・硫酸盐—钙・钠型淡水	湘湖水
34. 51	6. 32	59. 17	8. 26	27. 95	63. 79	重碳酸・氯化物—钙・钠型微咸水	遗址北沟水
35. 00	38. 48	26. 52	82. 61	10. 65	6. 74	硫酸盐—镁・钙型咸水	遗址南渗水
22. 32	46. 16	31. 52	90. 04	6. 40	3. 56	硫酸盐—镁・钠型咸水	
35. 0	24. 3	40. 7	30. 4	18. 6	51. 0	重碳酸・硫酸盐—钠・钙型淡水	ZK1 地下水

表 3－5 遗址区水质分析成果表

pH 值	$Ca^{2+}+Mg^{2+}$ (meq/L)	矿化度 (mg/L)	$Cl^{-}+SO_4^{2-}$ (mg/L)	Cl^{-} (mg/L)	SO_4^{2-} (mg/L)	HCO_3^{-} (mmol/L)	水类型
6. 98	7. 04	649. 52	285. 96	63. 10	222. 86	186. 72	遗址西侧水塘水
6. 68	1. 84	205. 30	59. 96	27. 30	32. 66	85. 43	自来水
6. 85	3. 16	285. 97	70. 63	28. 36	42. 27	140. 35	遗址南面鱼塘水

续表 3-5

pH 值	$Ca^{2+}+Mg^{2+}$ (meq/L)	矿化度 (mg/L)	$Cl^{-}+SO_4^{2-}$ (mg/L)	Cl^{-} (mg/L)	SO_4^{2-} (mg/L)	HCO_3^{-} (mmol/L)	水类型
7.20	6.72	1239.07	228.39	163.07	65.32	640.71	遗址北西水沟水
6.93	2.08	235.88	70.28	28.01	42.27	97.63	遗址北东水塘水
7.68	33.80	3030.76	1998.85	173.71	1825.14	189.16	遗址西侧水塘南面岸坡渗水
7.41	54.00	5176.33	3589.15	179.02	3410.13	170.86	遗址西侧水塘南面岸坡渗水
8.55	7.15	628.4	295.8	56.8	239.0	156.8	遗址西侧水塘水
7.98	3.36	405.3	119.3	37.4	81.9	175.1	ZK1 地下水
7.60	1.87	178.8	54.8	24.2	30.6	72.6	自来水

2. 从水样的硬度分析，自来水和湘湖水属软水；塘水和 ZK1 地下水属于微硬水或硬水；遗址南水塘边的渗水属于极硬水，该渗水是由遗址区外围河水向遗址西水塘渗流引起的。

3. 按舒卡列夫分类方法，各类水的化学类成分如下：遗址西水塘水为硫酸盐·重碳酸—钙·镁型淡水；自来水以为重碳酸·氯化物—钙·钠型淡水为主；湘湖水为重碳酸·硫酸盐—钙·钠型淡水；遗址南水塘边的渗水为硫酸盐—镁·钙型咸水或硫酸盐—镁·钠型咸水；ZK1 地下水为重碳酸·硫酸盐—钠·钙型淡水。

4. 根据有关地下水侵蚀性标准（《岩土工程勘察规范》GB 50021-2001）和本区地下水的水质特征可知：（1）遗址

南水塘边渗水的 SO_4^{2-} 含量很大，这两处水对混凝土分别具有中等和强腐蚀性，并对混凝土结构分别具有弱和中等侵蚀性。(2) 遗址北侧沟水和南水塘边渗水中 Cl^- 含量较大，在干湿交替的情况下，对钢筋混凝土结构中的钢筋具有弱腐蚀性。(3) 遗址各类中 $Cl^- + SO_4^{2-}$ 的含量小于 500mg/L，且 pH 值在 3 ~ 11 之间，对钢结构具有弱腐蚀性。4) 除遗址南水塘边渗水外，其他水对混凝土结构不具侵蚀性。

第二节　土体工程性质

一、土体成因与岩性特征

跨湖桥遗址所在地区在地质发展过程中由于地壳运动经历过多次海陆变迁和沉积环境的变化，造成沉积间断；同时引起遗址区褶皱和断裂发育。早第三纪时，遗址区隆起；第四纪更新世开始，遗址区开始下沉，早期出现一些湖泊沉积，中期为河流湖泊沉积，晚期开始有滨海碎屑沉积。全新世时表现为多次的海进海退，反映湖沼沉积和海相沉积交互相。至近代，遗址区又向上抬升。

根据遗址区出露的地层和钻孔揭示的地层资料判别，遗址区第四系地层层序如下：第四系上更新统坡洪积（Q_3^{dl+pl}）、第四系上更新统残坡积（Q_3^{el+dl}）、第四系全新统海积和湖沼堆积（Q_4^{ml+lh}）和人工堆积（Q_4^{ml-2}），不同地质时期和环境下形成的土体，其岩性和物理力学性质不同，这在选择地质工程建筑地基持力层和疏干排水深度都是必须注意的。

（一）第四系上更新统坡洪积土体

该层土体为棕黄、灰黄、青灰色砂砾层或含砾细砂土，含泥，其中夹黏土和海相淤泥质黏土层。砂粒成分有石英、长石等，砾石成分为砂岩，砾石具有一定的磨圆度。本层在区内分布较稳定。

洪积和坡积土体是较大洪水和雨水冲刷，携带到山麓或河谷堆积形成的，因而，具有一定的分选性和磨圆度，同时搬运距离近颗粒一般较粗，力学性质较好，但由于分选差土体中常含砂、黏粒等细粒物质或黏土透镜体，因此，这类土体往往均匀性较差，并具各向异性，透水性和含水性都较好，可构成含水层。

（二）第四系上更新统残坡积土体

该层土体为黄色、褐黄色黏土、粉质黏土，饱和，硬塑—坚硬。泥感很强，断面十分光滑，见灰白色、灰绿色团块条纹，含量在 10%~60%。含氧化铁斑点，局部夹少量砾砂，砾砂呈团块状。强度高，韧性高，稍有光滑。本层在区内分布稳定，8 个钻孔均揭穿该岩层。

残积土体是基岩经各种风化作用充分风化并在原地堆积形成的，坡积土体是暂时性水流或雨水作用，在坡面或坡脚处堆积形成的堆积物，残积与坡积作用往往交替产生形成残坡积混合成因土体。堆积体内土粒以细粒为主，含有砂或碎石，分选性和磨圆度都很差，因此，这类土体往往较均匀，透水性和含水性都差，可构成相对隔水层。土体的物理力学性质取决于土的形成时代和固结程度，形成时代早的和固结程度好的，其物理力学性质一般都较好，土体强度高，可作为建筑物地基持力层。

（三）第四系全新统海积和湖沼堆积土体

该层土体为灰色淤泥质黏土和淤泥质粉质黏土，夹薄层状粉砂层，含有机质和腐殖质及植物残骸。它是在水流缓慢的环境中沉积，其颗粒成分细、饱和、流塑、有臭味、孔隙比较大、含水量大于液限；压缩性高、承载力很低；土体呈不太典型的蜂窝状或絮状结构，可见明显的粉细砂土层，表层土质松软。本层在区内分布稳定，除 ZK4、ZK5 其他钻孔均揭穿该岩层。该层在遗址西南角有大面积出露。独木舟等遗存埋藏于该层中。

海积和湖沼堆积是相对静水条件并有生物等参与下形成的，因此该层土体颗粒细，并含有大量的有机质，一般为淤泥或淤泥质黏土和粉质黏土，土体结构疏松，呈蜂窝状或絮状结构，这类土体往往具有高孔隙比、高含水率，含水率大于液限、高压缩性、透水性低、强度低等特征。但如果土中夹有粉砂层或为淤泥质黏土和粉质黏土，则土体的物理力学性质会得到很大的改善。

（四）第四系全新统人工堆积土体

该层土体是古人生活和生产遗留下来的堆积物与考古发掘过程中清理出的弃土和先前该处砖瓦厂遗留的废渣、生活垃圾，岩性以灰色淤泥质粉质黏土，灰黄色粉质黏土夹碎石，废渣、生活垃圾、碎石夹黏土为主，含有腐殖质和动植物遗骸。

该层土体厚度小且不稳定，结构疏松，力学性质差，透水性强。在地质工程建设过程中应予清除。

二、土体物质组成与基本物理性质

（一）土体物质组成

第四系是组成遗址区的主要地层，其特点是结构较松散，颗粒大小混杂，厚度从几米到十几米，渗透性和力学性质相差较大。为了测定遗址区土体的物质组成和基本物理性质，在现场取原状土样进行了室内土工实验，并在现场进行了钻孔注水、试坑渗水等试验，得到了遗址区土体物质组成与物理力学性质的大量指标和数据。现根据这些数据资料对遗址区土体物质组成与物理力学性质分析如下：

1. 第四系上更新统坡洪积土体

表 3 -6 为第四系上更新统坡洪积土体基本物理性质实验成果，由表可知：该土层的主要成分为砾、砂及粉粒，砂砾含量均大于 60%，为中砂土或圆砾土。砂砾主要成分为石英砂岩和砂岩。黏粒因其含量少，对土的性质基本没有影响。由于该层土体的砂砾磨圆度好，加上沉积年代久远，其结构较致密，孔隙度较小。由于钻探中采用了清水钻进，该土层的含水量和饱和度比实际值要偏大一些。

表 3 -6　坡洪积土体基本物理性质实验成果表

定名	含水量 W	湿容重 γ	比重 Gs	孔隙比 e	饱和度 Sr	颗粒组成					
						粒径大小（mm）					
	%	g/cm^3	—	—	%	> 20.0	20.0 ~ 2.0	2.0 ~ 0.50	0.50 ~ 0.25	0.25 ~ 0.075	< 0.075
中砂	26.8	1.98	2.68	0.716	100.0	—	21.4	22.9	9.0	21.8	24.9
中砂	19.9	—	—	—	—	35.9	8.8	8.4	5.9	19.4	21.6
中砂	26.3	1.96	2.69	0.733	96.5	—	18.6	15.1	7.6	27.3	31.4
中砂	25.9	1.96	2.69	0.728	95.7	—	12.1	16.5	9.9	22.5	39.0
圆砾	8.3	—	—	—	—	41.9	15.9	13.0	5.8	11.9	11.5

2. 第四系上更新统残坡积土体

表 3 -7 为第四系上更新统残坡积土体基本物理性质实验成果，由表可知：该土层为黄色、褐黄色黏土和粉质黏土夹块状高岭土。该土体黏粒含量高，一般均大于 35%，最高达 67.5%。由于含有较多的块状高岭土等亲水黏土矿物，具

结合水连接和团聚结构，孔隙较细而多，孔隙度较小在39.6%～46.4%；透水性和含水性都很差，可构成相对隔水层。土体结构密实，处于硬塑状态，物理力学性质好，土体强度高。

表3－7 残坡积土体基本物理性质实验成果表

定名	含水量 W	湿容重 γ	干容重 γ_d	比重 Gs	孔隙度 n	孔隙比 e	饱和度 Sr	颗粒组成 粒径大小（mm）		
	%	g/cm³	g/cm³	—	%	—	%	> 0.075	0.075～0.005	< 0.005
黏土	26.6	2.00	1.58	2.75	42.5	0.741	98.7	6	57.2	36.8
黏土	26.9	1.98	1.56	2.76	43.5	0.769	96.5	1.1	31.4	67.5
黏土	30.3	1.92	1.47	2.75	46.4	0.866	96.2	3.5	33.5	63.0
粉质黏土	20.6	1.98	1.64	2.72	39.6	0.657	85.3	4.3	49.9	45.8
粉质黏土	25.7	1.92	—	2.73	—	0.784	88.6	—	—	—
黏土	28.9	1.93	—	2.75	—	0.838	94.6	—	—	—

3. 第四系全新统海积和湖沼堆积土体

表3－8为第四系全新统海积和湖沼堆积土体基本物理性质实验成果，由表可知：该土层粒度成分主要为粉粒和黏粒，黏粒含量较高，黏粒含量一般在53.6%～54.6%之间。其矿物成分，黏土矿物以水云母为主，同时含有少量的高岭石及较多水高岭石，此外还含有一定量的有机质。由于淤泥质土的沉积时代晚，固结程度低，结构松软，因此，总体来说土体具有较高孔隙比和含水率，含水率大于液限、较高压缩性、透水性低和强度低并具有触变性等特性。

表 3-8　海积和湖沼堆积土体基本物理性质实验成果表

定名	含水量 W	湿容重 γ	干容重 γ_d	比重 Gs	孔隙度 n	孔隙比 e	饱和度 Sr	颗粒组成 粒径大小（mm）		
	%	g/cm³	g/cm³	—	%	—	%	> 0.075	0.075 ~ 0.005	< 0.005
淤泥质黏土	54.4	1.78	1.15	2.74	57.9	1.377	100.0	1.8	44.8	53.4
淤泥质黏土	45.1	1.98	1.36	2.74	50.2	1.008	100.0	1.4	55	53.6
淤泥质粉质黏土	53.7	1.66	1.08	2.72	60.3	1.518	96.2	2.0	43.4	54.6
淤泥质黏土	63.7	1.56	0.95	2.75	65.3	1.886	92.9	1.8	53.6	44.6
淤泥质黏土	48.6	1.70	—	2.75	—	1.415	96.6	—	—	—

（二）土体力学性质

从前面的论述可知，与独木舟保护密切相关的地层岩性是第四系上更新统残坡积黏土、粉质黏土及第四系全新统海积和湖沼堆积淤泥质黏土、淤泥质粉质黏土。而第四系上更新统洪坡积层以砂砾石为主，且埋深一般大于10m，与遗址疏干排水工程关系不大，故对其力学性质未予研究。本次研究工作仅对第四系上更新统残坡积黏土、粉质黏土及第四系全新统海积和湖沼堆积淤泥质黏土、淤泥质粉质黏土进行了取样实验，其成果见表3-9和表3-10。由表可知：

1. 第四系上更新统残坡积黏土、粉质黏土结构致密，多含有青灰色块状高岭土，实验中测得土体的液限指数均小于0.25，土体属于硬塑状态，有的土样液性指数甚至小于0，达到坚硬状态。压缩性中等，压缩系数 α_{1-2} 均小于0.5，有的土样压缩系数甚至小于0.1，属于低压缩性土体。剪切强度较高，φ 值一般 12° ~ 15°；c 值一般大于 50kPa，大者超过 100 kPa。

野外调查中也发现该层土体普遍较坚硬，用铁锹很难挖动，土体的透水性低，渗透系数一般小于 1.0×10^{-7}cm/s，往深部随着裂隙的闭合和土体饱和度的提高，土体的透水性相应减小。

表 3－9　残坡积土体力学性质实验成果表

取土位置	液限	塑限	塑限指数	液限指数	渗透系数	压缩系数	压缩模量	内聚力	内摩擦角	按塑性分类
	W_L	W_P	I_P	I_L	K_V	α_{1-2}	Es	C	φ	
	%	%	%	—	cm/s	MPa^{-1}	MPa	kPa	°	
ZK4	49.9	28.5	21.4	-0.09	2.52×10^{-7}	0.21	8.29	77.5	12.1	黏土
ZK7	48.6	23.4	25.2	0.14	1.08×10^{-8}	0.07	25.27	117.5	8.2	黏土
ZK6	51.0	29.5	21.5	0.04	1.38×10^{-8}	0.21	8.89	73.5	14.9	黏土
岩芯	43.2	26.2	18.8	0.23	1.30×10^{-6}	0.26	—	60.0	15.3	黏土
船尾	34.5	17.5	17.0	0.18	—	0.24	6.90	35.0	14.5	粉质黏土
岩芯	30.2	18.1	11.8	0.61	9.53×10^{-7}	0.33	—	18.0	12.0	粉质黏土

表 3－10　海积和湖沼堆积土体力学性质实验成果表

取土位置	液限	塑限	塑限指数	液限指数	渗透系数	压缩系数	压缩模量	内聚力	内摩擦角	按塑性分类
	W_L	W_P	I_P	I_L	K_V	α_{1-2}	Es	C	φ	
	%	%	%	—	cm/s	MPa^{-1}	MPa	kPa	°	
ZK1	46.1	25.3	20.8	1.40	4.18×10^{-8}	2.22	1.07	16.8	1.6	淤泥质黏土
ZK7	40.8	22.5	18.3	1.23	4.10×10^{-8}	0.42	4.78	15.0	2.5	淤泥质黏土
ZK6	45.3	28.7	16.6	1.51	3.15×10^{-7}	2.22	1.13	11.2	0.7	淤泥质粉质黏土
船头	71.6	48.9	22.7	0.65	—	1.38	2.09	20.5	5.0	淤泥质黏土
岩芯	42.5	24.4	18.1	1.43	1.23×10^{-5}	1.12	2.01	8.8	15	淤泥质黏土

2. 第四系全新统海积和湖沼堆积淤泥质黏土、淤泥质粉质黏土，结构疏松，含一定量的有机质，具层理构造。土的孔隙比较大，大于1，含水量大于45%，容重较小，液限指数 I_L 均大于1，处于流塑状态。所以它的压缩性高，室内实验测得土的压缩性系数 α_{1-2} 多大于 $1MPa^{-1}$，为高压缩性土。土的抗碱强度较低，φ 值多小于5°，c 值小于20kPa。土体的透水性低，垂直渗透性系数多小于 1.0×10^{-7} cm/s。该土样属于中灵敏土，表现为原状土在受破坏时常具有一定的结构强度，但一经扰动，结构破坏，强度迅速降低。

（三）土体力学参数建议值

综合以上各类实验数据，同时考虑区内各类土体成因类型和地质特征等因素，提出遗址区各类土体的物理力学参数建议值如表3－11。表中土体的承载力基本值 f_0 是按它的物理力学指标查《建筑地基基础设计规范》所得。

表3－11　土体物理力学性质参数建议值

土层时代及成因	含水量	天然密度	比重	孔隙比	饱和度	液限	塑限	塑限指数	液限指数	压缩模量	内聚力	内摩擦角	垂直渗透系数	承载力
	W	ρ	G	e	ρ_{sat}	W_L	W_P	I_P	I_L	Es	C	φ	K_V	f_0
	%	g/cm^3	—	—	%	%	%	%	—	MPa	kPa	°	cm/s	kPa
淤泥质黏土	53.7	1.66	2.72	1.518	96.2	45.3	28.7	16.6	1.51	1.13	11.2	0.7	8.2×10^{-5} ~9.5×10^{-7}	66
粉质黏土	20.6	1.98	2.72	0.657	85.3	34.5	17.5	17.0	0.18	6.90	35.0	14.5	3.6×10^{-5} ~2.6×10^{-6}	210
黏土	26.6	2.00	2.75	0.741	98.7	49.9	28.5	21.4	-0.1	8.29	77.5	12.1	1.7×10^{-5} ~2.5×10^{-7}	264
砂土	24.7	1.97	2.69	0.726	97.4	—	—	—	—	—	—	—	—	—

第三节　地下水渗流场模拟

一、概　述

根据现场调查和遗址区水文地质条件分析，独木舟虽然处于稳定地下水位以上。但由于区内岩土毛细水十分发育加上大气降水影响和空气湿度大等原因，目前，独木舟及相关遗迹仍处于饱水状态，并在一定范围内波动。在水的作用下独木舟及其他木构件将发生严重的霉变腐烂现象。因此，独木舟及相关遗迹原址保护关键是疏干独木舟周围一定范围土体内的地下水，同时杜绝其他水源对遗址地下水的补给，使之处于干燥环境。要排除围岩中的地下水并杜绝其他补给源，首先必须深入了解区内地下水渗流场的现状及其发展变化趋势，特别是在疏干排水工程实施后地下水渗流场的发展变化趋势。

在抽取水文地质模型的基础上，建立遗址区地下水渗流场的数值模型，采用适当数值方法和专门软件分析计算遗址区地下水渗流场（地下水流向、水头分布与梯度变化等）情况，并预测疏干排水效果和地下水位随时间迁移的动态变化特征是了解地下水渗流场发展变化趋势的重要途径。本次研究采用美国 Brigham Young University 的环境模型研究实验室和美国军队排水工程试验工作站编制的基于有限差分原理的地下水数值模拟软件 GMS，对遗址区地下水渗流场和疏干排水效果进行模拟预测，为遗址区的病害防治提供科学依据。

二、GMS 模拟原理

地下水模拟系统（Groundwater Modeling System），简称

GMS，是美国 Brigham Young University 的环境模型研究实验室和美国军队排水工程试验工作站在综合 MODFLOW、FEMWATER、MT3DMS、RT3D、SEAM3D、MODPATH、SEEP2D、NUFT、UTCHEM 等已有地下水模型的基础上开发的一个综合性的、用于地下水模拟的图形界面软件。由于 GMS 软件具有良好的使用界面，强大的前处理、后处理功能及优良的三维可视效果，目前已成为国际上最受欢迎的地下水模拟软件。GMS 软件模块多，功能全，几乎可以用来模拟与地下水相关的所有水流和溶质运移问题。相比其他同类 GMS 软件除模块更多之外，各模块的功能也更趋完善。

GMS 软件模块多，功能全，使用范围广，几乎可以用来模拟与地下水相关的所有水流和溶质运移问题。并具有概念化方式建立水文地质概念模型和前、后处理功能更强等优点。所谓概念化方式是指先采用特征体（包括点、曲线和多边形）来表示模型的边界、不同的参数区域及源汇项等，然后生成网格，再通过模型转换，就可以将特征体上的所有数据一次性转换到网格相应的单元和结点上，使模拟过程更直观，操作更方便。

1. 孔隙介质中地下水流动方程

当不考虑水的密度变化，在孔隙介质中地下水流动的基本方程可表示为：

$$\frac{\partial}{\partial x}\left(K_{xx}\frac{\partial h}{\partial x}\right)+\frac{\partial}{\partial y}\left(K_{yy}\frac{\partial h}{\partial y}\right)+\frac{\partial}{\partial z}\left(K_{zz}\frac{\partial h}{\partial z}\right)-W=S_s\frac{\partial h}{\partial t} \tag{3-1}$$

式中：

K_{xx}，K_{yy}，K_{zz}：分别为渗透系数在 x、y 和 z 方向上的分量，单位为 LT^{-1}，L 代表长度，T 代表时间。这里假定渗透系数主轴与坐标轴方向一致。

h 为水头（L）；

W 为单位体积流量（T^{-1}），代表流进源或流出汇的水量；

Ss 为孔隙介质的贮水率（L^{-1}）；

T 为时间。

式（3－1）加上相应的边界和初始条件，用有限差分法进行求解就得到水头的分布值。式（3－1）表示的地下水为非稳定流。如果是稳定流，式（3－1）则变为：

$$\frac{\partial}{\partial x}\left(K_{xx}\frac{\partial h}{\partial x}\right)+\frac{\partial}{\partial y}\left(K_{yy}\frac{\partial h}{\partial y}\right)+\frac{\partial}{\partial z}\left(K_{zz}\frac{\partial h}{\partial z}\right)-W=0 \tag{3-2}$$

2. 求解原理

地下水流动的连续性方程表示流入与流出某个计算单元的水量之差应等于该单元贮水量的变化。即：

$$\sum Q_i = S_S \cdot \Delta h \cdot \Delta V \tag{3-3}$$

式中：Q_i 为单位时间内流进或流出该计算单元的水量（L^3T^{-1}）；

Ss 为含水层的储水率（L^{-1}）。表示水头变化一个单位时，含水层单位体积中吸收或释放的水量；

ΔV 为计算单元的体积（L^3）；

Δh 为单位时间内水头的变化（L）。

图 3－8 表示计算单元（i，j，k）和相邻的六个计算单元关系。用正号表示流入（i，j，k）的流量，负号表示流出量。最后得到水头矩阵。

3. 计算单元类型及边界条件的处理

由于实际工作中，有些单元的水头值已知，而有些单元可能位于所研究问题的边界之外，本次模拟将单元分成了三大

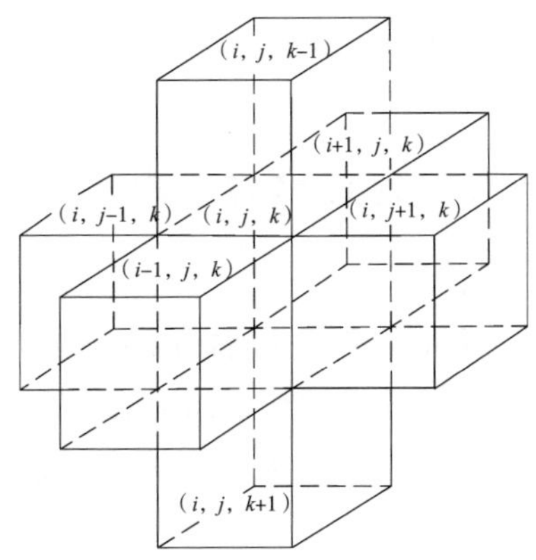

图 3-8　计算单元（i, j, k）和相邻单元关系示意图

类：定水头计算单元，无效计算单元和变水头计算单元。定水头计算单元的水头值由用户事先规定，在计算中保持不变（如湘湖水位，西侧水塘水位等）；无效计算单元相当于该单元的渗透系数为0，不允许地下水通过，也称作无渗流计算单元。除此之外其他的计算单元为变水头单元，它们的水头随时间和空间变化，通过计算得到。

4. GMS 求解的一般过程

使用 GMS 软件建立概念模型时，除了常用的网格化方式外，多了一种概念化方式。概念化方式是先采用特征体（包括点、曲线和多边形）来表示模型的边界、不同的参数区域及源汇项等，用这种方式建立起来的水文地质概念模型用不同的多边形来表示不同的参数值区域。在随后的参数拟合过程中，即可直接对这些相应的多边形进行操作，而无需对此多边形内的每一个网格都重复进行同一操作。经概念化方式处理后生成网格，再通过模型转换，就可以将特征体上的所有数据一次性转换到网格相应的单元和结点上，即建立数学模型、用有限差分法计算水头等来求解数学模型、最后进行模型识别以及预测等步骤。

三、地下水渗流数值模型

（一）含水层与隔水层

根据遗址区水文地质条件可将区内含水层与隔水层作如下划分：第一层由第四系全新统海积和湖沼堆积弱透水层组成的孔隙潜水含水层，第二层由第四系上更新统残坡积组成的微弱透水层，第三层由第四系上更新统坡洪积组成的承压含水层，第四层为基岩裂隙含水层组成弱透水含水体，底部为微风化和新鲜基岩组成相对隔水层。其中第二层上更新统残坡积层以黏土为主，渗透性很差，渗透系数接近或小于 1×10^{-7}cm/s，可视为相对隔水层。水文地质结构模型见图 3 – 7。

遗址区地下水为第四系孔隙潜水和第四系孔隙—风化基岩裂隙承压水。前者主要赋存于全新统海积和湖沼堆积、文化层和人工堆积土体中；后者赋存于第四系上更新统坡洪积砂类土及风化基岩中。目前钻孔及现场所见的渗水为第四系孔隙潜水，据现场调查，本区这两类水的水力联系较弱。地下水主要承受大气降水和湘湖水补给，由四周流经遗址向遗址西侧水塘排泄，地下水位埋深浅，动态变化大，水量小。

（二）边界条件

根据上述含水层、隔水层划分及其分布情况（图 3 – 9）和遗址区水文地质条件，建立遗址区地下水渗流数值模型如图 3 – 10（垂向上据土层特性分为三层）、图 3 – 11 和图 3 – 12 所示（其中图 3 – 10 为模型剖面，图 3 – 11 和图 3 – 12 为模型平面图）。为使计算模型平面大小必须覆盖整个遗址区以及与之相关的源或汇（如泉点）的边界，模型以遗址点为模拟区中心，西部取至遗址区西侧水塘，水位 -9.1m；东部取至鱼塘和湘湖，水位分别为3.22m 和5.35m；均取为常水头边界；底部取至新鲜基岩并视为隔水边界。

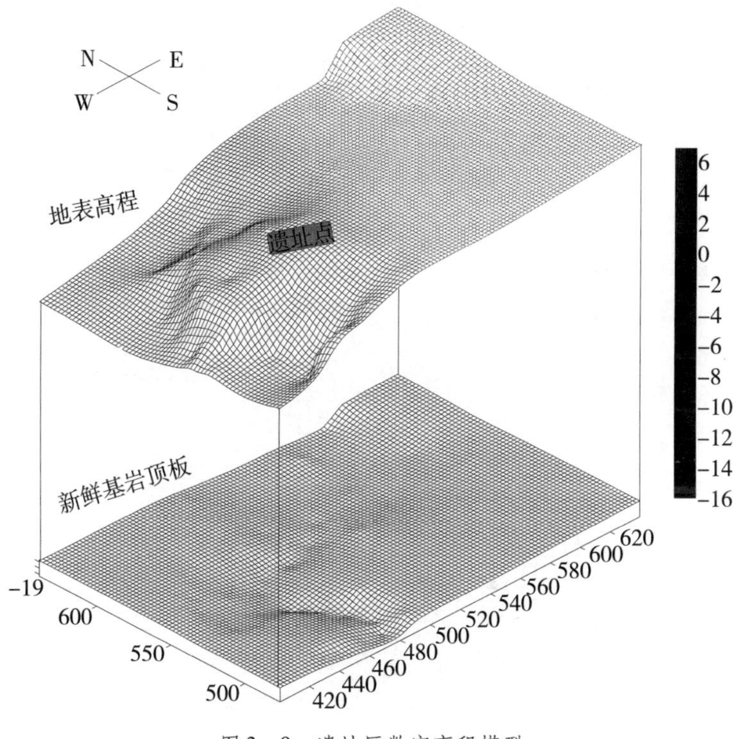

图3-9　遗址区数字高程模型

根据影响半径的计算，模型中所取边界都超过了影响半径，所以遗址点东、南、西三侧边界条件设为常水头值（由图中红色点线表示）。边界水头根据野外实测水位赋值，其他边界视为一般边界条件。根据 GMS 的设置原则，将边界条件以外的单元设置为无效计算单元并予以剔除。模型中还标明七

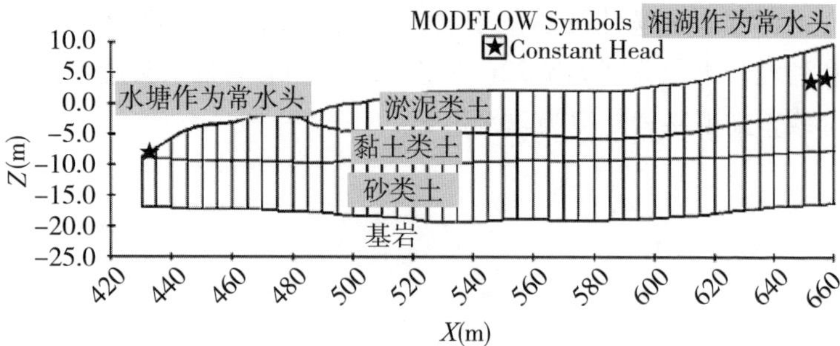

图 3－10　遗址区水文地质结构模型东西剖面图

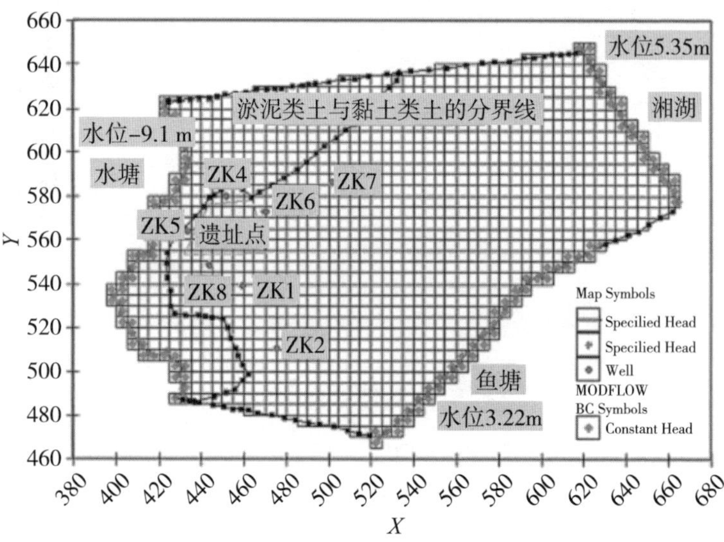

图 3－11　地下水渗流数值模型与边界条件（原始状态）

个观测孔的位置。平面上网格剖分上以 5m ×5m 的单元格为单位剖分。

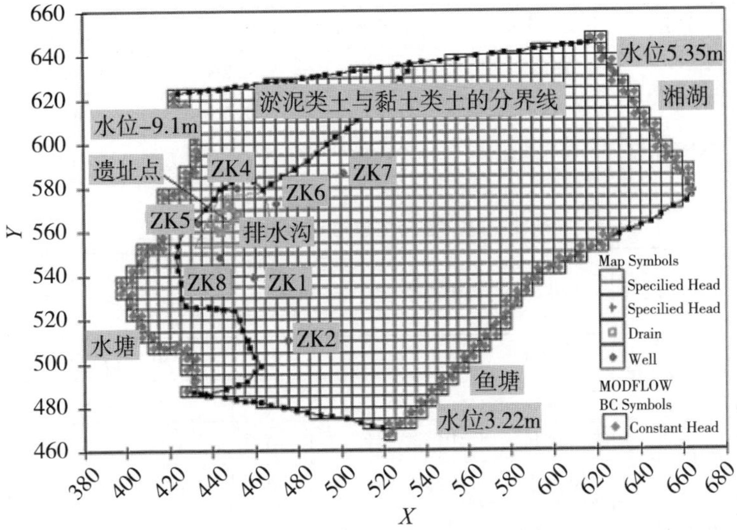

图3－12　地下水渗流数值模型与边界条件（设置排水沟状态）

（三）数值模型建立

根据现场渗水试验以及室内渗透试验数据和经验类比数据，求得模拟中所需的各土层渗透系数K（包括水平方向$K_{\parallel}$及垂直方向$K_{\perp}$）和给水度u等参数如表3－12和表3－13所示。遗址区年平均降雨量1406.8mm，年平均蒸发量1223.7mm，将入渗补给量取为0.0005m/d。

目前岩土体渗流模型正是沿对渗流介质认识、概化的基础上向前发展的。针对空隙介质有连续介质模型；而对于裂隙介质则可分为裂隙——孔隙双重介质模型、裂隙网络模型、等效连续介质模型三类。限于所采用的手段和可用的资料，本研究将各层岩体分别近似作为等效均质介质处理。

表 3－12　各岩土层给水度等参数建议值

分层	岩层名称	单位给水度	有效孔隙度	总孔隙度
孔隙潜水层	淤泥土	0.10	50.2%	60.3%
	黏土	0.03	42.5%	46.4%
相对隔水层	新鲜基岩	1.1×10^{-4}	1.1×10^{-8}	1.4×10^{-8}

表 3－13　各岩土层渗透系数建议值

分　层	岩层名称	渗透性分级	渗透系数建议值（cm/s）		
			Kx	*Ky*	*Kz*
潜水含水层	淤泥土	弱透水	1.1×10^{-5}	1.1×10^{-5}	1.1×10^{-5}
	黏土	微透水	6.9×10^{-6}	6.9×10^{-6}	6.9×10^{-6}
承压含水层	砂土	中等透水性	1.1×10^{-3}	1.1×10^{-3}	1.1×10^{-3}
	风化岩体	中等透水性	1.1×10^{-3}	1.1×10^{-3}	1.1×10^{-3}
相对隔水层	新鲜基岩	极微透水性	$<1.0\times10^{-7}$	$<1.0\times10^{-7}$	$<1.0\times10^{-7}$

四、模拟方案

根据遗址区水文地质条件和疏干排水工程需要，确定模拟方案如下：

1. 天然状态，即目前水文地质条件和疏干排水工程施工之前的地下水状态；

2. 疏干排水工程实施后不同时期的地下水状态（分 1 年、2 年、3 年和 4 年进行模拟）。

需要说明的是本次渗流场模拟是在图 3－11、3－12 所给定的边界条件下进行的，即东西均为常水头边界（东边为湘湖和鱼塘，水位分别为 3.22m 和 5.35m；西边遗址区西侧水塘，水位为 －9.1m）。目前，西部边界水位仅靠人工抽水维持，但如果抽水一旦停止，水位必将恢复，边界条件发生改变，则模拟结果随之改变。据萧山博物馆提供的信息称：今后萧山区将投资对湘湖风景区进行大规模建设，拟恢复湘湖原貌。如果这样遗址区的水文地质边界条件与上述假设边界条件不符，则需要重新进行模拟计算。

五、模拟成果分析

（一）初始水头模拟

图3－13是天然状态下计算出的遗址区地下水初始等水位线图，图3－14为实测地下水等水位线图，表3－14为给钻孔点模拟与实测水位比较表。由这些成果可知：

表3－14 各钻孔点模拟与实测地下水位比较表

钻孔编号	ZK1	ZK2	ZK4	ZK5	ZK6	ZK7	ZK8
实测水位	－1.84	0.52	－2.70	－5.73	－1.20	－0.22	－2.00
模拟水位	－1.49	－0.55	－2.56	－4.48	－1.08	0.58	－2.37
备　　注	各个钻孔位置见图3－6、3－7						

1. 天然状态下地下水的流向呈近东—西向，即地下水在东、东南方向接受湖水补给流经遗址向西侧水塘排泄；

2. 遗址西侧陡坡的等水位线密度较大，说明该区是地下水排泄主要区域；

3. 从图3－13与图3－14相比较以及表3－14所示，可以看出实测地下水位与模拟结果基本一致，说明模拟结果能反映遗址区水文地质条件和地下水渗流的实际情况，所抽取的水文地质模型和提供的各种水文地质参数符合遗址区实际，其模拟成果也能用于遗址区地下水渗流场发展变化趋势和疏干排水效果预测分析。

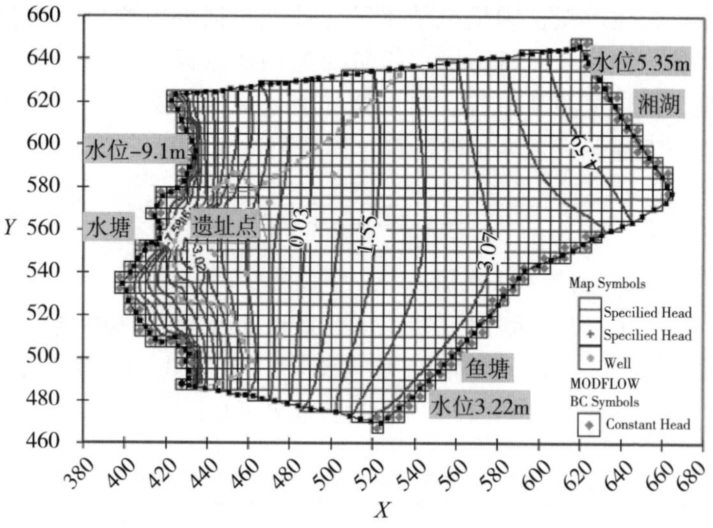

图 3－13 遗址区原始地下水位分布图

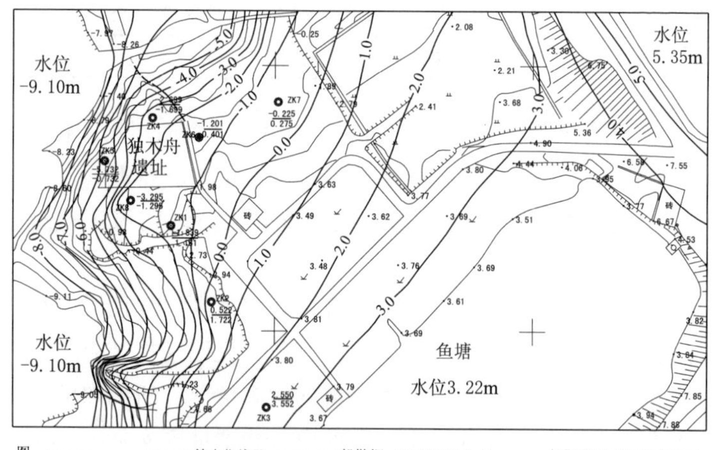

图 3－14 遗址区实测等水位线图

（二）地下水渗流场模拟

利用图 3－12 的数值模型和相应参数，进行了疏干排水工程实施后 1、2、3 和 4 年等不同时期地下水位预测计算，得到了相应的等水位线图，其结果如图 3－15～3－18 所示，图 3－19为遗址点（跟踪单元）地下水位随时间变化的曲线图。从这些成果可知：

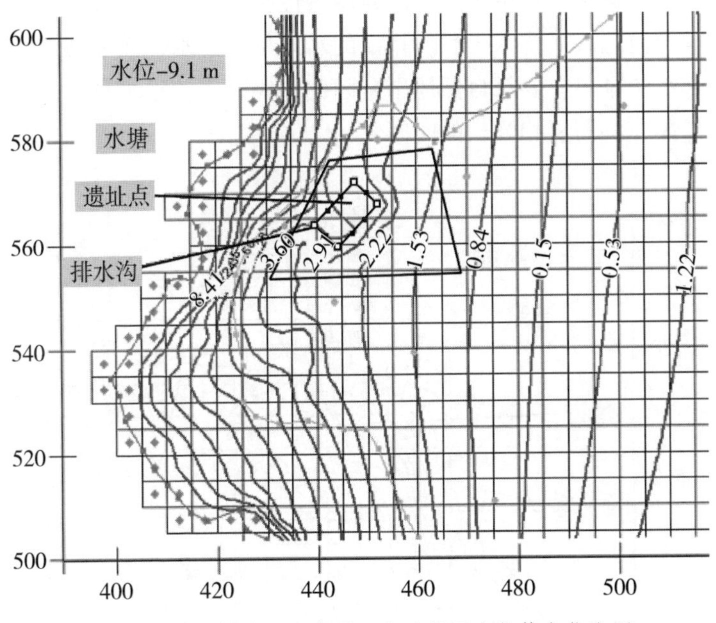

图 3－15　疏干排水工程实施一年后地下水位等水位线图

1. 排水工程实施后，遗址区地下水渗流场发生了较大的变化，反映在排水沟附近的等水位线形状发生了明显变化（图 3－15～3－18），地下水位也相应降低。

2. 由于疏干排水涉及范围小，不足以影响整个遗址区地下水渗流场，因此尽管设置了排水沟，其地下水的主渗方向仍以近东西向为主，地下水的主排泄区还是遗址西侧的水塘，这一特征基本符合实际情况。

3. 模拟显示，排水工程实施后，遗址围岩内的地下水位将连续下降，具体为第二年降低 1.34m，第三年降低 0.5m，第四年降低 0.25m，第五年降低 0.12m，五年以后逐渐趋于稳定。

应当指出：由于遗址围岩渗透性很差，地下水排出十分困难，而且疏干排水工程所排出的水只是重力水，而毛细水和结合水的排出主要靠自然风干，因此，要彻底使独木舟及其围岩干燥，将需要相当长的时间。

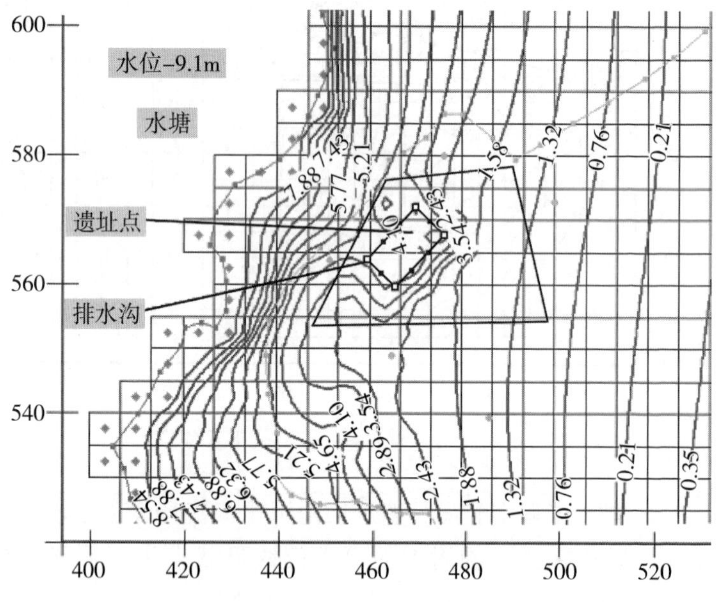

图 3-16 疏干排水工程实施两年后地下水位等水位线图

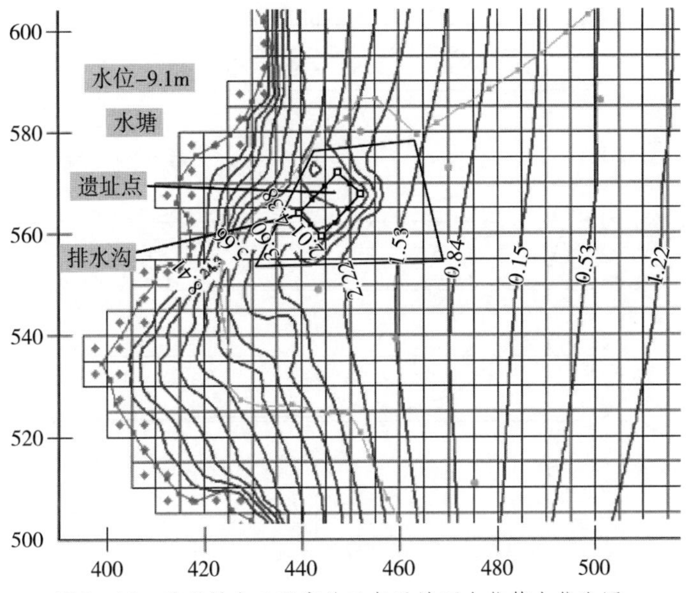

图3－17　疏干排水工程实施三年后地下水位等水位线图

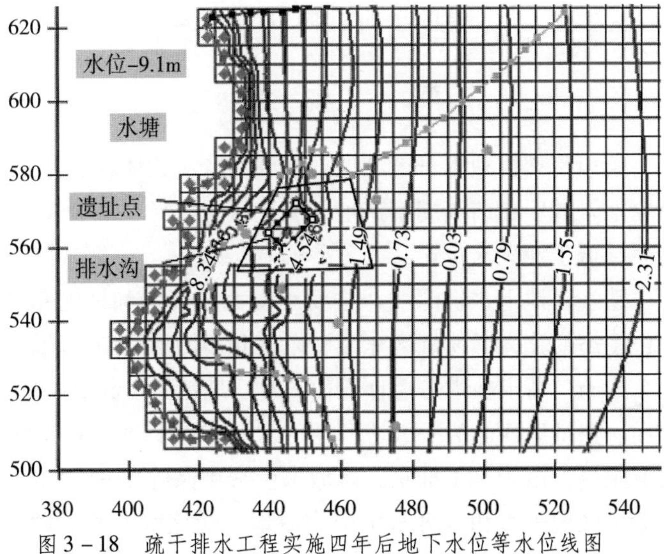

图3－18　疏干排水工程实施四年后地下水位等水位线图

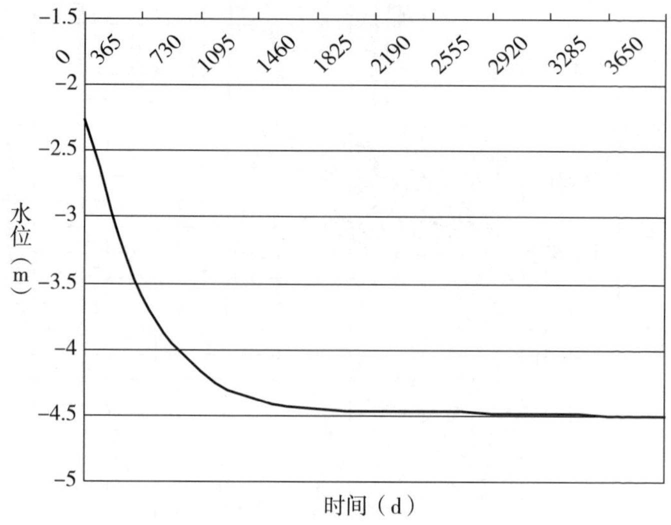

图 3-19 预测跟踪单元水位时间曲线图

第四节 排水工程方案

一、概 述

萧山跨湖桥独木舟遗址地处湘湖湖区，遗址区原为一片沼泽草地，属于山前滨湖型遗址。遗址区海拔高度一般在 0～2m 左右，低于湘湖水位。

遗址区地下水埋深浅，主要承受大气降水和湘湖水补给，水位动态变化大。遗址区东北、东侧和南侧为湘湖水域，水位为 5.35m，高于独木舟遗址地面，对遗址地下水起着侧向补给作用。遗址区西侧为一人工开挖的水塘，该水塘原来是湘湖砖场取土坑。由于人工抽水，水塘水位常年保持在 -9.1m 左右，是遗址区地下水和地表水集中排泄地。受该水塘和湘湖控制，遗址区地下水呈东南—西北向流动，即地下水在东南方向接受湖水补给流经遗址向西侧水塘排泄，同时大气降水入渗也补给一部分。在这种渗流场及区内岩土透水性控制下，遗址区地下水不仅埋深浅，一般为1～3m，而且流动慢。独木舟虽然处于稳定地下水位以上，但由于区内岩土毛细水十分发育加上大气降水影响和空气湿度大等原因。独木舟及相关遗迹处于饱水状态，并在一定范围内波动。在水的作用下独木舟及相关遗迹发生严重的霉变腐烂现象。

从以上分析可以发现独木舟及相关遗迹原址保护的前提是疏干独木舟周围一定范围土体内的地下水，同时杜绝其他水源对遗址地下水的补给，使之处于干燥环境，然后采取物理和化学的方法对独木舟进行有控制的原地脱水和防霉杀菌。这样才能有效地遏制木构件霉变腐烂，使其得以长期的保存。

二、方案设计

根据独木舟遗址区水文地质条件和地形特征，独木舟及相关遗迹原址保护的根本原则就是疏干独木舟周围一定范围内的地下水并杜绝其他水源对遗址地下水的补给。为了达到这一目的提出如下两种方案进行对比论证。

方案一：暗沟排水方案

（一）设计思路

该方案是在独木舟四周一定范围内适当部位开挖明沟，在沟外侧做好防渗处理和底部砌置排水沟后回填，形成排水暗沟，并在西侧拐角设集水井，将水集中排出区外。该方案的指导思想是以排为主，堵排结合。图3－20为排水沟平面布置图，图3－21为排水沟剖面示意图。

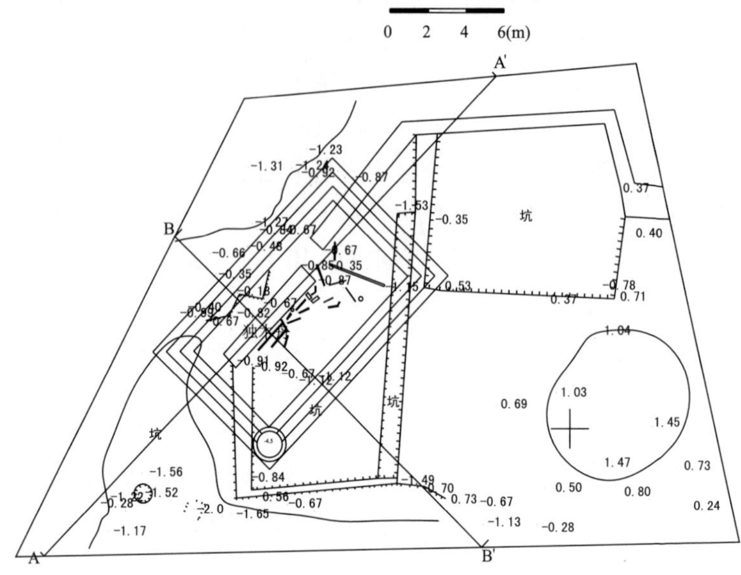

图 3－20　方案一平面布置图

（二）暗沟平面尺寸确定

根据独木舟及相关遗迹的分布特征和方案总体设想，排水暗沟布置成斜向长方形，平面尺寸约 14m × 10m。明沟开挖宽度主要考虑施工所需场地条件以及沟壁临时支护方便，取 1.5 ~ 2m。

（三）暗沟深度的确定

暗沟布置深度的确定需要考虑遗址区土体的隔水性能和区内地下水动力特征。

独木舟所涉及的土体从下到上为第四系上更新统坡洪积黄色、灰白色含砾细砂土、砂砾层及圆砾，饱和，稍密—中密，局部呈砾砂状，渗透系数 1.72×10^{-5} cm/s；第四系上更新统残坡积黄色、褐黄色黏土、粉质黏土，饱和，硬塑，为极微透

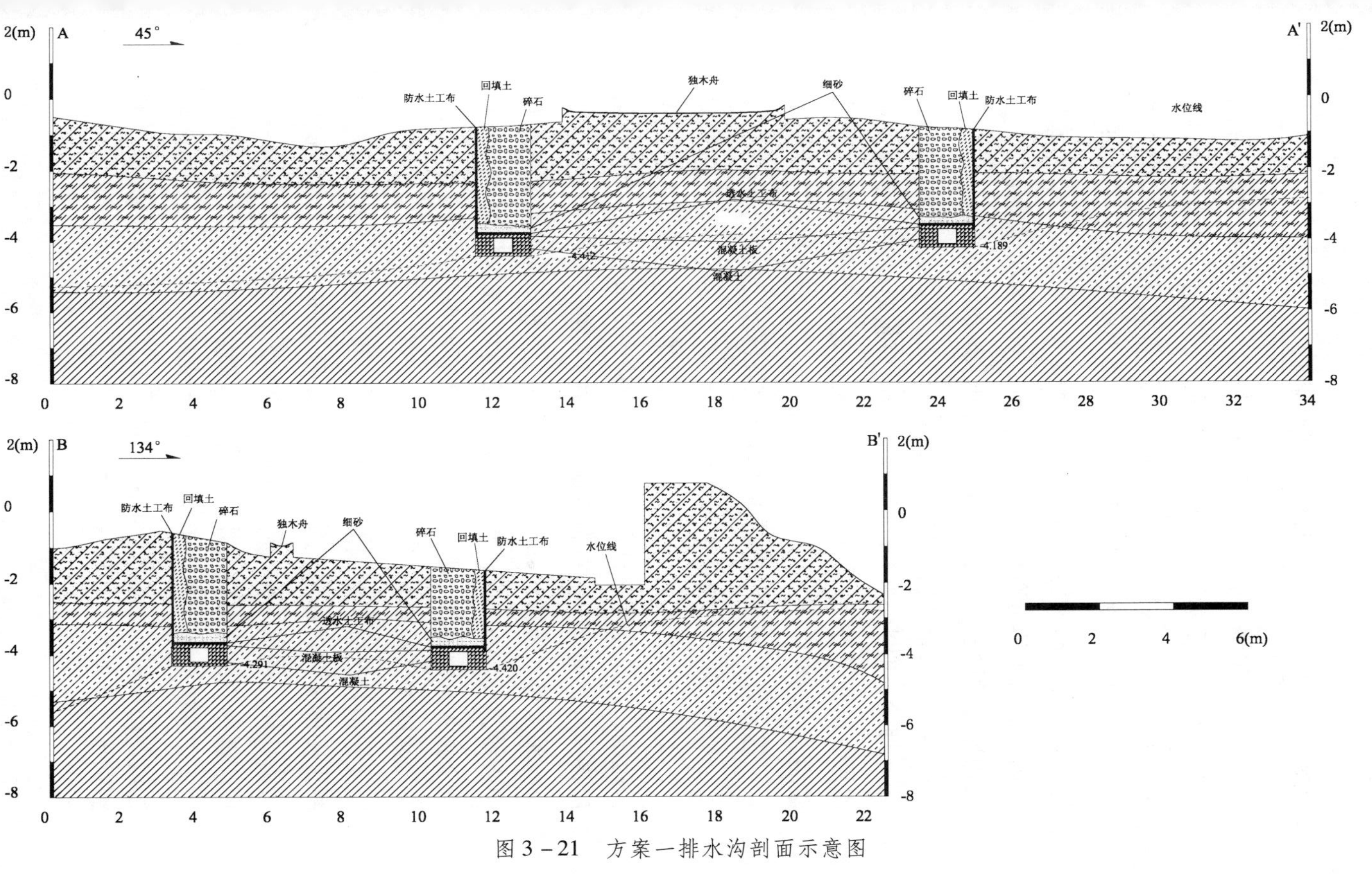

图 3－21　方案一排水沟剖面示意图

水性土层，渗透系数小于1.0×10^{-7} cm/s；第四系全新统海相沉积灰色淤泥质黏土、淤泥质粉质黏土，饱和，流塑，渗透系数一般小于1.0×10^{-7} cm/s，但该层上部裂隙发育，渗透性增强，特别是表层文化层和人工堆积物透水性较强。综合以上土体特征将排水暗沟置于第四系上更新统残破积层黏土、粉质黏土内。该层土体分布稳定，渗透性低，可视为相对隔水层，且其物理力学性质好、强度高，可做排水暗沟的持力层。

另外，由钻探资料可知该层黏土、粉质黏土的厚度约4～8m，埋深一般为3～8m。考虑到暗沟底板需保留一定厚度隔水层，以防止底部承压水压力过大而造成暗沟底板突涌或破裂。

综合以上情况考虑排水暗沟的砌置深度定为4～5m。

（四）排水暗沟及土工布布置

本方案的目的有二：一是杜绝沟外地下水直接渗入遗址保护范围；二是排除遗址保护范围内土体中的地下水。为达此目的将排水暗沟及土工布布置如下（图3－20）：

整个排水沟呈长方形布置，其中西沟和东沟平行于独木舟中心线，长14m，西沟距独木舟边缘约2.2m；北沟和南沟垂直于独木舟中心线，长10m，南沟距独木舟边缘约2.5m。整个排水暗沟长约48m。

明沟开挖后在外侧壁铺设防渗土工布，然后，在沟底用混凝土砌排水沟，排水沟宽0.5、深0.5m，并在底部和外侧作防渗处理。排水沟砌好后将明沟回填，为了达到排水目的，回填应选择适合的材料，并在与土工布接触部位采用黏土填实，使土工布既发挥防渗作用又不至于因填料而发生破裂。黏土与沟内侧间用粗砾料填实，以使遗址保护范围内土体中的地下水顺利排入排水暗沟［图3－22（a）］。为了防止填料中细颗粒进入而淤塞暗沟，须在填料与暗沟盖板间铺设透水土工布，并做反滤处理。

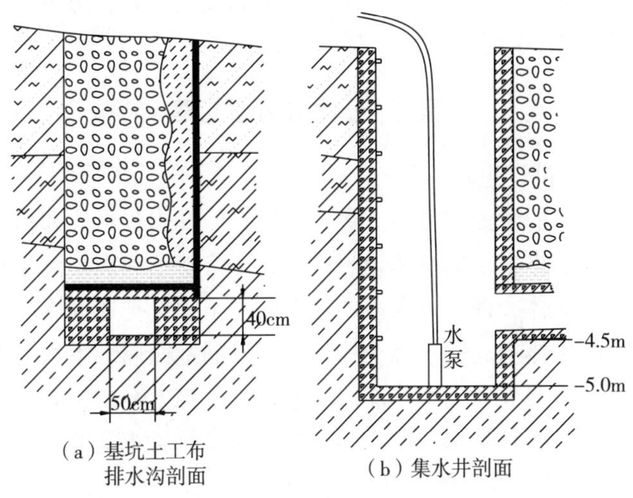

图 3-22　排水暗沟和集水井结构示意图

另外，在暗沟西侧拐角设置集水井［图 3-22（b）］，井底低于暗沟底板 0.5m 左右，以便利集水和放置抽水泵，集水井直径与暗沟尺寸相匹配即可。整个排水暗沟向集水井方向倾斜，坡降可取 2% 左右。

（五）工程造价估算

1. 工程量

根据前面论述和计算，方案一的工程量如下：

1）明沟开挖方量　480m^3

2）防渗土工布面积　240m^2

3）透水土工布面积　96m^2

4）砌置排水暗沟　48m

5）回填方量（包括黏土、细砂、碎石等）480m^3

6）其他工程量（包括地表铺盖、散水等）100m^2

2. 工程造价

根据以上工程量及有关取费标准和规定估算，方案一工程总造价约 21.6 万元。

方案二：五面体隔水方案

（一）设计思路

该方案的平面布置与方案一相同，但其工程形式和指导思想都不同。方案二的总体设想是在独木舟遗址四周用混凝土制造一个五面体，即一个无盖的箱形隔水工程。把遗址周围一定范围内的土体与周围环境土体隔绝，以隔绝四周地下水与遗址的联系，使四周地下水不能渗入遗址内。该方案的指导思想只是隔水，而不是排水。图 3－23 为方案二平面布置图，图 3－24 为剖面示意图。所谓五面隔水体就是四边及底板用混凝土做成连续墙，该工程的关键是底板连续墙的形成及其与四周连续墙的接合，这些在施工上都是难度较大的技术问题。

（二）工程平面尺寸、深度确定

方案二的平面布置与方案一相同，即布置成斜向长方形，平面尺寸约 14m×10m。

五面体砌置深度的确定需要依据区内土体物理力学性质，选择适合持力层。根据勘探资料：区内第四系上更新统残坡积层黏土、粉质黏土可作为五面体的持力层，该层土体分布稳定，厚度大而且稳定，厚度约 4～8m，埋深一般 3～8m，一般处于硬塑状态，物理力学性质好、强度高。渗透性低，可视为相对隔水层（渗透系数小于 1.0×10^{-7} cm/s）。据此五面体的砌置深度确定为 4～5m，边墙厚度 50cm 左右。

（三）五面体布置

本方案的目的是杜绝沟外地下水直接渗入遗址保护范围，为达此目的将五面隔水体布置如下（图3－23）：

根据独木舟及相关遗迹的分布特征和方案总体设想及遗址现保护棚的限制，五面隔水体布置成斜向长方形，平面尺寸约14m×10m。其中西沟墙和东墙平行于独木舟中心线，长14m，西沟距独木舟边缘约2.2m；北墙和南墙垂直于独木舟中心线，长10m，南墙距独木舟边缘约2.5m。五面体平面总长约48m。施工方法采用先做底板连续墙，然后开挖明沟，做边墙、连续墙的方法。明沟宽1.5、深5m。

（四）五面体的施工

1. 底板施工

底板施工一般有两种方法：

方法一，是先开挖施工巷道，然后在巷道顶板浇注五面体底板。这是地下工程常采用的方法，把施工范围分成几个部分，逐次进行巷道开挖和顶板混凝土浇注。但是，本方法施工时所需工作面大、对土体的扰动大、技术要求高，如果掌握不好，可能引起坍塌，对遗址造成不必要的损坏，本工程中不宜采用。

方法二，采用钻孔注浆的方法形成五面体底板。

（1）注浆地层的选择

根据前面对五面体持力层的论述，选择第四系上更新统残坡积黏土、粉质黏土可作为注浆地层，该层土体分布稳定，厚度大而且稳定，厚度约4～8m，埋深一般3～8m，一般处于硬塑状态，物理力学性质好、强度高，作为工程土体稳定性好。

（2）边坡稳定性评价

采取水平钻孔旋喷注浆时，为注浆工作的顺利进行，选择在遗址西侧开阔地开挖垂直工作面为注浆机械提供场地（图3－24）。

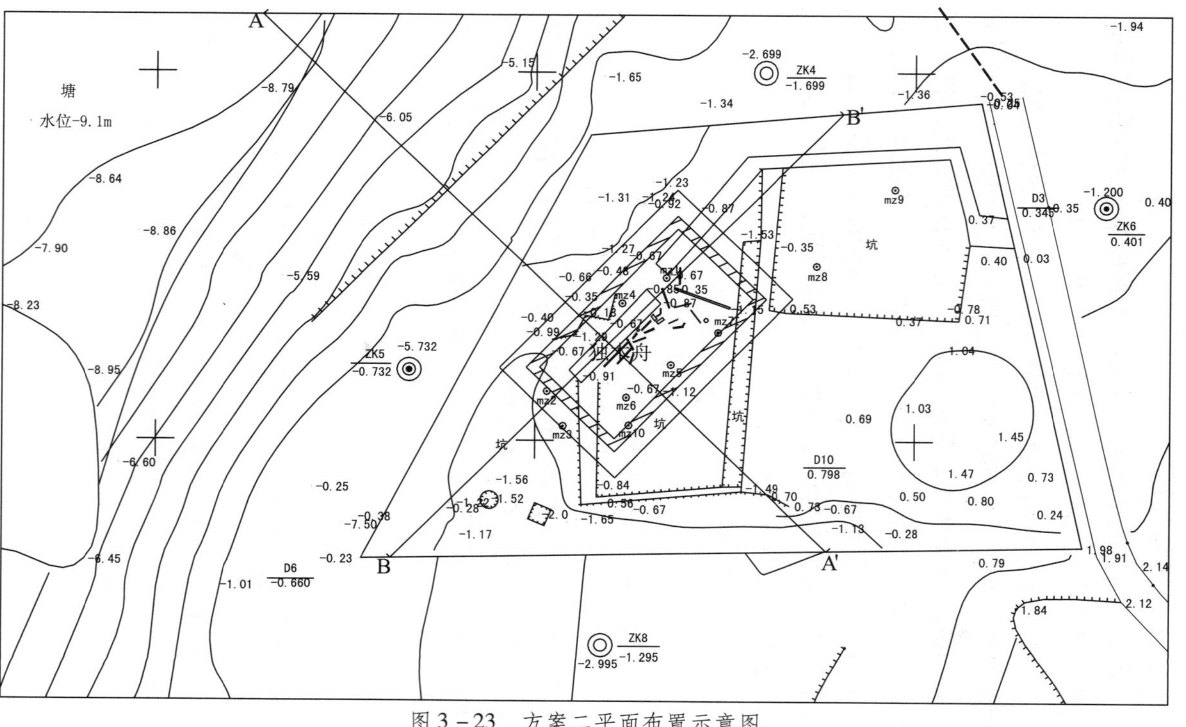

图3－23　方案二平面布置示意图

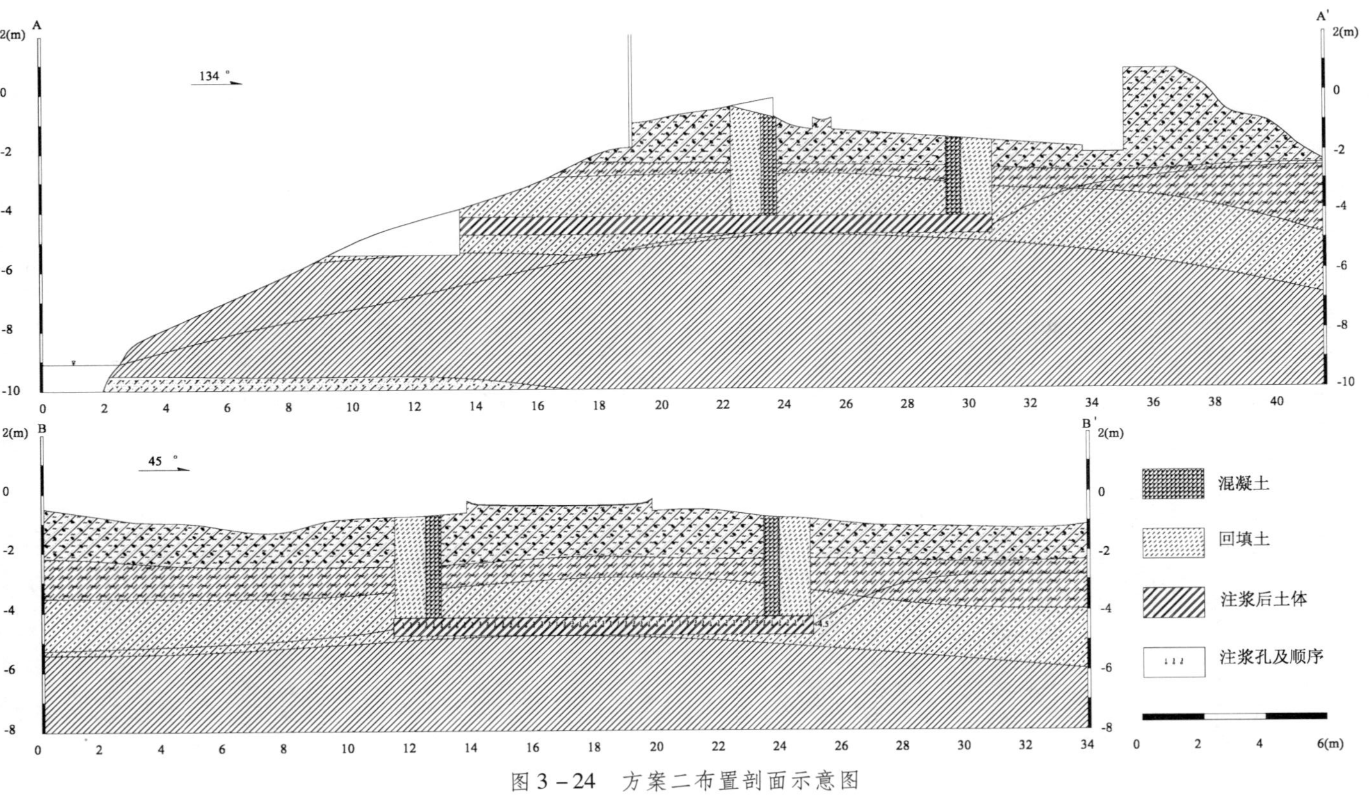

图 3－24　方案二布置剖面示意图

现对该边坡进行稳定性评价，计算模型如图 3－25 所示；利用瑞典条分法计算，安全系数公式如下

$$F_s = \frac{\sum (c_i l_i + W_i \cos\theta_i \tan\varphi_i)}{\sum W_i \sin\theta_i}$$

式中：

F_s为安全系数；

c_i为条块 i 的内聚力；

l_i为条块 i 的圆弧滑动面的弧长；

W_i为条块 i 土体的自重；

θ_i为条块圆弧中点与圆心连线和垂直方向的夹角；

φ_i为条块 i 滑动面土体的内摩擦角。

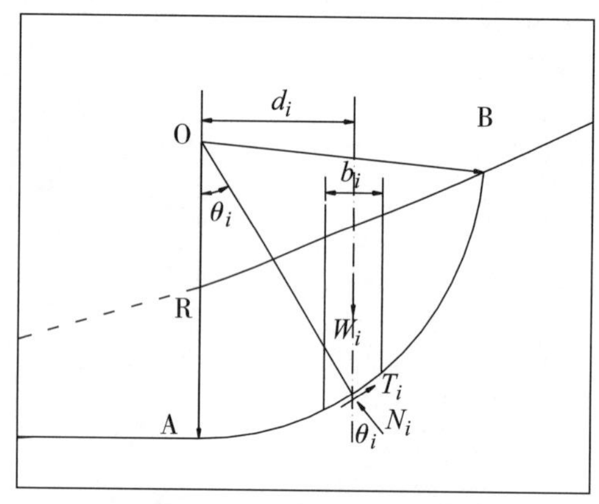

图 3－25　计算模型示意图

根据现场勘察资料：粉质黏土 $c = 35.0$，$\varphi = 14.5$，$G = 2.72$；将土体分成 5 块，计算结果 $F_s = 2.69$，该边坡是稳定的。

（3）注浆及参数确定

如图 3－26 所示，在粉质黏土地层中进行水平钻孔旋喷

注浆。由于该土层渗透系数小，不宜采用水泥浆作注浆材料，必须用化学注浆材料。注浆方法可采用单排孔交替注浆的方法，施工顺序如图3－26所示。钻孔的深度约17m，拟采用钻头直径108mm，其渗透半径约为30～50cm。钻孔总数53个，总钻孔深度约901m，注浆体积30～50m^3。注浆压力根据钻孔上部土体的重度确定，最大压力拟取111.52kN。

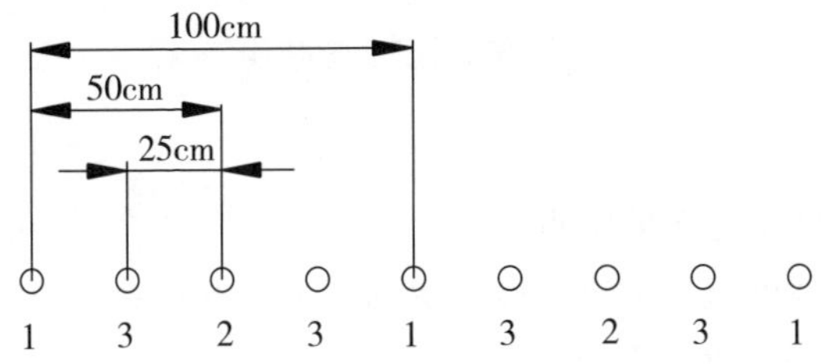

图3－26　钻孔布置注浆顺序图

2. 四边连续墙施工

四边连续墙施工采用先开挖明沟，后进行连续墙施工的方法，为了施工安全和尽量少扰动围岩，可采取分段开挖、分段浇筑的方法。连续墙的厚度为50cm，混凝土体积约120m^3，外围用开挖出来的土方回填。施工过程中，特别要注意混凝土连续墙和注浆底板的连接处的密合。

（五）工程造价

1. 工程量

根据前面论述和计算，方案一的工程量如下：

1）基坑开挖土方量　　360m^3

2）钻孔器械场地开挖土方量　　150.9m^3

3）钻孔总进尺　　901m

4）注浆材料　　30～50m^3

5）混凝土体积 $120m^3$

6）回填土方量 $240m^3$

7）其他工程量（包括地表铺盖、散水等）$100m^2$

2. 工程造价

根据以上工程量及有关取费标准和规定估算，方案二工程总造价为65.3万元。

三、方案比较与结论

（一）方案比较

综合两个方案的特点，技术上两个方案都是可行的，工程完成以后都可以在一定程度上达到防治地下水的目的，为独木舟提供一个相对干燥的环境。

经比较两方案，总的来说，方案一优于方案二。其优点在于：

1. 施工简单易行，占用空间小，完全由人工完成避免大型机械对原有土体的破坏，对遗址扰动小；而方案二对遗址扰动比方案一要大得多，这将对独木舟等文物造成一定的危害；施工难度也大。

2. 成功率高，技术上简单易行；而方案二中无面体底板的注浆技术复杂，虽然在地质勘察阶段对遗址下地层条件性质作了详细的研究，但是地层的多变性且未经过注浆试验，决定了注浆工作将有不可预知的困难。

3. 投资省，方案一工程投资概算21.6万元，方案二工程投资概算65.3万元，与方案二相比节省投资43.7万元；这是因为方案二中的注浆材料只能选择渗透性能好的化学注浆材料，但是化学浆材料价格比较昂贵，工程概算总投资中，大部分资金都投入到注浆施工中。

4. 疏干排水效果好，方案一是以排为主，堵排结合，能很好地排除遗址范围内的地下水并杜绝外部水源对遗址地下水的补给；而方案二只是隔水，并不能排除遗址范围内的地下水，要使遗址干燥，必须靠自然风干；而五面体底板的隔水效果和必要性也需进一步论证，因为注浆以后，即使在保证施工质量的前提下，注浆体的渗透系数也只能达到 10^{-7}cm/s 左右，与原来的土层渗透性一样。所以隔水底板的作用不大，原来的土层完全可以起到隔水层的作用。

5. 环境影响小，方案一完全由人工完成，无需动用大型机械，对遗址扰动小，在施工中和以后使用都无环境影响之忧；而方案二需动用大型机械施工，对环境有一定的影响，不仅如此，它需要使用化学注浆材料，容易对地下水和环境造成污染。

（二）结论

通过前述研究，可得如下结论：

1. 遗址区地表出露的地层岩性主要为第四系上更新统坡洪积和残坡积黏土、粉质黏土、第四系全新统湖海相沉积淤泥质黏土和淤泥质粉质黏土与人工堆积。这些土层除人工堆积外渗透性差，渗透系数一般小于 1.0×10^{-6} cm/s，有的甚至小于 1.0×10^{-7} cm/s，为微—极微透水性土层。

2. 遗址区内普遍存在一层黏土或粉质黏土，该层土体厚度大而且稳定，厚度约 4～8m，埋深一般 3～8m，一般处于硬塑状态，物理力学性质好、强度高、渗透性低，可视为相对隔水层，可作为疏干排水等工程的底板与持力层。

3. 遗址区地处湘湖湖区，水文地质条件较为复杂，地下水埋深浅、水位动态变化大。目前独木舟处于稳定地下水位以上，但由于区内岩土毛细水十分发育加上大气降水影响和空气湿度大等原因。独木舟及围岩处于饱水状态，并在一定范围内波动。

4. 在水的作用下独木舟及相关遗迹发生严重的霉变和腐烂现象。

5. 遗址区地下水类型有第四系孔隙潜水和基岩裂隙—第四系孔隙承压水，两者水力联系差，在遗址区基本无联系。影响独木舟及相关遗迹原址保护的主要是第四系孔隙潜水，该层水主要靠大气降水和湘湖湖水补给，西侧水塘是遗址区地下水和地表水的排泄基准面，湘湖是地下水的补给边界。

6. 地下水对混凝土结构不具侵蚀性，对钢结构具有弱腐蚀性。

7. 遗址区水文地质结构可概化为如下模型：上部由第四系孔隙弱透水含水层组成弱透水含水体；中部由第四系黏土组成相对隔水层；下部由第四系砂砾石—强风化基岩孔隙裂隙组成中强透水含水体；底部为微风化和新鲜基岩相对隔水层。

8. 遗址区地震基本烈度为Ⅵ度，地震动峰值加速度为0.05g。

综上所述，经全面比较暗沟排水方案和五面体隔水方案两种方案，以暗沟排水方案为优，其优点在于：施工与技术简单易行，对遗址扰动小；疏干排水效果明显、彻底；投资省；对环境影响小。

第五节　疏干排水工程施工

一、疏干排水方案

在独木舟四周一定范围内适当部位开挖明沟，在沟外侧做好防渗处理和底部砌置排水沟后回填，形成排水暗沟，并在西侧拐角设集水井，将水集中排出。排水暗沟的砌置深度4～5m，整个排水沟呈长方形，其中西沟和东沟平行于独木舟中心线，长14m，西沟距独木舟边缘约2.2m；北沟和南沟垂直于独木舟中心线，长10m，南沟距独木舟边缘约2.5m。整个排水暗沟长约48m。明沟开挖后在外侧壁铺设防渗土工布，然后，在沟底用混凝土砌宽0.5、深0.5m的排水沟，并在底部和外侧作防渗处理，排水沟砌好后将明沟回填。

二、开挖土层范围

1. 文化层黏性土：平均约2.0m；
2. 淤泥：平均约1.5m；
3. 粉质黏土：平均约2.0m；以下为第四系上更新统残坡积（Q_3^{el+dl}）层黏土。

三、疏干排水施工

1. 支挡围护方案设计

在进行疏干排水工程施工时，要充分考虑场区岩土工程地质条件及独木舟遗址的特殊性，采取相关支挡措施，确保独木舟安全。

根据勘察资料分析，该排水沟开挖深度范围内主要为软弱土层，淤泥层的流土是支挡的重点，经现场调查分析，该淤泥土层呈可塑状态，且具有一定的自立强度。因此，设计支挡围护方案如下：

排水沟支挡工程包括基坑开挖、支挡及地下水处理施工，支挡围护工程包括挡土、支护、挖土等环节。沿排水沟开挖范围设置两排钢管桩，选用直径220、壁厚50mm的钢管，桩间距为0.5m，桩内浇注M10水泥砂浆，加强支护体系的整体性。桩顶设置400mm×300mm锁口梁。钢管桩深度为5.0m，两排支护桩间设三道Φ200钢管支撑，支撑间距2m。

2. 施工顺序

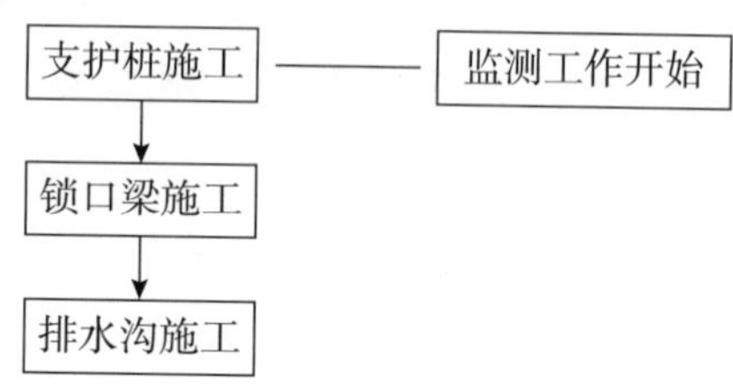

（1）钢管桩施工工艺

测放桩位—螺纹钻成孔—埋设钢管—灌水泥砂浆

挖孔桩分两批施工，待第一批桩芯混凝土浇灌完后，再进行第二批桩的开挖施工。

（2）支护桩施工工艺

测放桩位—砌置桩位护圈—挖孔—红砖护壁—挖至设计标位—排水沟暗沟施工—铺设防渗土工布—暗沟混凝土盖板施工—桩孔黏土球碎石、回填。

（3）锁口梁施工技术措施

支护桩施工完毕后，进行锁口梁施工，采用人工抽槽、打垫层、制模、扎钢筋，最后浇捣砼等步骤进行。

①锁口梁抽槽，要挖到桩顶以下1m，槽要平整。

②垫层用C10砼垫，垫层宽度至少4.5m，以利于模板支护。

③模板用木模，置模完成后，检查其平整度及尺寸要求。

④钢筋制安：钢筋现场制作，焊接，焊接长度按施工规程执行，需要绑扎的钢筋，一定要绑牢。

⑤砼浇注：在浇砼前检查钢筋是否符合设计要求及施工规程要求，基底是否清理干净，如满足要求可浇注砼。

（4）排水沟支挡施工

尽可能采用人工开挖，支护体系的施工不使用大、中型机械设备，开挖后的支护体系应便于土工布的布设、暗沟的施工、碎石和黏土的回填，减少对遗址下土体的扰动，因此，采用Φ10～20，L＝4.0m的圆木水平布设作为挡土墙体，［20槽钢（L＝4.0m）紧贴并垂直圆木布设，垂直间距为1.0m，在两排平行的槽钢之间用Φ10钢管或Φ15圆木支撑，水平间距为1.0m，逐步开挖逐步支撑，直至挖到沟底。

3. 具体工序

（1）首先在排水沟南角（D点）开挖一个直径1.50、深度为5.0m的集水井，采用二分之一红砖护壁，并在水泥砂浆中埋设适当Φ6的环型钢筋，从而可以保证集水井护壁的稳定性。

（2）集水井完成后，可进行明沟开挖，明沟开挖宽度为1.5、深度为4.5m，开挖过程中的集水可随时抽排；开挖应分段进行，先对BC段、CD段进行开挖，然后再对AB段进行开挖。

（3）每次开挖深度控制在0.5m左右，当挖到合适深度时停止，马上进行支护施工，将Φ10～20，L＝4.0m圆木沿两边沟壁按大小头交错上下水平放置，并用马钉、木板或临时木撑进行固定，然后用［20槽钢紧贴并垂直圆木放好，采用Φ15钢管或圆木做内支撑。支撑好后对有间隙的部位打入木楔，并用铁钉固定，确定牢固后再进行下部开挖，按上述步骤直到开挖到沟底（-4.5m）（注：每开挖下一层时要将上次的槽钢换成1.0m槽钢）。

（4）开挖至沟底后，采用C10混凝土浇注沟底做垫层，厚约10cm，然后按方案要求进行砼暗沟的施工，布设土工布后用黏土和碎石回填。并在北角（即B点）留出施工缝。

（5）BC和CD段施工完成后，现场工程技术人员已熟练掌握施工技巧，方可进行关键段BA和AD段进行施工。

4. 注意事项

（1）排水暗沟采用明挖回填的方法，须采用人工开挖，最大限度地减少对土体的扰动。

（2）为使排水顺畅，明沟采用碎石回填，回填时应注意土工布不遭受破坏，以保证其防渗效果。

（3）对防渗土工布和渗水土工布分别用20cm厚的土和细沙作保护层。回填土和碎石同步进行。回填土可以用基坑开挖土，减少工作量。

四、支护土体监测

支护土体的监测包括土体的位移和沉降变形，可分别采用经纬仪、水准仪等方法监测；同时辅以肉眼观察，查看坡上地表有无沉陷、裂缝，坡体是否变形，坡面有无裂缝、渗水现象等。

1. 监测要求

（1）土体、支护结构的变形（包括水平位移及沉降）观测应按现行国家标准进行。

（2）水平位移及沉降观测点沿基坑边按一定间距布置。

观测基准点应布置在开挖影响范围之外，数量为 4 个。观测精度要求为：位移观测中误差 <0.5mm；水准测量闭合差 < ±0.8mm；

(3) 在开挖施工期间，每天应有专人进行现场观察。

2. 观测周期

各监测项目在钢管桩开挖前应测定初始数据，且不宜少于两次。开挖初期观测时间间隔为 1 ~2 天，当测试数据超过有关控制标准时应加密观测次数。当有危险事故征兆时应连续监测，并及时向有关部门提交监测成果。开挖间歇期，观测时间为 3 ~4 天，进行维护阶段观测时间为 7 ~10 天。监测数据应在监测完三小时内，以书面或口头方式及时告知施工单位，以便及早采取应急处理措施，从而达到信息化施工的目的。

3. 监测要点

支护施工突出的特点在于信息化施工，施工前后及施工过程中对支护本身或对象（被支护加固地质体）的动态变化进行监测，并把获得信息通过修改或调整设计而反馈到施工过程中，重点对支护土体的位移和沉降变形进行监测，建立严谨的监测、反馈和决策支持系统。

参考文献

① 刘佑荣、陈中行等：《大型平原土体遗址主要地质病害及其保护治水工程技术研究》，《文物保护与考古科学》2007 年 3 期。

② 李智毅、唐辉明：《岩土工程勘察》，中国地质大学出版社，2000 年。

③ 唐辉明、晏鄂川、胡新丽：《工程地质数值模拟的理论与方法》，中国地质大学出版社，2001 年。

④ 刘佑荣、杨裕云、方云：《湖北省随州市曾侯乙墓墓坑地质环境及木椁原地保护研究》，《工程地质学报》2000 年第 8 卷 S1 期。

⑤ 郭卫平、卢国平，《MODFLOE 三维有限差分地下水流模型》，南京大学地球科

学系，1998 年。

⑥ 王大纯、张人权、梁杏等：《水文地质学基础》，地质出版社，1998 年。

⑦ 叶义成、黄炎焱：《古墓坑疏排水明沟及平巷开挖的谨慎爆破》，《工程爆破》2000 年 6 期。

⑧ 曾中懋，《王建墓防渗、排水和通风工程及其稳定性的研究》，《文物保护与考古科学》1996 年 8 期。

⑨ 郭宏、黄槐武：《文物保护中的“水害”问题》，《文物保护与考古科学》2002 年 4 期。

第四章　土遗址保护

第一节　土遗址保存状况

遗址区地下水埋深浅，主要承受大气降水和湘湖湖水的补给，水位动态变化大，地下水呈东南—西北向流动。前期实施疏干排水工程，在玻璃房周围一定范围内开挖排水暗沟，并在西侧拐角设集水井，将水集中排出遗址，使独木舟及周边木构件等水敏感性遗存与地下水隔绝，从而有效遏制水对独木舟等重要文物的继续侵蚀。然而，由于土遗址长期处于野外，受到的破坏较大，土遗址粉化、开裂、垮塌等病害严重。2006 年建造遗址保护厅，并在独木舟周围建约 60m^2 的玻璃房，遗址从室外放进了室内，但由于遗址厅密闭且沉于湖底，遗址厅内大环境非常潮湿，出现严重的结露滴水现象，对独木舟及相关遗迹和土遗址造成较大影响。因此，为保证整个土体稳定，确保上卧文物安全，经国家文物局批准于 2009 年 12 月开始对土遗址进行化学加固处理。

一、独木舟玻璃房内土体

根据前期地质调查资料证实，独木舟下卧一层 4 ~ 6m 厚的淤泥质黏土，该层土质软、流塑状、压缩变形大、强度低。由于经过排水暗沟的疏干排水，玻璃房内土遗址局部出现土层开裂和地表不均匀沉降等地质病害，对独木舟地基造成影响，必将危及独木舟的安全。

二、独木舟玻璃房外文化层土体

独木舟玻璃房外文化层区域保留了丰富的地层信息，具有较高的考古研究价值。由于遗址文化层处于湘湖湖底沉积淤泥3～4m以下，属淤泥质黏土，含盐量高，质地松软，强度低。遗址考古发掘后，长期处于室外，风吹日晒雨淋，遭受风雨、冰冻、大气污染、微生物侵害、盐的溶解结晶、震动等各种自然因素的影响，病害情况很复杂，类型有：土体表面严重风化泛白（彩版二，2）、粉土层较厚、土层呈片状剥落（彩版二，3）、垮塌开裂甚至坍塌等病害（图4－1；彩版三，1），严重影响遗址的外观和安全。

图4－1 防止文化层坍塌临时木质支架

第二节　独木舟周围软土加固研究

一、独木舟下卧土层的工程地质特征

对独木舟下卧土层的地质勘探研究表明，该层土质软，呈流塑状，压缩变形大，强度低，其具体物理力学参数见表4－1。

表4－1　独木舟下卧土层物理力学参数

含水量	密度	比重	孔隙比	饱和度	液限	塑限	塑限指数	液限指数	压缩模量	内聚力	内摩擦角	垂直渗透系数	承载力
w	ρ	G	e	Ps	w_L	w_P	I_P	I_L	Es	c	φ	K_v	f_0
%	g/cm³			%	%	%			Mpa	kPa	°	cm/s	kPa
53.7	1.66	2.72	1.52	96.2	45.3	28.7	16.6	1.51	1.13	11.2	0.7	4.2×10^{-8}	66

二、电化学桩加固原理

电化学桩加固是一种新型的软土地基加固方法，是将金属电极插入软土，通过直流电源施加直流电，使其在软土中发生电解、氧化、脱水等一系列的反应，最后将土颗粒胶结起来，人为创造胶结条件，当土中含有一定胶结成分时，力学性质明显改善，即使是在大孔隙比和高含水量的情况下，土仍具有较低的压缩性和较高的强度。直流电通过铁质电极到土壤系统时，一般产生如下化学反应：

①铁质电极的电化学分解：$Fe - 2e = Fe^{2+}$（阳极反应）

②Fe^{2+}的水化：$Fe^{2+} + 2H_2O = Fe(OH)_2 + 2H^+$

③$Fe^{2+}(OH)_2$ 的被氧化：$4Fe(OH)_2 + O_2 + 2H_2O = 4Fe(OH)_3$

④$Fe(OH)_3$ 脱水变成胶结物：$2Fe(OH)_3 = Fe_2O_3 + 3H_2O$

通过上述化学反应使铁质电极周围形成圆柱形胶结柱，铁质胶结是一种典型的胶结类型，它的存在使土有良好的工程力学特性，与周围的土体共同组成复合地基，从而提高土的承载力和抗变形能力。

三、电化学桩现场试验方案

电化学桩加固软土现场试验方案是根据萧山跨湖桥独木舟原址保护的整体要求制定的。独木舟距今已八千多年，由于其年代久远且受赋存环境的影响，呈强腐蚀状态，强度较低，需要原址保护。但独木舟地处于第四系全新统海相沉积层上，该土层结构松软、强度低、具触变性，需要对独木舟下卧软土进行加固处理。

电化学加固电极布置如图 4－2 所示，共布置 38 根，分 5 排，梅花型布置，电极用 Φ14 普通钢筋，长 2.0m。电极顶端至地表以下 20cm 用绝缘材料包裹，以避免土—水—气界面处电极锈蚀，同时保证通电过程中的安全。

采用稳压直流电源供电，试验分两阶段进行，第一阶段按图 4－2（a）的电路图通直流电；第二阶段按图 4－2（b）的电路图通直流电，输出电流控制在 100A 左右，正负极定时导向时间间隔为 30 分钟，整个试验过程中共耗电 488kWh。

加固效果检验首先采用荷载板试验、微型贯入试验（图 4－3），然后开挖揭露桩体，并取样进行基本物理指标试验、胶结物含量及崩解试验，以便深入认识胶结过程、胶结特性和长期稳定性。

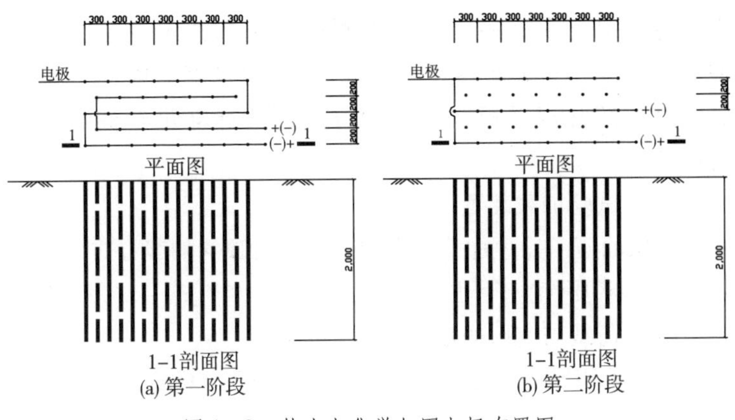

图 4－2　软土电化学加固电极布置图

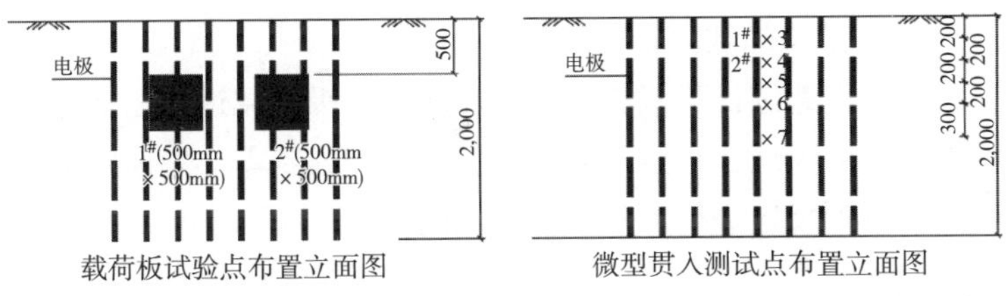

图 4－3　软土电化学加固效果检测试验点布置图

四、效果检测方案

1. 试验原理及方法

（1）载荷试验

常规平板载荷试验是在试坑中一定尺寸的平板上逐级施加静力荷载，观测各级荷载作用下的变形，根据荷载－变形关系曲线（P－S 曲线）确定地基的承载能力，计算土的变形模量，研究土的变形特性的一种现场原位测试方法。平板载荷试验相当于基础受荷时的模型试验，比较直观，普遍认为成果比较可靠，故在地基处理效果检验中广泛采用。鉴于电化学桩将主要用于侧向挡土和独木舟下卧软土加固，电化学桩侧向受力性能是研究的重点。因此，本次试验将参照常规平板载荷试验方法，开展电化学桩侧向载荷试验。

（2）试验加载装置

采用油压千斤顶加载，采取土与土对顶的加载方式，见图4－4。千斤顶平放于承压板中心。

（3）荷载与变形的量测

荷载采用联于千斤顶的压力表测定油压，根据千斤顶率定曲线换算荷载。承压板变形采用百分表测量，一般在承压板上对称安置两个百分表。

（4）试验加载方式

采用慢速维持荷载法，逐级加载，每级荷载达到相对稳定后加下一级荷载，直至破坏，然后逐级卸载到零。慢速维持荷载法按下列规定进行加载和变形观测。

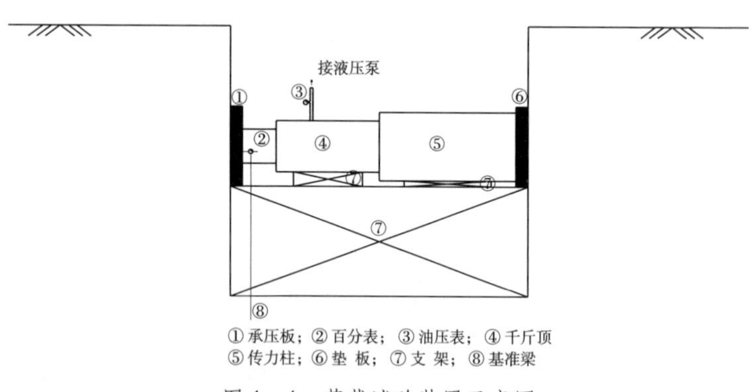

图4－4 荷载试验装置示意图

A. 加载分级：每级加载为设计荷载1/4～1/5。

B. 变形观测：每级加载后，按间隔10、10、10、15、15

分钟，以后每隔30分钟读一次变形。

C. 变形相对稳定标准，当1h内变形增量小于0.1mm，认为已达到相对稳定，可加下一级荷载。

D. 终止加载条件：当出现下列情况之一时，即可终止加载；

① 变形急骤增大，土被挤出或压板周围出现明显的裂缝；

② 累计的变形量已大于压板宽度的10%；

③ 总加载量已为设计要求值的两倍以上。

（5）资料整理

A. 根据原始记录绘制P－S曲线，S－lgt曲线

B. 确定地基承载力fk。

① 当P－S曲线呈缓变型，地基承载力按相对变形法（根据变形量和承压板宽度的比 s/b）确定。对于本场区土层可取 $s/b=0.015$ 对应的压力为地基承载力基本值；

② 当P－S曲线呈陡降型，取陡降型的起始点为地基承载力极限值，取极限承载力的二分之一作为地基承载力基本值。

C. 计算变形模量 E_0

利用压力与变形曲线初始直线段，按均质各向同性半无限弹性介质，计算变形模量。

$$E_0 = W(1-\mu^2)\frac{pd}{s} \tag{1}$$

式中：W 为承压板形状系数，对方形板取0.88；E_0 为土的变形模量（MPa）；μ 为土的泊松比，取0.35；p 为承压板上的总荷载（kPa）；d 为承压板的宽度（m）；s 为与荷载P相应的变形量（mm）。

2. 微型贯入试验

微型贯入试验采用袖珍型针入度仪（图4－5），用于测量

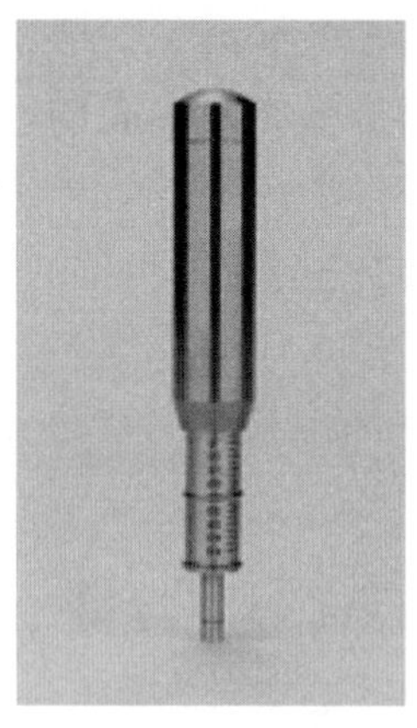

图 4－5 袖珍型针入度仪

顶层土壤的穿透阻力。

（1）装置组成：外壳、弹簧、平头测量针、滑环和刻度。穿透阻力值可立刻从入度仪刻度上读出。

（2）工作原理：将钻锥匀速推入土中约 0.5cm，测出最大的穿透阻力。穿透阻力是通过压缩弹簧测量出来的。钻锥钻入土壤遇到压力时，入度仪里的弹簧就会受到压缩，此时弹簧拉动一根滑环，使它指向当时测量出的最大压力值。

（3）应用：测定顶层土壤密度。

五、效果检测分析

1. 电化学桩加固效果检测成果及其分析

加固试验完成后，进行了两组平板载荷试验。载荷试验测试基准面为自然地面以下 0.5m，采用 0.25m^2 的方形载荷板，载荷分 8 级施加，变形相对稳定标准为 0.1mm/h。两组试验的荷载－沉降曲线（P－S 曲线）见图 4－6、4－7。

由图 4－6、4－7 可见，两组荷载－沉降曲线基本一致，呈缓变型。当荷载小于 100 kPa 时，沉降随荷载增加较缓；当荷载从 100 kPa 变化到 160 kPa 时，沉降明显增大；当荷载超过 160 kPa 后，出现陡降，承载板周围土体明显挤出，土体已达到或接近极限平衡状态。按相对变形法取沉降量 s 与承载板宽度 b 的比值 $s/b=0.015$ 对应的荷载为地基承载能力基本值，同时利用荷载－沉降曲线初始直线段，按均质各向同性半无限弹性介质，计算变形模量。

表 4－2 为加固后的地基承载力基本值及其变形模量计算

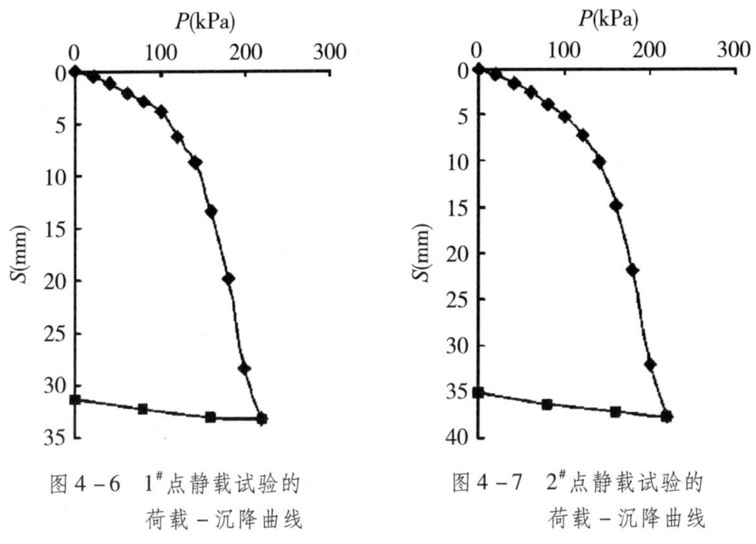

图 4－6　1#点静载试验的荷载－沉降曲线

图 4－7　2#点静载试验的荷载－沉降曲线

结果。据勘察报告，加固前地基承载力为 66kPa，变形模量为 3.2MPa。加固后，地基承载力提高了一倍，而变形模量也明显增大。

表 4－2　静载试验结果表

编号	最终荷载		累计沉降（mm）	承载力基本值（kPa）	变形模量（MPa）
	kN	kPa			
1#	55	220	37.68	122	6.3
2#	55	220	33.24	130	6.7
平均	55	220	35.46	126	6.5

2. 微型贯入试验

为了解被电化学加固后土体强度与电极距离的关系，采用微型贯入仪测定不同深度和距离处土的强度，试验成果见表 4－3。

表 4－3 微型贯入试验结果表

编号	试验部位	距地表深度（mm）	强度（kPa）
1#	电极中心区	200	1210
2#		400	1010
3#	电极（＋（－））－－电极（－（＋））之间	200	1700
4#		400	1090
5#		600	1210
6#		800	1180
7#		1100	800

据表 4－3，在同一水平面上，电极附近土体强度最高，离电极越远则越低。地表以下 140cm 土层的强度明显较地表以下 50cm 土层的强度要高，桩间土加固范围最少在 30cm 半径以上。最有效的加固区域在电极周围 10cm 半径以内，其强度可达 500kPa 以上，形成了桩土复合地基，加固效果显著。

3. 胶结物含量的变化

在直流电通过电极—土壤系统时，阳极区域内土体呈酸性，而阴极区域内是碱性的。在阳极上，铁电极被电解为二价铁离子：

$$Fe - 2e = Fe^{2+} \text{（阳极反应）}$$

二价铁离子与水反应后，形成低价氧化物：

$$Fe^{2+} + 2H_2O = Fe(OH)_2 + 2H^+$$

在水和氧气的作用下，低价氧化物被氧化为高阶氧化物 $Fe(OH)_3$，脱水后形成的胶结物 $\alpha Fe_2O_3 \cdot \beta Fe(OH)_2 \cdot \gamma Fe(OH)_3$将土颗粒胶结起来，形成复合地基。

为直观了解电化学胶结桩的实际形态以及土体中胶结物含量的变化，进行了开挖取样。在承载板以下约 20cm 处可见明显的圆柱形体，质硬、均匀，核心桩体直径8~10cm，是电极直径的6~7倍（图4-8）。

图4-8　软土电化学胶结桩

室内试验表明，加固后的电化学胶结桩（核心部分）和桩间土的含水量分别为28%和37.5%，干密度分别为1.38g/cm^{3}和1.32g/cm^3，与加固前土体相比，含水量显著降低，干密度明显增大。

由电化学反应过程可以看到，胶结物主要为游离的氧化铁及其水合物，因此采用溶解法，测定了土体加固前后的游离氧化铁（胶结物）的含量，分别为1.59%和1.74%，即土体经电化学加固处理后，胶结物含量增加了0.15%。根据以往的研究成果，铁质胶结物含量的微小增长都会引起土体结构强度的显著增长。

4. 胶结物的水稳性

为检验胶结物的水稳定性，进行了崩解试验。在桩体上取

3 块胶结土，分别泡入纯水（pH =7）、酸性溶液（pH =2）和碱性溶液（pH =10）中，其质量变化见表 4 -4。浸泡 1 个月后尚未见溶解、崩解和泥化等现象，仍保持原有的几何形状，表明胶结作用显著，胶结土的水稳性很好。在天然状态下地下水的 pH 值一般不会超出 2 ~ 10 这个范围，因此可以认为电化学胶结物的水稳性是可靠的。

表 4 -4　胶结物浸泡过程中质量变化

试样浸泡时间	不同溶液中胶结物质量变化		
	酸性溶液（pH =2）	纯水（pH =7）	碱性溶液（pH =10）
1 小时	88. 23	85. 4	77. 23
2 天	87. 55	85. 2	76. 55
10 天	88. 11	86. 7	77. 11
20 天	87. 8	86. 68	76. 8
30 天	87. 82	86. 95	76. 82

5. 成果分析

从表 4 -3 微型贯入试验结果，并结合人工观察，可以看出：电极中心区和电极之间软土经电化学桩加固，已由流塑状态转变为坚硬状态，其强度明显高于加固前土的强度，加固区土的穿透阻力可达 800kPa 以上。这说明电化学桩加固法可以提高土体强度，其加固半径不低于本次试验电极间距 30cm。

从表 4 -2 可以看出：经电化学桩加固，地基承载力可达 126 kPa，变形模量可达 6. 5MPa，与加固前软土地基相比，地基承载力提高 1 倍，变形模量提高了 4 倍，地基土已由高压缩性转变为中等压缩性。

综上所述，本次试验成功开展了电化学桩法加固软土地基试验，土体的整体强度提高，压缩性降低。当然，由于试验规模小，施工控制参数单一，本次试验所取得的成果是初步的，其规律还有待深入研究。

六、结　论

电化学桩加固萧山跨湖桥独木舟遗址区的现场实验研究表明：经电化学桩加固后，在电极周围 8～10cm 范围内形成紧密的胶结物，其强度很高，为电化学桩的核心层；离电极 10～30cm 的土体强度较加固前显著提高，桩间土加固范围最少在 30cm 以上；胶结桩体与桩间土形成桩—土复合地基，地基承载能力和变形模量较加固前提高一倍，地基土已由高压缩性转变为中等压缩性，且胶结桩体具有很好的水稳性；电化学桩加固效果明显，满足原址保护对地基承载能力及长期稳定性的要求。上述研究成果深化了对电化学铁质胶结特性、成桩效应、加固效果以及长期水稳性的认识。电化学桩加固方法作为一种环保型地基处理方法，具有施工设备简单、无噪音粉尘污染、地层扰动小等优点，尤其对狭小空间内的地基处理、文物挖掘场地等有特殊要求的加固工程有着明显的优势，以上试验对推广应用电化学桩这一环保型地基加固方法具有指导意义。

第三节　化学加固研究

一、独木舟玻璃房内土体表层析盐分析

在遗址土体加固保护工程中，发现在玻璃房内独木舟遗址东侧文化层表层等多处出现白色结晶物（彩版三，2～4），主要表现为：表层土体酥松，颗粒较细，析出的盐为无色

透明呈长条形针状，可以溶于水。通过对现场所取的白色结晶物进行了 XRD 分析，结果可知（图 4－9、4－10），遗址析出的白色结晶物是可溶盐 $MgSO_4$ 晶体，带不同结晶水。

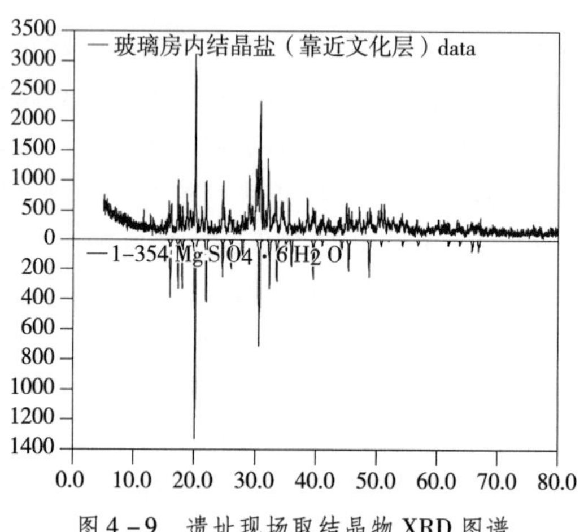

图 4－9　遗址现场取结晶物 XRD 图谱

图 4－10　遗址现场取结晶物 XRD 图谱

二、遗址土壤成分分析

2009 年 12 月 24 日，在独木舟遗址进行现场取样，通过 X 射线衍射仪对该遗址土壤的矿物成分进行分析，在该遗址现场共取了 3 个样品，具体取样位置见图 4－11～4－15，分析结果见图 4－16、4－17。

图 4－11　KHQ－1 样品取样位置

图 4－12　KHQ－2 样品取样位置

图 4－13　KHQ－3 样品取样位置

图 4－14　KHQ－3 样品取样整体位置

图 4－15　KHQ－1 和 KHQ－2 样品取样整体位置

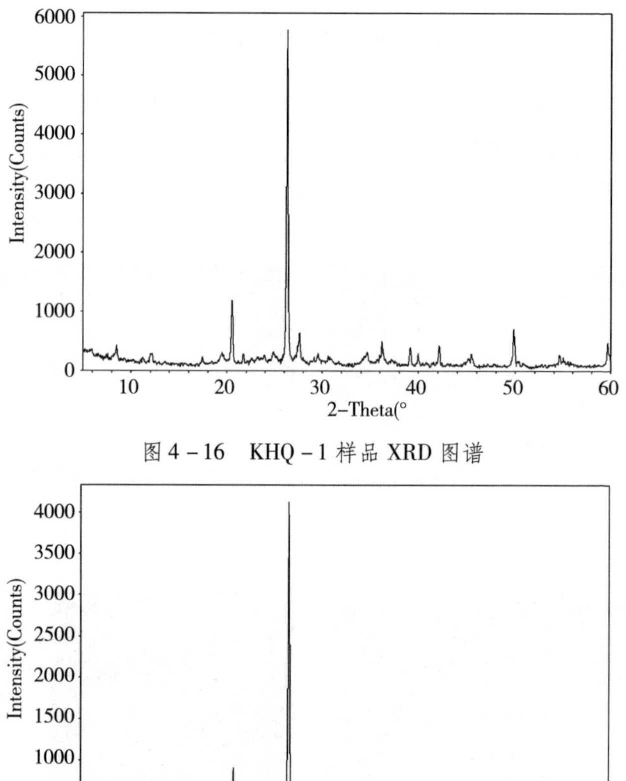

图 4 －16　KHQ －1 样品 XRD 图谱

图 4 －17　KHQ －2 样品 XRD 图谱

由图 4 －16 可知：KHQ －1 样品主矿物是石英、斜长石，次要矿物是方解石、白云石，黏土矿物是伊利石、绿泥石，盐类是石膏。

由图 4 －17 可知：KHQ －2 样品主矿物是石英、斜长石，次要矿物是方解石、白云石，黏土矿物是伊利石、绿泥石。

三、化学加固试验

根据浙文物发［2008］73号《关于萧山跨湖桥遗址土体加固工程方案的批复》，在细化和完善了遗址土体加固工程施工方案的基础上，2009年12月，由南京博物院对遗址进行了整体加固施工。

1. 试验过程

为保证化学加固质量，在施工前，分别使用水性环氧和正硅酸乙酯两种加固材料，在该遗址先进行了小面积试验，加固方法均采用喷洒渗透（表4－5）。加固时，为缩短水性环氧的固化时间，在水性环氧中加入一定量的固化剂，其中水性环氧与其固化剂的体积比为3∶1，然后再与水按体积比为1∶3配制好后使用。此外，这次还增加了正硅酸乙酯进行加固试验，将其与乙醇按照体积比1∶1混合后使用。具体加固试验过程见彩版三，5、6。

2. 土体加固效果检测

（1）加固前后的密度

表4－5　含水率试验记录表

<table>
<tr><th>试样名称</th><th>试样编号</th><th>容器质量/g</th><th>容器＋湿土质量/g</th><th>容器＋干土质量/g</th><th>湿土质量/g</th><th>干土质量/g</th><th>含水率/%</th><th>平均含水率/%</th></tr>
<tr><td rowspan="2">未加固土</td><td>KHQ－1</td><td>33.65</td><td>44.23</td><td>42.72</td><td>10.58</td><td>9.07</td><td>16.6</td><td rowspan="2">14.8</td></tr>
<tr><td>KHQ－2</td><td>35.33</td><td>45.95</td><td>44.73</td><td>10.62</td><td>9.40</td><td>13.0</td></tr>
<tr><td rowspan="2">环氧加固土样</td><td>KHQ－3</td><td>34.02</td><td>44.56</td><td>43.14</td><td>10.54</td><td>9.12</td><td>15.6</td><td rowspan="2">15.6</td></tr>
<tr><td>KHQ－4</td><td>34.00</td><td>44.61</td><td>43.19</td><td>10.61</td><td>9.19</td><td>15.5</td></tr>
<tr><td rowspan="2">正硅酸乙酯加固土</td><td>KHQ－5</td><td>35.30</td><td>46.19</td><td>44.69</td><td>10.89</td><td>9.39</td><td>16.0</td><td rowspan="2">14.2</td></tr>
<tr><td>KHQ－6</td><td>33.74</td><td>44.02</td><td>42.89</td><td>10.28</td><td>9.15</td><td>12.3</td></tr>
</table>

表 4－6 密度试验记录表

<table>
<tr><th>试样名称</th><th>试样编号</th><th>容器质量/g</th><th>容器＋湿土质量/g</th><th>湿土质量/g</th><th>试样体积/cm^3</th><th>湿密度/g/cm^3</th><th>试样含水率/%</th><th>干密度/g/cm^3</th><th>平均干密度/g/cm^3</th></tr>
<tr><td rowspan="2">未加固土</td><td>KHQ－1</td><td>43. 00</td><td>142. 21</td><td>99. 21</td><td>60</td><td>1. 65</td><td>16. 6</td><td>1. 42</td><td rowspan="2">1. 42</td></tr>
<tr><td>KHQ－2</td><td>43. 00</td><td>139. 51</td><td>96. 51</td><td>60</td><td>1. 61</td><td>13. 0</td><td>1. 42</td></tr>
<tr><td rowspan="2">环氧加固土样</td><td>KHQ－3</td><td>43. 00</td><td>146. 23</td><td>103. 23</td><td>60</td><td>1. 72</td><td>15. 6</td><td>1. 49</td><td rowspan="2">1. 51</td></tr>
<tr><td>KHQ－4</td><td>43. 00</td><td>148. 04</td><td>105. 04</td><td>60</td><td>1. 75</td><td>15. 5</td><td>1. 52</td></tr>
<tr><td rowspan="2">正硅酸乙酯加固土</td><td>KHQ－5</td><td>43. 00</td><td>151. 70</td><td>108. 70</td><td>60</td><td>1. 81</td><td>16. 0</td><td>1. 56</td><td rowspan="2">1. 55</td></tr>
<tr><td>KHQ－6</td><td>43. 00</td><td>147. 05</td><td>104. 05</td><td>60</td><td>1. 73</td><td>12. 3</td><td>1. 54</td></tr>
</table>

据有关资料表明：土壤越疏松多孔，土壤干密度越小；土壤越紧实，其干密度越大。由表 4－6 可知：不论是用环氧加固的土样，还是用正硅酸乙酯加固的土样，其干密度均比未加固的土样有所增加，说明用加固材料加固以后的土壤，均比未加固的土壤变得更密实。

（2）加固前后的 pH 值

表 4－7 土样 pH 值测试记录表

（试验温度：28. 4℃）

试样名称	未加固土样	环氧加固土样	正硅酸乙酯加固土样
pH 值	7. 19	6. 92	7. 08

土壤 pH 值，对土壤的许多化学反应和化学过程都有很大的影响，对土壤中的氧化还原、沉淀溶解、吸附、解吸和配合反应起支配作用，由此可见，土壤 pH 值的重要性。而且不同地方的土壤，其 pH 值也是不同的。故在土壤加固时，原先为

酸性的土壤，加固后也应该保持酸性，这样可以保持土壤原来的酸性环境，使之稳定。由表 4 -7 可知：不论是用环氧加固的土样，还是用正硅酸乙酯加固的土样，与未加固土样的 pH 值相比，其 pH 值变化甚微，仍保持土壤原来的中性环境，这说明施工所采用的加固材料加固土壤后，未破坏土壤的酸碱度，维持了土壤原来的酸碱平衡。

（3）加固前后的色差

表 4 -8　色差测定数据

试样名称	色差数据			
	L	a	b	dE
未加固土样	45.0	0.7	8.5	
环氧加固土样	46.0	1.1	8.7	1.10
正硅酸乙酯加固土样	45.3	0.9	8.2	0.47

由表 4 -8 可知：利用水性环氧加固土样后，其色差值为 1.1，说明利用肉眼观察不出加固后土壤颜色有变化，保持了遗址原貌；利用正硅酸乙酯加固后的土样，其色差值为 0.9，同样也保持了遗址原貌，都符合文物保护要求。

（4）加固前后的强度（表 4 -9）

表 4 -9　抗剪强度测试数据记录表

（剪切速率 v =0.8mm/min）

试样名称	垂直压力 P/kPa	测力计量表读数 R/0.01mm	抗剪强度 S/kPa
未加固土样	100	70	87
	200	59	139
	300	89	214
	400	105	244

续表 4-9

试样名称	垂直压力 P/kPa	测力计量表读数 R/0.01mm	抗剪强度 S/kPa
环氧加固土样	100	106	131
	200	101	237
	300	135	325
	400	158	368
正硅酸乙酯加固土样	100	80	99
	200	84	197
	300	122	293
	400	148	344

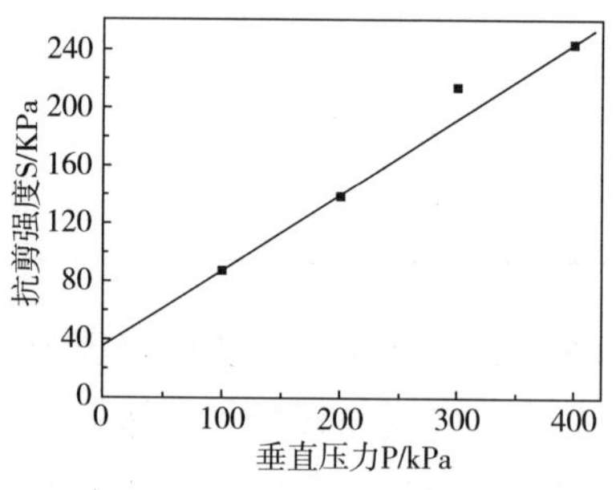

图 4-18 未加固土样抗剪强度与垂直压力关系曲线

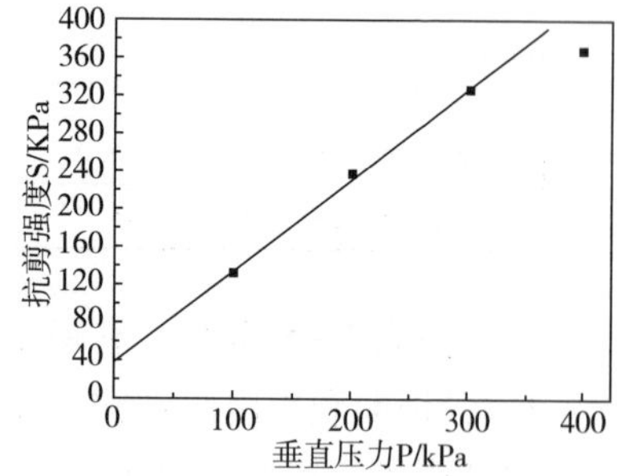

图 4-19 环氧加固土样抗剪强度与垂直压力关系曲线

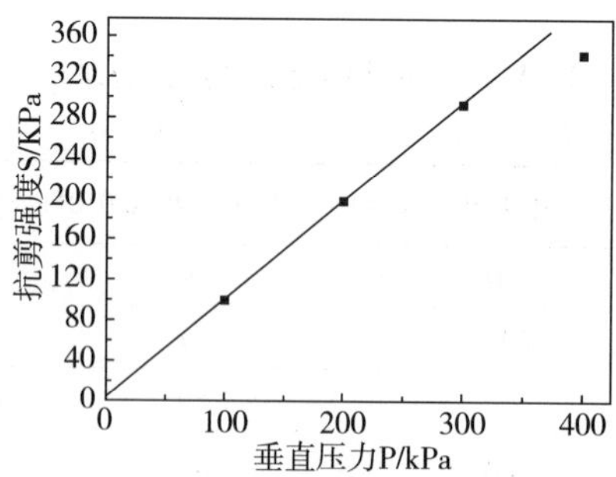

图 4-20 正硅酸乙酯加固土样抗剪强度与垂直压力关系曲线

由图4－18可知：未加固土样的抗剪强度参数粘聚力 C 和内摩擦角 φ 分别是35kPa和27°；由图4－19可知，环氧加固土样的抗剪强度参数粘聚力 C 和内摩擦角 φ 分别是40kPa和43°；由图4－20可知，正硅酸乙酯加固土样的抗剪强度参数粘聚力 C 和内摩擦角 φ 分别是5kPa和44°。由此可见，利用水性环氧加固的土样粘聚力 C 提高5kPa，内摩擦角 φ 增加16°，说明水性环氧加固的土样比正硅酸乙酯加固的土样，整体强度和抗风化性更高。

（5）耐水性试验

未加固土样见水立即崩解成泥，而利用水性环氧加固以后的土样在水中浸泡1个月仍保持完好。由此可见，水性环氧加固以后的土样耐水性大大提高。

（6）加固前后的效果图

在现场对加固前后的效果进行对比见图4－21、4－22；彩版三，7、8；彩版四，1、2，利用水性环氧和正硅酸乙酯加固的土体表面前后色差变化都不大，较好地保持遗址的原貌。

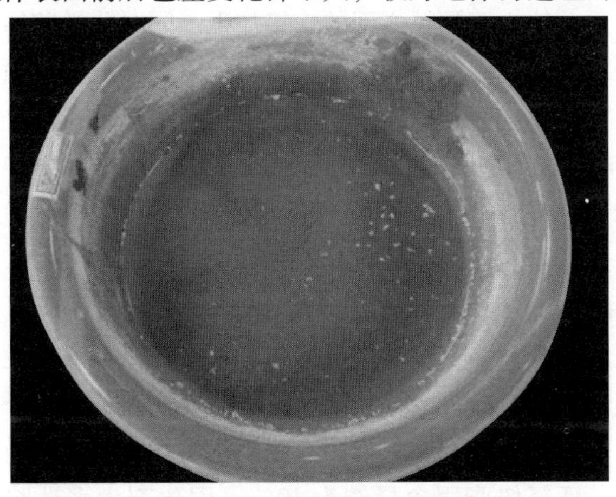

图4－21　未加固土样浸水试验

图 4－22　环氧加固 1 个月土样浸水试验

3. 结论

（1）加固机理

本研究使用了两类化学胶结剂，一类为有机胶结剂——环氧树脂；另一类为无机类胶结剂——硅酸钠。由于化学药液的胶结作用，使土壤颗粒之间的连接加强，同时化学胶结剂填充到土颗粒之间，使其密度和摩擦力增加，土样的整体强度和抗风化性得到相应提高，化学药液在土壤中的渗透影响深度可达 30cm。

（2）结论

上述试验对加固前后土样的密度、强度、耐水性，并结合 pH 值和色差等因素进行了比对。结果表明，水性环氧加固的土样土质结合力强，抗压强度提高，水溶性好，渗透性高，外观土壤颜色基本没有变化，既保持了遗址原貌，又符合文物保护要求。因此，本次施工选用加固的化学材料：主剂为水性环氧树脂，环氧树脂固含量约为 10%，固化剂为水性胺类固化剂，所用水为自来水，主剂与固化剂体积比为3∶1，调节水的体积可得到不同浓度的加固材料。

第四节　文化层区域土体化学加固

一、施工依据

加固工程严格遵守施工方案、相关会议纪要和实验研究结果组织实施，主要依据如下：

1.《萧山跨湖桥独木舟遗址土体加固施工方案》

2.《萧山跨湖桥独木舟遗址土体加固工程技术交底会（图纸会审）会议纪要》

3.《浦阳江流域考古发掘报告之一——跨湖桥》

二、文化层区域裂隙调查

化学加固施工前首先进行病害调查，对保护工程实施以前的状态进行记录。裂隙是玻璃房外文化层区域中较突出的病害之一，对土体稳定性影响较大，所以对该区域进行了重点调查。

1. 调查范围

主要针对两段没有木板支挡的文化层区域土体进行，即玻璃房外东北侧和东南侧两段文化层区域。

图4－23　沿着土体探方顶部拉卷尺

2. 调查方法

对裂隙的分布和尺寸进行测量与拍照（图4－23～4－25；彩版四，3）。首先在文

图4-24 测量裂隙长度

化层区域顶部拉起卷尺，然后以一端为起点逐段逐条测量裂隙位置、宽度和长度。经过统计，这些裂隙宽度在1~3cm，最宽可达数10cm，裂隙长度从几厘米到数十厘米不等。

图4-25 测量土体厚度

三、文化层区域加固范围

根据设计方案和考古发掘报告，需要加固保护的土遗址面积约为180m^2，由两部分组成：

1. 未进行考古发掘区域，面积约为120m^2，主要位于T0512的东侧，即独木舟遗址玻璃保护房外东侧，该区域的西侧坡面为防止坍塌用木板支挡，是此次保护工程的重点。

2. 已经完成考古发掘的区域，面积合计约为60m^2，包括为研究展示而保留的文化层和探方隔梁，分布的区域为玻璃房内一段文化层和一段残留探方隔梁、玻璃房外三段探方隔梁，主要位于T0513、T0613、T0411、T0511和T0611的考古区域内，探方隔梁壁宽1m，高度则依据考古的实际情况而不等。由于风化作用，该区域土体开裂和局部塌落较为严重。因此，需要对文化层和玻璃房外探方隔梁的表面、立面进行全面化学加固。

四、施工设备材料

1. 施工设备

主要设备为注浆机 1 台、注浆针管、吊瓶、注射器和喷壶等。

2. 施工材料

按照相关会议纪要要求“对变更后采用的方法、材料及工艺要在科学研究的基础上进行应用”。根据试验结果，并参考类似工程经验，最终选择水性环氧树脂作为裂隙注浆加固材料，加固材料的浓度应当依据现场情况而定。

五、未发掘区土体加固方法

根据设计方案，玻璃房外未发掘区域加固方法主要包括钻孔加固和圈梁加固等。后经专家讨论，确定“整体设计方案不变，但是可以作微调”的思路。据此再进一步细化和分类，未发掘区域加固措施可以概括为：土体注浆加固和坡体工程加固两部分。

1. 土体注浆加固

注浆加固是一种常用的地基处理方法。根据浆液在岩土层中运动形式和浆液对注浆对象作用方式可以分为充填注浆、渗透注浆、压密注浆、劈裂注浆和高压喷射注浆等几种类型。合适的注浆材料需要满足填充材料密度较小、浆液与裂隙两侧土体粘结密实以及浆液结石体收缩较小等要求。根据现场遗址保护要求以及土体状况，本次施工中采用充填注浆和渗透注浆两种方式。

（1）充填注浆

充填注浆是将一定浆液注入土体的空隙，如裂隙或钻孔内，通过浆液由液相转变为固相，以达到填实加固和止水的目的。在土层中充填注浆一般注浆深度不大，静压注浆即可。玻璃房外文化层区域加固保护中，充填注浆包括土体钻孔注浆和裂隙注浆两部分组成。

①土体钻孔注浆

根据设计方案和会议纪要，在未发掘区东侧土体顶部的中间部位及其四周边缘进行土体钻孔注浆。跨湖桥遗址处于湘湖水平面 6.5m 以下，周围即为湘湖水体，因而湿度较大，此外该区域土体底部 2m 以下是“早期河道的淤泥、稀泥浆”，强度低，压缩性高，故土体钻孔注浆加固十分必要。

不同部位钻孔注浆加固目的不同，因而钻孔注浆加固方式和深度也不尽相同。在该段区域土体顶部的中间部位，钻孔深度 2m，间距约 1m，待注浆材料固化后便和周围土体形成一个复合体，从而提高土体整体强度，增加整体稳定性；而在土体四周边缘，钻孔分为两排，交错排列，钻孔深度 1m，相邻钻孔间距约 0.5m，并在该段区域土体顶部西侧边缘钻孔内埋设了钢筋作为增强材料，这些钻孔的目的是为了从顶部加固边缘土体，稳定四周坡体。

②土体裂隙注浆

在施工方案中，曾经考虑“对已松散的塌落块体，采用钢筋混凝土圈梁固定”，后由于考古发掘和现场展示等原因，改为“传统工艺、材料、方法进行保护”，因此，土体裂隙注浆加固成为未发掘区域加固保护的重要方法。

裂隙注浆加固主要目的是防止土体裂隙在外营力作用下进一步延伸和扩展，避免土体局部滑塌。不同部位裂隙张开度不同，则裂隙注浆方法也略有不同。对于张开度较大、深度较深的裂隙，可以直接将加固材料灌入裂隙，通过振捣和适当拌和土体以增加加固体粘结力和密实度；对于张开度较小、深度较小的裂隙，则可以利用针管注射和滴管滴入等手段，通过调节加固材料浓度以增加渗透性。

（2）渗透注浆

渗透注浆也是一种有效的加固方法，它是在不破坏土体构造的压力下，把浆液注入粒状土的孔隙中，从而取代和排出其中的空气和水，浆液均匀地扩散到土颗粒间的孔隙内，将土颗粒胶结起来，以达到增强土体强度和防渗能力的目的。渗透注浆加固效果主要取决于注浆压力、注浆材料、注浆时间和土体性质等条件。渗透注浆加固范围主要在未发掘区土体顶部、北侧面，加固目的是稳定土体边坡，主要采取吊瓶滴注和针管注射两种方式。

2. 坡体工程加固

坡体工程包括土体坡程加固方面修整、坡面裂隙注浆加固、锚固加固和基础加固等。未发掘区的西侧坡面展线长，文化层叠压清晰，厚达1m多，可以作为考古现场展示区，是此次加固保护施工的重点部位。由于在施工前一直用木板支挡，该段土体坡面相对其余地方含水率较高，不利于化学加固材料的渗透和固化。根据会议纪要，对此段坡面采用先进行削坡后再整体加固的方法，为了防止土体表层失水收缩和开裂产生局部滑塌，因此还需要采取锚固加固和基础加固等方法进行补充。

（1）土体坡面修整

未发掘区域西侧和西北侧坡面，曾经出现多处坍塌，一直使用木板支挡。根据施工方案在加固前，应当先由“考古发掘人员到现场完成剖面削成斜坡面工作，再由施工方完成坡体加固”。坡面“由原来的立剖面削平成斜坡面，具体倾角为

70°~75°”，土体坡面修整既要满足考古发掘和研究的需要，又要符合现场展示和工程保护的条件，因此坡面既要平直和整齐，以方便地层信息和考古遗迹的揭示，同时坡体还要倾斜一定角度，以有利于土体稳定。

（2）土体坡面裂隙注浆加固

对于土体的坡顶处裂隙，可以采取直接灌注加固材料，并适当拌和土体；而对于土体坡面裂隙，应当根据裂隙张开度和连通情况，采取灌注、注射和滴渗等方式进行加固，特别是对于张开度较小的裂隙注浆，其原理也包含了渗透注浆。

（3）坡体锚固加固

对于需要进行坡面修整的土体而言，由于失水收缩导致土体表面产生裂隙。根据会议纪要，增加了“由竹签等传统工艺、材料、方法进行保护”。

（4）坡体基础加固

对于坡体较陡处还需增加基础加固，因地制宜沿着坡脚开挖一条浅沟，在沟内向土体内埋入竹签，然后钻孔注射和表面喷洒加固材料，最后回填土体。

六、未发掘区加固施工过程

按照施工方案和遗址现场情况，施工顺序大致是按照土体注浆加固、坡体修整和加固以及土体表面化学加固等三步进行的。

（一）土体注浆加固

土体注浆加固包括充填和渗透加固两种形式。

1. 充填注浆加固

（1）土体顶部裂隙注浆加固

在未发掘区土体西侧顶部存在一条南北向的裂隙，距离土体边缘0.5～1m，裂隙宽度1～3cm，深度从上至下贯通。考虑到此段坡面需要削坡保护，为保证遗址及其边坡的稳定性，首先进行注浆加固，加固材料为水性环氧树脂并拌和土体。注浆时先用较稀浓度的加固材料进行灌注，以增加渗透性，然后再用较高浓度，或者拌和更多土体进行灌注。在灌注过程中用钢筋插入捣实，使裂隙内加固材料扩散（图4－26～4－29）。

图4－26　自北向南土体顶部裂隙

图4－27　土体顶部裂隙

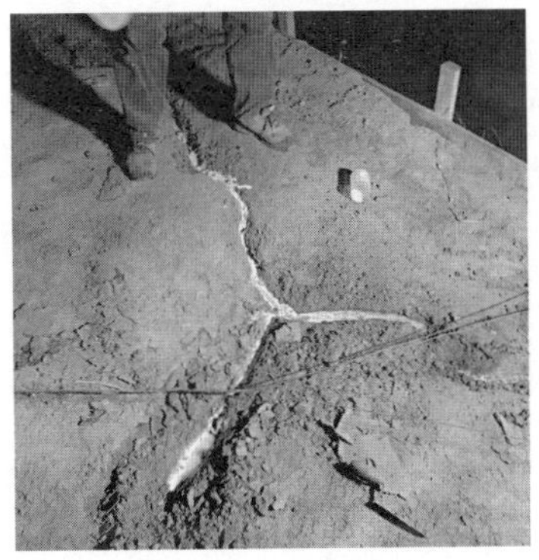

图4－28　裂隙充填注浆加固

图4－29　裂隙充填注浆加固

（2）土体顶部钻孔注浆加固

在施工方案“对文化层区域的化学加固”中需要对文化层整体基础加固，即在“平面东、南、西三面各3m，用洛阳铲以90cm间距钻梅花孔深2m。西面为防止材料外溢，对塌落体裂缝部位适当调整距离”，然后“用2m长的电热棒结合鼓风对流烘烤、加热，使地下干燥，产生密集的细小裂隙”，“干燥一片，化学加固一片，最后每钻孔用钢筋超细水泥将干燥裂缝注实，使文化层区牢固地成为一个整体”。考虑到加固效果和实际情况，每个钻孔均用同一种水性环氧树脂灌浆加固。此外，根据设计单位、建设单位以及施工单位在现场讨论的结果，在其顶部四周增加两排交错排列的钻孔，并在西侧钻孔内埋设钢筋。

①钻孔

结合现场条件，因地制宜地选择了“洛阳铲”进行钻孔（图4－30～4－33）。不同区域钻孔要求不同：

A. 先进行中间部分钻孔开挖，间隔约1m，钻孔深约2m；

B. 再进行四周钻孔开挖，钻孔为两排，交错排列，钻孔离边缘距离约50cm，纵/横向间隔约50cm，孔深约1m。

图4－30　土体中间部位开挖钻孔

图4－31　土体四周开挖钻孔

图4－32　测量开挖钻孔的深度

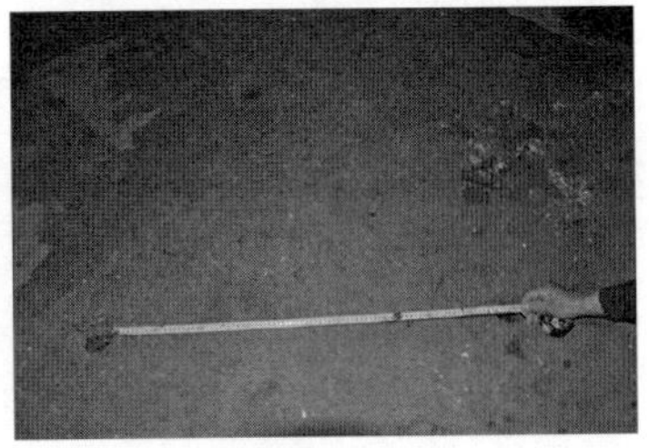
图4－33　测量土体钻孔间距离

②钻孔加热干燥

按照设计方案，在土体开挖钻孔后，应当进行钻孔加热干燥（图4－34、4－35）。钻孔开挖之后利用电热棒和鼓风机进行加热，在加热干燥过程中，不间断的用鼓风机通过鼓风管吹风，将钻孔中的热蒸汽与外界冷空气进行交换，加速干燥过程。每个钻孔加热时间每天约5h，持续2～3天。

图4－34　钻孔加热设备

图4－35　土遗址顶部钻孔加热干燥

③钻孔注浆

钻孔注浆是确保钻孔加固效果的重要环节，应当在钻孔加热干燥之后尽快进行。

A. 土体中间部分钻孔注浆

对于土体中间部分的钻孔，由于该处土体还未考古发掘，在经过有关专家现场讨论后决定“整体设计方案不变，但是可以作微调”，同时“更好地处理好考古、保护、陈列展示三方面的关系”，此处钻孔加固用拌和水性环氧树脂的土壤回填，然后振捣填实（图4－36、4－37），以增加土体粘结力和强度。

图4－36 用水性环氧树脂拌和土体回填

图4－37 振捣填实钻孔

B. 土体四周部分钻孔注浆

对于土体四周部分的钻孔，是设计单位、建设单位和施工单位根据现场情况讨论后决定增加的，主要目的是防止土体四周边坡失稳。此处灌浆加固材料以水性环氧树脂材料为主，适当拌和土体（图4－38～4－41）。

此外从确保边坡稳定和安全角度出发，土体西侧坡顶处钻孔注浆加固的做法如下（图4－42～4－49）：

图 4 - 38　用机器搅拌均匀加固材料

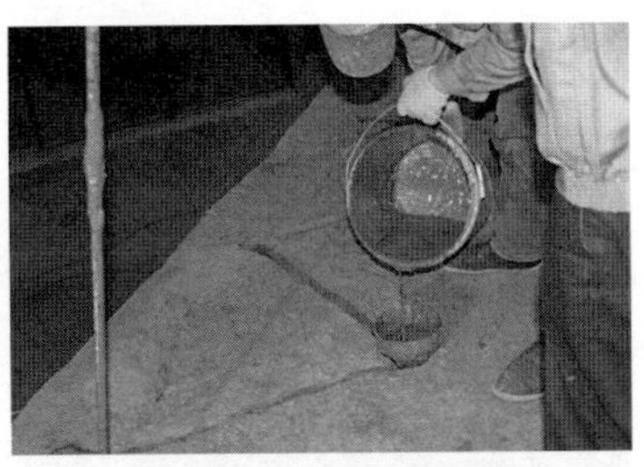

图 4 - 39　往钻孔内灌入加固材料

图 4 - 40　振捣填实加固材料

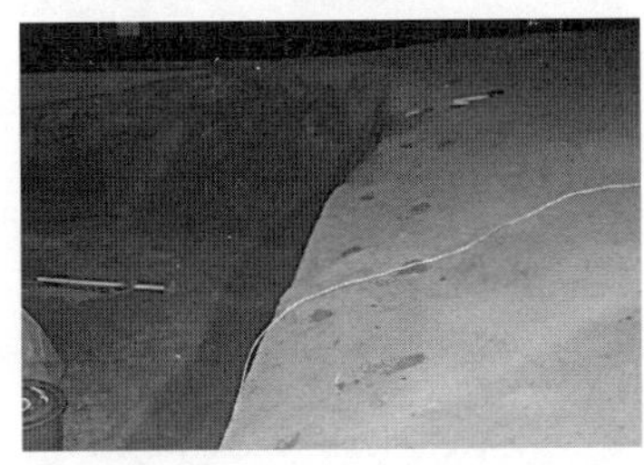

图 4 - 41　注浆加固完毕之后钻孔

图 4 - 42　钻孔间开挖沟槽

图 4 - 43　钻孔间开挖沟槽

a. 开挖折线型沟槽，将相邻钻孔连接；

b. 在每个钻孔和沟槽内埋设钢筋，并将相邻的钢筋焊接固定，组成“∩”型结构，以增加钢筋整体刚度和土体抗剪切强度，提高边坡稳定性；

c. 灌入水性环氧树脂，适当拌和填土，然后振捣填实；
d. 在沟槽内回填土体，并拌和水性环氧树脂加固。

图 4-44 开挖后的沟槽

图 4-45 钻孔和沟槽内埋设钢筋

图 4-46 焊接钢筋

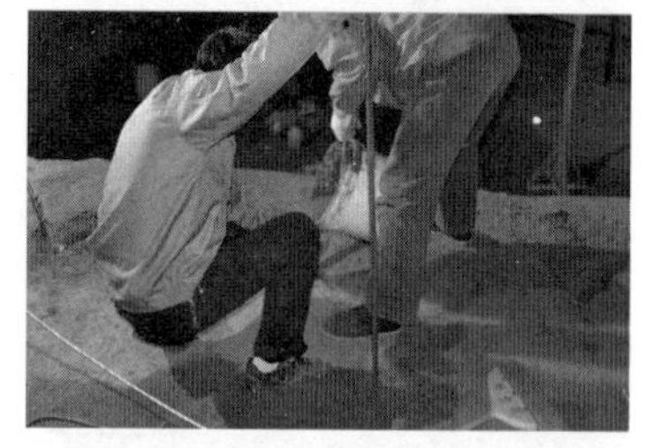
图 4-47 钻孔内灌注加固材料

图 4-48 拌和环氧回填加固沟槽

图 4-49 填土击实和表面作旧

2. 渗透注浆加固

在对未发掘区西侧坡面加固之前，首先需要拆除挡板，然后修整边坡。考虑到边坡稳定性，增加了渗透注浆加固步骤。在坡顶距离边缘一定范围的土体中，利用吊瓶和特制的注射器（图4－50、4－51），将加固材料缓缓注入土体，渗透加固土层，从而起到稳定坡体的作用。特制的注射器由注入针管、储浆筒和推进器组成。推进器为弹簧构成，使用时将弹簧拉伸到一定长度后松开，利用弹性势能转换将浆液缓缓注入土层。

图4－50　利用注射器渗透注浆加固

图4－51　利用注射器和吊瓶渗透注浆加固

（二）坡面修整与加固

坡面修整主要是未发掘区域土体的西侧和西北侧坡面。按照会议纪要，首先“由建设方尽快邀请考古发掘人员到现场完成剖面削成斜坡面工作”，然后“再由施工方完成坡面加固”。对此处坡面加固方法有所改动，即为“将原设计方案中文化层区域的钢筋混凝土拉梁圈固进行变更，改由竹签等传统工艺、材料、方法进行保护”。

1. 坡面修整

（1）坡面修整前的状况

土体含水率较高，用手触摸表面感觉潮湿；表面纵向细小裂隙较多，深度浅，将土坡表面切割成条块状，局部存在纵向贯通裂缝（图4-52、4-53；彩版四，4、5）。

图4-52 西侧坡体拆除木板支档前

图4-53 西北转角处拆除木板支档前

（2）坡面修整

利用平铲等工具进行坡面修整，坡面修整由浙江省文物考古研究所专业技工现场指导（图4-54~4-57），文化层由原来的立剖面削平成斜坡面，具体倾角为70°~75°。

图4-54 西侧坡面修整

图4-55 西侧坡面修整

图4-56 西侧坡面修整

图4-57 西北侧转角处坡面修整

2. 坡面加热烘干

待土体坡面修整得到设计和考古专家认可后即可进行后续步骤。由于土体含水率较高，不利于现状保存，也不利于加固材料的渗透和固化。因此，首先进行的是坡面加热烘干步骤。对土体表面进行烘干加热本身存在一定风险，虽然短时间烘干会使土体表面水分降低，但也可能使表面龟裂。不过考虑到本次操作的主要目的是为了后续的渗透加固，并且从长远角度而言，即使不加热烘干，待土体水分自然挥发后也必然会使其开裂，因此短时间和局部加热烘干仍然是一种可行的折中措施（图 4－58；彩版四，6）。限于工程条件和时间所限，在现场施工时利用功率 1kW 的碘钨灯进行局部加热烘干。为了尽量减少对土体的伤害，不能长时间对一个地方加热，并做好观测工作。

图 4－58 西北侧坡面加热烘干

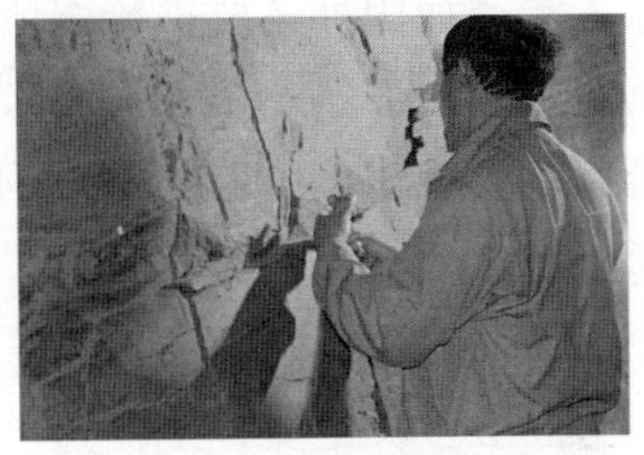

图 4－59 针管注射加固材料

图 4－60 裂隙深层充填加固

图 4－61 表面钻孔

3. 坡面加固

在坡面修整过程中，土体表面已经存在一些裂隙，并且随着水分的挥发，也出现一些新的裂隙。裂隙以垂直于坡面的纵向为主，部分裂隙较宽、较深，此外还存在平行于坡面的横向卸荷裂隙，将土体表面切割成条块状，部分地方手掰即掉，有剥离脱落的迹象。

（1）裂隙注浆加固

对于一些张开度较小的裂隙可以采取滴管、针管等工具进行渗透加固（图4－59；彩版四，7）。加固前细致地清理裂隙内的尘土，加固分多次进行，以确保浆液渗透到裂隙内部。对于部分松动的土体，渗透加固时可以用手轻轻压住，过一段时间后再松开。对于张开度较大、延伸较长的裂隙，除了渗透加固外还要进行充填加固，即先用土体拌和水性环氧对裂隙内部进行充填，然后再使用注浆机进行注浆加固，最后对土体表面和裂隙表层还要进行渗透加固（图4－60；彩版四，8）。

（2）锚固加固

根据会议纪要，土体边坡加固“改由竹签等传统工艺、材料、方法进行保护”。竹子是一种环保、耐久性的材料，在此次施工中利用竹签制成的类似工程上使用的“锚杆”，主要目的是提高被裂隙切割的部分松动土体的稳定性。由于工程局限性，同时考虑到便利性和实用性，竹签采用当地竹子制成，长度约10、直径约2～3cm。施工时先用电钻在土体表层钻孔（图4－61），然后将浸入水性环氧树脂的竹签插入其中（彩版五，1）。为防止表层竹签发霉，再对其表面喷洒水性的防霉剂。

图 4－62 西侧坡底开挖沟槽

图 4－63 南侧坡底开挖沟槽

（3）基础加固

图 4－64 注浆加固边坡基础

根据会议纪要，为保护土遗址边坡的稳定性，需要对“文化层四周底部作地基加固”。基础加固范围是未发掘区域土体的西侧、南侧的坡底基础。基础加固的基本思路是首先在土体边坡底部开挖一条浅沟槽，深度和宽度各约 50cm（图 4－62、图 4－63），然后在沟槽内靠近土体一侧开设钻孔，钻孔灌注水性环氧树脂加固，再往沟槽内灌入水性环氧树脂（图 4－64；彩版五，2），并拌和土体进行回填。

第五节 土遗址表面化学加固

一、施工依据

土体表面化学加固严格遵守施工方案、相关会议纪要和实验室研究结果进行施工，主要依据如下：

1.《萧山跨湖桥独木舟遗址土体加固施工方案》

2.《萧山跨湖桥独木舟遗址土体加固工程技术交底会（图纸会审）会议纪要》

3.《杭州萧山跨湖桥独木舟遗址表层土化学加固处理方案》

二、加固范围

跨湖桥遗址土体属于淤泥质黏土，质地松软、强度低、压缩性大，干燥后开裂、起灰、掉渣，严重影响遗址的外观和安全。根据设计方案的前期试验，认为对土体表面进行化学加固是可行的。土体表层的化学加固主要范围为玻璃房内三段探方隔梁、玻璃房外北侧探方隔梁以及玻璃房外未发掘区域的表层土体。

三、土体表面化学加固过程

按照施工方案，对“文化层区域的化学加固分整体基础加固与表层加固。表层在保持原貌情况下，不再风化，长久保持原貌不变。”表面化学加固“要确保渗透三遍以上，坚持第一遍用手工慢慢滴渗，确保滴滴入土，又保护土壤的毛细不被破坏，为二三遍喷渗创造条件。为保护表面不结膜、不发亮，又不堵塞土壤毛细，第一遍滴渗不冲洗，保证有一定强度后，二三遍渗透后必须将表面多余溶剂尽量冲洗干净。保持土层中的毛细继续起到通气作用。”因此，土体表面化学加固采用喷壶喷洒、针管注射、滴渗加固方法为主。

1. 配置加固材料

此次加固材料使用的水性环氧树脂主剂为宜兴市太湖防渗加固修缮工程有限公司生产，固含量约为10%，固化剂为宜兴市太湖防渗加固修缮工程有限公司生产的水性胺类固化剂，水为普通自来水。使用时将其混合搅拌均匀，再过滤掉材料中残留的固体颗粒（图4－65、4－66）。

图4－65　配制和搅拌加固材料

图4－66　过滤加固材料

2. 土体表面开设钻孔

为了增加渗透性，坡体表面化学加固之前可以在土层中适当开设钻孔。考虑到钻孔对土遗址外观的影响，例如，在经过长时间风化干燥造成表面孔隙率较高和一些相对重要的文化层等处，钻孔数量应当适当减少或取消，而对于表面孔隙率较低和隐蔽处，钻孔数量则可以适当增加（图4－67、4－68）。

图4－67　土体表面开设钻孔

图4－68　土体表面开设钻孔

3. 土体表面化学加固

加固前先用软毛刷等工具仔细清除土体表面灰尘，否则加固材料仅仅加固土体表面灰尘，既不能起到加固作用，同时也影响加固后土体表面的效果。加固方法为喷壶喷洒、针管注射和吊瓶滴注，加固材料的浓度和加固次数应当依据现场土体情况适当调整（图4－69～4－74；彩版五，3～6）。土体表面化学加固后经过一年多时间检验，强度达到了设计要求。

图4－69 土体坡面喷洒加固材料

图4－70 滴渗加固土体表面

图4－71 土体顶面喷洒加固材料

图4－72 加固北侧堆土

4. 其他部位加固过程

（1）玻璃房外北侧探方隔梁局部复原与加固

该处探方隔梁除了表面土层酥松、粉化外，其东侧局部土

图 4-73　针管注射加固探方隔梁

图 4-74　探方隔梁加固后效果

图 4-75　搬运土块进行固定复原

图 4-76　注射水性环氧进行加固

体因为裂隙切割和自身强度降低，还出现了块体脱落和崩塌的现象，因此，按照原样对其进行了复原，同时对土体进行化学加固，确保探方隔梁整体稳定性（图 4-75～4-77；彩版五，7；彩版六，1、2）。

图 4-77　复原和加固后的土体

（2）玻璃房内地面加固

为了防止扬尘，对玻璃房内地面土体喷洒水性环氧加固材料。

(3) 未发掘区西侧边坡底部周边土层加固

对未发掘区土体西侧边坡底部周边土层喷洒水性环氧进行加固。

第六节　独木舟周边土体电化学桩加固

一、施工依据

电化学桩加固严格遵守设计方案、施工方案及相关会议纪要组织施工，主要依据如下：

1.《杭州萧山跨湖桥独木舟遗址软土电化学胶结加固可行性研究报告》

2.《杭州萧山跨湖桥独木舟遗址表层软土化学加固可行性研究报告》

3.《萧山跨湖桥独木舟遗址土体加固施工方案》

4.《萧山跨湖桥独木舟遗址土体加固工程技术交底会(图纸会审)会议纪要》

二、加固范围

相关资料显示，独木舟周边区域地表以下15～200cm的土层为淤泥层，具有含水量高，强度低，变形大等特点。根据设计方案，本次施工采用电化学桩对独木舟周边区域土层进行加固。

电化学桩加固的金属电极以一定间隔布置在独木舟舟体四周附近的土层内。其中沿独木舟舟体西侧土层纵向布置两排电极，纵向和横向间隔分别约20cm和40cm，沿独木舟舟体东侧土层纵向布置三排电极，纵向和横向间隔分别约25cm和30cm，在独木舟舟体北侧和南侧各布置7根和11根电极。

三、施工设备材料

主要材料包括金属电极（金属电极为Φ16mm，长度2m的钢筋）、导线和专用电化学加固仪器。

四、加固施工过程

1. 插入金属电极

根据施工方案，独木舟四周的金属电极分为两种方式埋入土层：

（1）为加固独木舟底部土层，紧靠独木舟舟体东、西两侧的各一排金属电极以倾斜45°插入土层（图4－78、4－79）。

（2）其余几排金属电极（东侧两排、西侧一排以及南北两侧）垂直插入土层（图4－80～4－82；彩版六，3）。

2. 连接导线

电极加固时分为正负极，因此利用导线间隔将其连接（图4－83；彩版六，3、4），分别组成正负极，并分别接入专用电化学桩加固仪器的正负电源接头。

图4－78　独木舟东侧倾斜插入的电极

图4－79　独木舟西侧倾斜插入的电极

图 4－80　独木舟东侧垂直插入的电极

图 4－81　独木舟北侧垂直插入的电极

图 4－82　独木舟南侧垂直插入的电极

图 4－83　独木舟西侧和导线相连的电极

由于专用电化学桩加固仪器（图 4－84）中的部分组件因老化等因素，出现了故障，选择 100A 充电机（图 4－85）对损坏部件进行替换，显示工作时电压和电流的状态，充电机是提供大直流电流和直流电压的装置，其工作原理是将交流电经

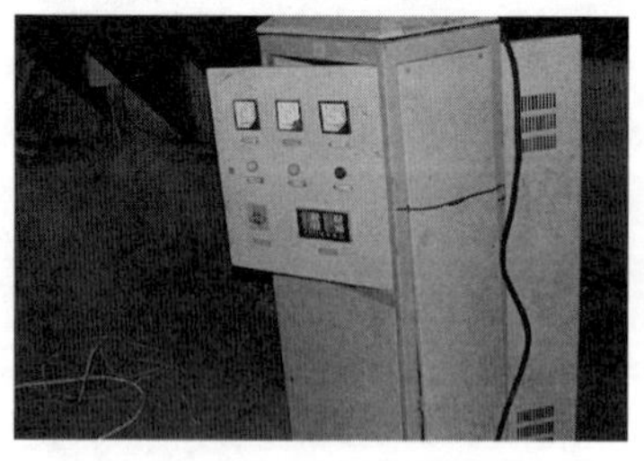

图 4－84　原电化学桩加固仪器

图 4－85　100A 充电机提供电源

过整流变压器或者电阻电容把电流转换成需要的直流电。

3. 电化学桩通电加固

（1）通电时间

电化学桩开始通电加固时间为2010年3月6日，每天通电时间为上午7点半至下午4点半，晚上为确保安全则切断电源。

（2）通电电压和电流

电化学桩加固设备将外部220V交流电转换为直流电，然后按照仪器设定输出到正、负金属电极上。在使用原设备时每根电极的设定电压为2.3V，电流为0.2A，使用充电机替换后，充电机的输出电压为12V，电流为40A。

（3）正、负电极转换

在通电过程中铁质电极必须先发生阳极反应（即Fe被电解成为Fe^{2+}离子），才有可能产生加固效果，因此为确保软土地基加固均匀性必须定时转换直流电正负电极。考虑到电极数量、软土加固面积、施工条件以及其他不确定性因素，施工期间正负电极转换周期为2h。

第七节　独木舟外围土体化学加固

一、施工依据

化学加固严格遵守设计方案、施工方案及相关会议纪要进行施工，主要依据如下：

1.《萧山跨湖桥独木舟遗址土体加固施工方案》

2.《萧山跨湖桥独木舟遗址土体加固工程技术交底会（图纸会审）会议纪要》

二、加固范围

图 4－86 玻璃房内土层裂隙

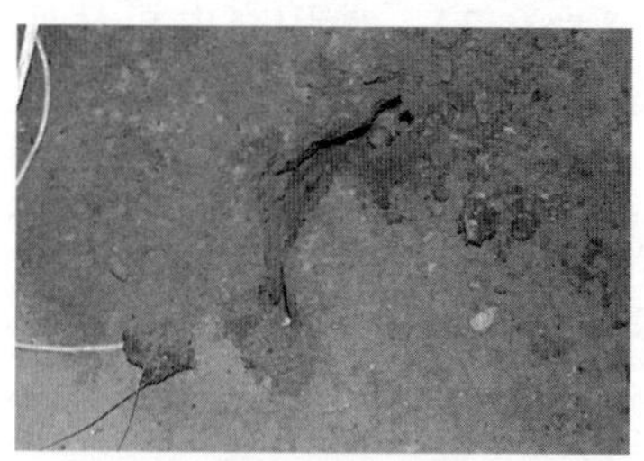

图 4－87 裂隙近景之一

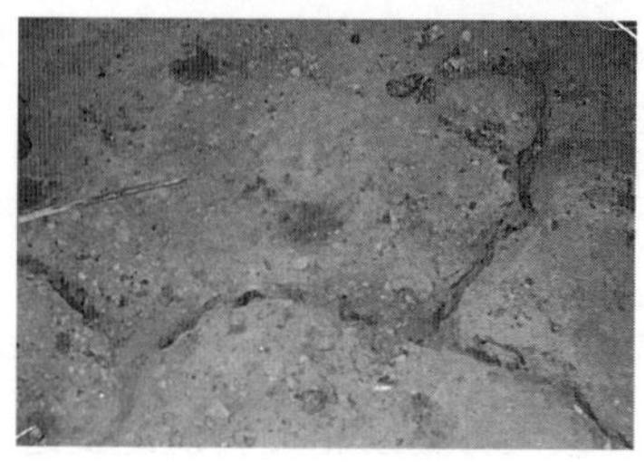

图 4－88 裂隙近景之二

独木舟下土层为松软的淤泥层，随着气温的高低变化，淤泥含水量也随之而变，对土体强度影响较大，从而影响独木舟的安全。为长期保护独木舟的安全，要对舟体下含水极高的土层进行加固，保证土层结为牢固的整体。

在前期的保护中，曾经对独木舟遗址四周进行了暗沟排水措施，即沿着独木舟遗址四周开挖排水沟，宽度约 1.5～2m，深度约 4～5m，并在暗沟西侧拐角设置集水井。经过疏干排水作用，使得独木舟遗址附近的土层产生不均匀沉降和开裂，尤其以独木舟东侧遗址土层沉降和开裂较为明显（图 4－86～4－88；彩版六，5）。

外围区域基础加固的土层钻孔布置在独木舟周围宽 300、长 900cm 的范围内，主要集中在独木舟的东侧，以 50cm 间距梅花型开设钻孔，孔深约 2m。

三、加固方法

独木舟外围基础加固范围指独木舟玻璃房内、独木舟四周电化学桩加固区域以外的土体，主要包括土层钻孔加热干燥和土层钻孔灌浆加固两个方面，是对电化学桩加固的补充。加固步骤为首先在土层中按一定间距钻孔，然后插入电加热设备进行钻孔加热干燥，最后向钻孔内灌入化学加固材料起到粘结土层的作用。

四、施工设备材料

1. 土层钻孔加热干燥主要设备包括电热棒、鼓风机和通风管等。

2. 土层钻孔化学加固主要材料包括水性环氧树脂和固化剂等。

五、基础化学加固施工过程

1. 土层钻孔加热干燥

独木舟外围区域土层为含水量高的淤泥层，当在钻孔内加热干燥之后，土体含水量降低，并有可能在孔与孔之间产生裂隙，这样对于灌注化学浆液及其固化有利。

钻孔加热干燥设备由“加热”和“鼓风”两部分组成。加热部分为电加热管，长度约 2m，功率 1kW。鼓风设备由钻孔内的鼓风管和钻孔顶部的鼓风机组成。鼓风管和电加热管捆在一起同时放入钻孔内，对地下钻孔用电热管加热干燥过程中，不间断的用鼓风机对鼓风管吹风，将钻孔中的热蒸汽与外界冷空气进行交换，加速干燥过程。

为了控制加热干燥的温度，在钻孔顶部和电加热管相连部

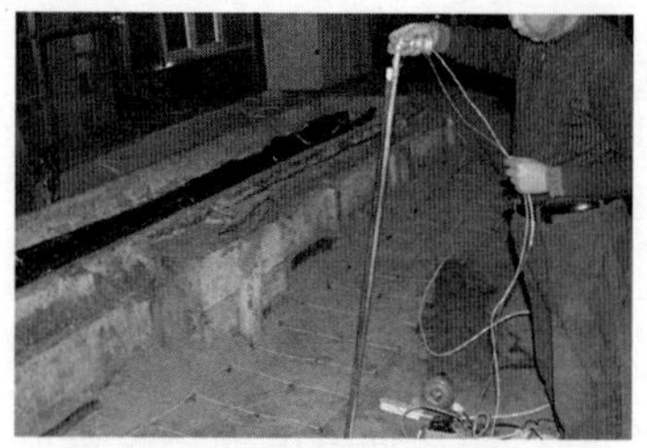

图4－89　往钻孔内插入电热管和鼓风管

图4－90　钻孔顶部的鼓风机

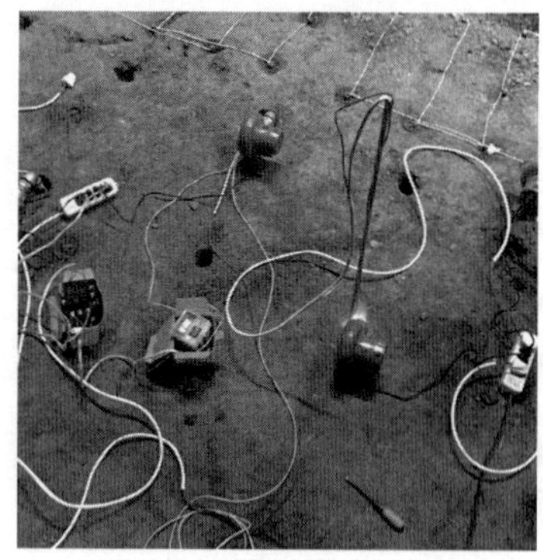

图4－91　钻孔加热干燥温控设备

位连接一个温度数显调节仪（图4－89～4－91；彩版六，6）。根据不同地点土层湿度不同，设定不同温度上限（一般在150℃～200℃），当钻孔内电加热管温度达到上限之后自动断电，温度下降后又自动通电，这样就确保了施工时的安全。

2. 土层钻孔灌浆加固

土层钻孔灌浆加固材料主剂为水性环氧树脂，环氧树脂固含量约为10%，固化剂为水性胺类固化剂，所用水为遗址内的自来水，主剂与固化剂体积比为3∶1，而调节所用水的体积即可得到不同浓度的加固材料。考虑到加固材料的渗透性和加固材料固化后的强度，则应当先用浓度较稀的加固材料进行渗透，然后再用浓度较高的加固材料进行填充（图4－92～4－99）。此外，为增加固化强度，在加固材料中还添加些许黏土，主要取自遗址范围内，其作用类似于混凝土中的碎石等粗骨料。

图4－92　独木舟东侧土层钻孔灌浆

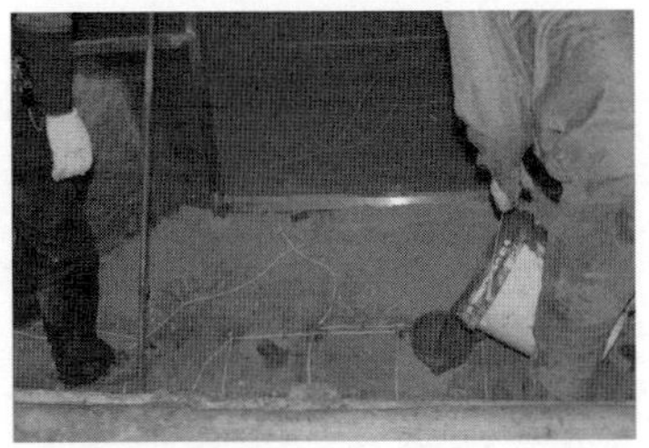
图4－93　独木舟西侧土层钻孔灌浆

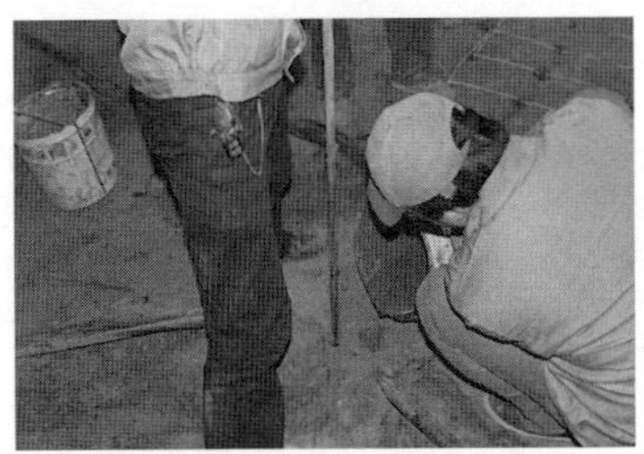
图4－94　在钻孔灌浆时进行振捣

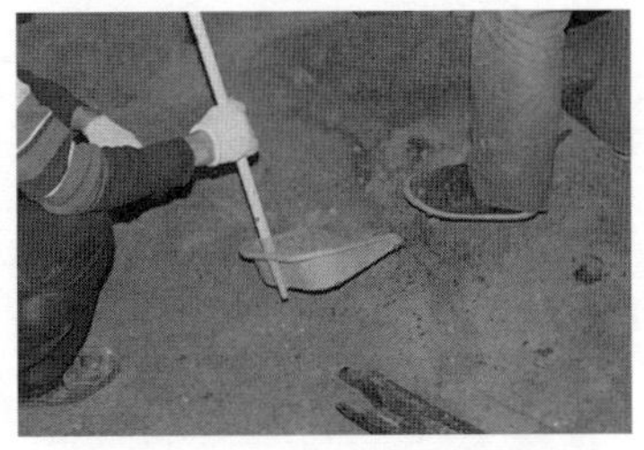
图4－95　钻孔灌浆完成后表面作旧

图4－96　地表土层裂隙灌浆加固

图4－97　在灌浆时进行捣实

图4－98 灌浆之后裂隙表面土层回填

图4－99 灌浆之后地表土层夯实

第八节 后续保护工作

经过一年的现场观察表明，土遗址加固后土体渗透性好、结合力强、抗压强度提高，一定程度减少和抑制了微生物生长，未见明显灰化、扬尘、开裂和掉渣现象。但随着时间的推移，经过两年后，土遗址局部也出现了起酥、细小的开裂、脱皮和盐析现象造成的表面粉化等状况，主要原因包括四个方面：一是遗址厅大环境潮湿、滴水情况比较严重，土体表面长期含水量较高，同时渗透注浆加固化学材料渗透的深度不够，造成局部土体表面起酥；二是工程施工时土体加热烘干过快造成土体细小的开裂；三是固化前土体加热烘干不够，使固化后内部潮湿土体表面干燥，造成土体脱皮现象；四是独木舟及周边区域由于暗沟排水土体排水过快，地表过于干燥，加之，遗址土壤本身含盐量较高，导致喷壶喷洒化学材料加固的土体表面出现盐析现象，致使地表粉化。

针对这些情况，需要在对遗址厅的温湿度进行整体控制的基础上，对出现上述问题的地方用化学材料进行注浆修复修补加固处理。即使如此，土遗址保护不是一次化学处理就能一劳永逸的。土遗址的保护工作重在日常，主要做好四方面工作：

一是加强环境控制，在控制温湿度、环境卫生、人为破坏等方面采取有效措施防止对遗址的危害。特别是针对遗址厅内的温、湿度较高的问题，应按照专家要求建立除湿通风系统，将遗址厅内环境湿度控制在有利于土遗址保护的范围之内，以防止有害微生物的滋生。

二是加强对独木舟遗址底部土体的观察，防止土体变化危及独木舟安全。目前独木舟受浸渍槽支撑和保护，加之其周围软土已进行电化学桩加固，故独木舟安全暂时不会受到威胁。但由于独木舟为原址脱水保护，不能对其挪动，其底部土层状况无法详细掌握，因此，我们要细致观测独木舟舟体的变化，通过观察裂纹、长、宽、高等情况，从而判断独木舟底部土壤是否发生变化，及时对独木舟底部可能出现的土层裂隙采取化学灌浆加固或电化学桩加固等方法进行处理。

三是加强对独木舟周围土体电化学桩效果的观察，此次电化学桩加固时间为 2010 年 3 月 ~8 月，而本次施工仅为 5 个月，到目前电化学桩应在软土中应当基本或完全“锈蚀”，但受通电时间、电压强度、电化学桩位置和数量等因素影响，电化学桩加固效果仍有待观察和检验。

四是定期观察记录，及时加固维护。观察记录是土遗址日常保护工作的重点，应及时发现问题，有针对性的整治处理，以保持土遗址的稳定性，不能等出现大问题再去解决，这样保护的难度和成本会更大。

土遗址赋存环境的复杂性和特殊性，决定土遗址保护是个长期性工作，需要坚持不懈、持之以恒的研究和实践。

第五章　独木舟脱水保护

第一节　病害研究

一、独木舟概况

2002 年 11 月，在由浙江省考古研究所蒋乐平任领队的萧山跨湖桥遗址第三次考古发掘中，出土了一条近似完整的独木舟①（图 5－1），经碳十四测定，距今约 8000～7500 年。独木舟残长约 560、宽约 50～52、深 10～20cm，平均厚度 2～3cm，舟体呈东北—西南向摆放，位于遗址的第⑨层，该地层有机质遗存丰富，文化堆积层序清楚。独木舟东北端舟头基本完整，略微上翘，宽约 29cm，舟尾已被砖瓦厂取土时破坏。舟体两侧还发现两件未见使用痕迹的木桨和木构件以及数件石锛柄、石斧、石器崩片和砺石等。据专家推测，这里是一个与

图 5－1　独木舟遗迹出土状态

---

① 浙江省考古所、萧山博物馆编：《浦阳江流域考古报告之一——跨湖桥》，2004 年 12 月第一版，第 42 页。

独木舟有关的木作加工现场遗迹，对研究人类水上交通工具史具有重要价值。

二、埋藏环境

跨湖桥遗址处于海拔 -0.5m 的海相沉积地带，遗址的地层特点①为：宁绍平原全新世以来 7KaBP 以前为高海平面，7~5KaBP 为低海平面，5~3.9KaBP 为洪水频发期。浙江省地质调查院的调查结果，遗址的青灰色淤泥层为海相沉积，表明独木舟遗址所在地区在 7KaBP 以前的某一时期可能由于海平面升高，被海水长期淹没，之后洪水与咸潮交替影响，独木舟及其木构件被埋藏在高含水高含盐的土层中，出土前受到埋藏环境七八千年的理化和生物作用，对独木舟及其周围木构件的细胞组织与力学性质易造成严重影响。

三、材种鉴定

木材的物理、生物构造有一定差异，研究鉴别加工独木舟使用的树种，才能有针对性地制定保护方案。经鉴定，独木舟是整棵马尾松加工而成，为松科中的硬松类针叶树材。针叶树材一般树干高大，纹理通直，易加工，易干燥，开裂和变形较小，适于作结构用材，但这类树材在脱水干燥处理时易收缩、变形、开裂。

四、病害分析

独木舟病害主要取决于独木舟材料自身的特性和其所处的

① 湖北省文物保护技术研究中心、浙江省博物馆、中国地质大学等七家单位共同编制：《杭州萧山跨湖桥独木舟遗址原址保护工程可行性方案研究》，2008 年。

环境，如温度、湿度、光、酸、碱、盐、微生物及有机物等，病害的产生往往是各种环境因素并存产生的结果，主要有以下几方面因素：

（一）物理破坏

独木舟埋在地下经历八千年漫长的岁月，受到洋流冲击、泥沙的冲刷摩擦等，在厚厚淤泥叠压下，造成独木舟外形和内部组织结构的破坏；加上地下水的长期浸泡，细胞组织已完全吸水饱和，如针叶材的松木和阔叶材的泡桐的含水率分别可达700%和1500%，一旦独木舟发掘出土，曝露在空气中任其自然干燥，就会开裂、收缩和变形。

独木舟材质主要由纤维素、半纤维素和木质素等组成，纤维素分子有大量的羟基，它易与水分子组成氢键，使细胞壁的孔隙增多或扩大，纤维素受到破坏、羟基减少、半纤维素分解、木质素含量增加或减少[①]。经测定，独木舟其含水率达322.12%[②]，一般新鲜木材的含水率在130%左右。对独木舟残片进行自然干燥和烘干干燥实验结果表明（表5－1），任其自然风干脱水，则造成木质不稳定、变形收缩的严重后果。其主要原因：独木舟舟体管孔内充满了水，水里的化学物质以及细菌的降解作用，会使其细胞壁变薄，材质变得松软脆弱。在干燥过程中，水的表面张力使独木舟产生应力而引起开裂，而且独木舟内外含水率的差异会造成其干缩的不均匀，而引起变形。

---

① 马菁毓：《饱水古木材的结构和降解过程》，《东南文化》，2004年第1期。

② 湖北省文物保护技术研究中心、浙江省博物馆、中国地质大学等七家单位共同编制：《杭州萧山跨湖桥独木舟遗址原址保护工程可行性方案研究》，2008年。

表 5－1　独木舟残片干缩率实验

收缩变形实验	自然干燥	烘干干燥
弦向收缩率%	40. 1	42. 1
径向收缩率%	32. 5	35. 1
含水率%	319. 4	319. 4

独木舟出土后，木材基本物质及内含的一些有机物迅速被氧化，木材表面色泽从浅黄褐色转为暗褐色，特别是舟体开裂严重，纵向顺纹方向裂纹多得难以统计，横纹方向裂纹较明显的有 16 条，离船头约 42、67、110cm 处有三处横向裂纹已经断裂，可能是翘起的船头受压下沉所至，独木舟及其木构件手感松软，呈海绵状。

（二）化学损害

1. 含盐量分析

对独木舟及土壤的 pH 值进行了测定，结果为 5. 5 ~ 6. 5，表明独木舟及周围淤泥均处于弱酸性。采用全谱等离子激光谱（ICP）和离子色谱法（IC）检测独木舟及其木构件、土壤、湘湖湖水中相关离子浓度①，对 K^+、Na^+、Ca^{2+}、Mg^{2+}、Fe^{3+}、Cl^- 和 $SO_4{}^{2-}$ 等离子含量，与 5‰海水相应离子含量比较，得出遗址土壤中除了 Cl^- 以外的其他离子含量均高于 5‰近海海水的含量，离子含量高于独木舟木材；独木舟木材中的 K^+、Ca^{2+}、Mg^{2+}、Fe^{3+} 和 $SO_4{}^{2-}$ 含量高于 5‰近海海水中的含量，Na^+ 和 Cl^- 则低于后者；独木舟木材中所有离子含量高于遗址所在的湘湖湖水和地下水中的含量（表 5－2）。

① 卢衡、靳海斌：《跨湖桥遗址地层性质的盐量法研究》，《东方博物》第十八辑，第 45 页。

表 5－2 跨湖桥湖水、地下水与5‰近海海水中的离子浓度

离子/试样	含量单位 ug/mL											
	Na^+	Ca^{2+}	Mg^{2+}	K^+	P^{5+}	Fe^{3+}	Ba^{2+}	Sr^{2+}	B^{3+}	Cl^-	SO_4^{2+}	HCO_3^-
KH 湖水	33.14	51.93	19.62	4.55	0.02	0.01		0.25	0.06	29.81	141.3	123.95
KH 地下水	42.23	47.32	22.39	4.08	0.02	0.01		0.29	0.08	41.08	117.8	131.42
5‰海水	1539	58.00	185.0	57.00	0.02	0.01	1.00	1.00	1.00	2763	387.0	20.00

水体中硫酸盐含量高于5‰近海海水是该遗址的显著特点。木材与土壤中硫酸根离子、铁离子、碱土金属及碱金属离子含量较高（表5－3、5－4），说明木材与土壤中存在难溶的硫酸盐及硫铁化合物，其中硫铁化合物在自然环境中可继续氧化为硫酸盐和硫酸，使独木舟的纤维素、木质素等被降解破坏，纤维素可能减少30%～50%，这也可从以下的化学分析中得到证实。

表 5－3 跨湖桥独木舟及周围木构件离子含量比较

离子/试样	质量分数 = 1×10^{-3}										
	K^+	Ca^{2+}	Mg^{2+}	Mn^{2+}	P^{5+}	Fe^{3+}	Cu^{2+}	Zn^{2+}	Na^+	Cl^-	SO_4^{2-}
KH 独木舟	1.80	7.63	1.95	0.14	0.65	8.62	0.0032	0.030	0.64	0.166	3.110
KH—M10	0.89	4.73	1.31	0.10	0.70	11.1	0.0003	0.044	0.24	0.158	0.357
KH—M18	0.34	2.78	0.74	0.20	1.37	7.69	0.0030	0.015	0.14	0.175	0.269

表 5－4 跨湖桥独木舟下土壤与淤泥层中相关离子含量

离子/试样	质量分数 = 1×10^{-3}										
	Al^{3+}	Ca^{2+}	Mg^{2+}	Na^+	K^+	Sr^{2+}	Fe^{3+}	Cu^{2+}	Zn^{2+}	Mn^{2+}	Cl^-	SO_4^{2-}
舟下土壤	66.0	4.67	6.05	5.47	14.4	0.0765	37.2	0.0178	0.0735	0.72	0.0953	7.840
淤泥层	69.7	6.47	8.47	6.19	16.6	0.102	34.6	0.0205	0.0785	0.46	0.154	22.40

2. 化学成分分析

化学分析结果[①]显示，独木舟及其木构件的化学成分有较大变化，分子链缩短，其全纤维素分别在 18.85%～30.05% 之间，远远低于普通树木生材全纤维素约 60% 的含量，而木质素分别在 69.12%～75.52% 之间，远远高于普通生材 35% 的含量，1% NaOH 抽提物和灰分含量均很高，说明独木舟纤维素损失严重，结构组织松软脆弱，弹性强度降低。

3. 腐蚀度检测与计算

用微型贯入仪对独木舟测定了贯入强度[②]，探测 28 个点，几乎全部贯穿，其平均值仅 28.9N/cm，而同类未腐蚀的木材贯入强度约在 300N/cm，说明独木舟材质从表材至心材均被腐蚀，纤维的强度显著降低。

木质文物的含木量 M 就是其饱和含水量的倒数，其值愈大，说明木质文物的材质在腐蚀过程中，固体物质流失少，即腐蚀程度低。经测定，独木舟的含木量为 19.6%，其对应的基准木，即未被腐蚀时，其含木量约 68.7%。

独木舟的完好度：$DW = 19.6 \div 68.7 \times 100\% \approx 28.5\%$

腐蚀度为：$Df = 1 - 28.5 = 71.5\%$

因此，说明独木舟腐蚀已非常严重。

（三）生物危害

1. 害虫危害

独木舟遗址被海侵所淹没，曾受到海洋中的各种生物侵

---

① 陈中行：《杭州萧山跨湖桥遗址独木舟原址脱水加固定型保护》，《跨湖桥文化国际学术研讨会论文集》，文物出版社，2012 年，第 236 页。

② 湖北省文物保护技术研究中心、浙江省博物馆、中国地质大学等七家单位共同编制：《杭州萧山跨湖桥独木舟遗址原址保护工程可行性方案研究》，2008 年。

害，包括船蛆、藤壶、牡蛎和盘管虫等，遗址中存留的木柱被船蛆蛀空，而在木柱内部形成纵横交错的孔洞，从而改变文物表面和内部形态；而且牡蛎、盘管虫等生物的躯体，质地坚硬，成分为碳酸钙，其吸附的可溶性盐类会长期伴随遗物本体，不易去除，也会对文物的本体形成破坏，对后期保护造成影响。

2. 微生物危害

根据独木舟遗址的具体状态，确定了独木舟及东南土壤两处采样区，6 个采样点分别为：独木舟上前、中、后，独木舟东南周围土壤前、中、后，采集了 6 批样品，进行微生物的分离培养与纯化鉴定。结果表明①，细菌的综合平均含菌数为 2277. 8CFU/g，真菌的综合平均数为 17111. 1 CFU /g，真菌是细菌的 7. 5 倍。说明整个遗址内真菌的数量占明显优势。微生物种类分布特点：独木舟上分布真菌 6 个，分别隶属于 3 个属中的 3 个种；土壤中分布真菌 5 个，隶属于 2 个属中的 5 个种；细菌 3 个，隶属于 2 个属中的 2 个种。从整个遗址看，真菌有 10 个种或属，占 71. 4%，细菌有 4 个种或属，占 28. 6%。表明遗址内真菌的种类多于细菌，占主导地位。对独木舟及其木构件侵蚀的以真菌为主，主要包括灰绿曲霉、枝枚孢霉、顶青霉、柑桔青霉、黄曲霉、绿木霉、黑曲霉、团青霉、总状毛霉及微紫青霉等，它们能分解木材中的纤维素、半纤维素和木质素。

微生物把独木舟作为入侵对象的原因是含有葡萄糖结构单元的纤维素是微生物的营养源，它们之中的霉菌通常只影响木

① 陈中行：《杭州萧山跨湖桥遗址独木舟原址脱水加固定型保护》，《跨湖桥文化国际学术研讨会论文集》，文物出版社，2012 年，第 243 页。

材表面，在一定条件下，微生物中的褐腐菌、白腐菌及软腐菌会侵入木材内部，分解木质素、纤维素和戊糖类，使木材基本密度大大下降，甚至全然失去强度。

（四）环境影响

在考古发掘到实施保护的过程中，使原本保存环境大为改变的独木舟遭受更多的外界不利因素的影响，从而使破坏程度加深。独木舟出土后两年间，置于野外简易塑料棚中，在富氧环境及光、热、灰尘的影响下，加速了独木舟腐朽，原因如下：一是由于水分的蒸发散失，结晶盐类对独木舟的破坏；二是在高温环境下，水蒸气和活泼氧生成双氧水，会加速纤维素的分解；三是空气中的水蒸气和酸性气体如二氧化硫、硫化氢、氯化氢等，会使纤维素、木质素、半纤维素受到不同程度的腐蚀，使独木舟表面发黑炭化，进而影响后期保护与可逆性修复处理。

第二节　保护与研究

一、临时保湿措施

独木舟及木构件出土后，采用喷淋丙二醇水溶液保湿的临时措施，按此法喷淋至 2003 年 10 月。丙二醇（Propylene Glycol），是一种被广泛使用的多元醇，渗透力较强。物理特性为无色黏稠稳定的吸水性液体，蒸气压低，几乎无色无臭、易燃、低毒，广泛用做保湿性和溶剂。此法虽然对独木舟具有一定的保湿作用，但也对独木舟的纤维素起到一定的溶解作用，而且当年夏季持续高温加速了丙二醇对纤维素的作用，并对后续保护工作造成不利影响。

二、环境水文地质调查[①]

研究遗址的环境水文地质、工程地质条件和影响独木舟遗址保存的环境地质因素，包括地形、地层岩性、地下水、岩土体物理、水理及力学性质对探明遗址区地下水的补给、径流和排泄条件及地下水位，制订出切实可行的独木舟原址保护方案具有重要意义。

经研究表明[②]，遗址海拔高度 -2～6m，遗址区东侧和南侧为湖水域，水位为5.35m，高于独木舟遗址地面，对遗址地下水起着侧向补给的作用，遗址区两侧为水塘，由于人工抽水，水塘常年水位保持在 -9.10m，是遗址地下水和地表水集中排泄地。受该水塘和湘湖控制，遗址地下水呈东南—西北向流动，即地下水在东南方向接受湖水补给流经遗址向西侧水塘排泄，同时大气降水渗入补给一部分。在这种渗流场及区内岩土透水性控制下，遗址区地下水不仅埋深浅，一般为1～3m，而且流动慢。独木舟虽然处于稳定地下水位以上，但由于区内岩土毛细水十分发育，加上大气降水影响等原因，使得独木舟及其木构件处于饱水状态，并在一定范围内波动。

对独木舟周围0.15km^2遗址保护区进行勘查及水文地质条件分析[③]，遗址区水文地质可概括为：第一层由第四系全新统海积和湖沼堆积弱透水层组成的孔隙潜水含水层，主要分布在

① 详细研究见本报告的第二章第二、三节。

② 湖北省文物保护技术研究中心、浙江省博物馆、中国地质大学等七家单位共同编制：《杭州萧山跨湖桥独木舟遗址原址保护工程可行性方案研究》，2008 年。

③ 周丽珍、刘佑荣、陈刚、周海辉：《跨湖桥独木舟遗址区地下水渗流场模拟研究》，《安全与环境工程 》，2005 年第 1 期，第 27 页。

遗址区东南侧，渗透性强；文化层分布在独木舟遗址周围，岩性以灰色淤泥质黏土和淤泥质粉黏土为主，其结构比第四系全新海积和湖沼堆积疏松，渗透性较第四系全新统海相沉积大；现代人工堆积主要分布在遗址区北侧和东侧，该层土体结构松散，渗透性较强；第二层由第四系上更新统残坡积组成的微弱透水层，主要分布在遗址区西侧水塘沿岸，结构密实，渗透性较弱，可视为相对隔水层；第三层由第四系上更新统坡洪积组成的承压含水层；第四层为基岩裂隙含水层组成弱透水含水体，底部为微风化和新鲜基岩组成相对隔水层。

三、加固定型研究

（一）PEG 复合溶液加固定型试验

聚乙二醇 PEG 是一种既溶于水又溶于有机溶剂的高分子材料，性能稳定、不挥发、不易燃，具有分子量较小、易溶于水、黏度低、填充后具有一定强度、色泽浅淡等优点，是比较理想的木材填充材料。由于尿素和二甲基脲分子结构中含有碳基，PEG 为多元醇，分子中有大量的醇羟基；纤维素分子也是多元醇，是 D－葡萄糖单体间脱水、以 β－1，4－葡萄糖苷键的形式连接起来的长链天然高聚物，每个葡萄糖单元有三个醇羟基，尿素和二甲基脲可以与 PEG 和纤维素分子发生羟醛缩合反应，产生交联作用，从而阻止了纤维素大分子的收缩，使木质不产生变形、开裂；同时也防止了 PEG 在木材表面的返潮现象。而且，独木舟保留下来的木质素骨架中细胞间隙、纹孔膜的通道，对于材质中水的置换，聚合物在孔洞内部的支撑提供了可能。实验步骤如下：

将独木舟残片放入蒸馏水中充分浸泡，除去可溶性杂质，然后用尿素 7. 16%，二甲基脲 21. 5%，5% 聚乙二醇 PEG4000

溶液浸泡，并逐步递增 PEG 浓度至 60%，4 个月后取出样品，让其在室温下自然干燥①，3 个月后，样品趋于稳定，其各向收缩率均为零（表 5－5），具有木质感强、色泽正常、无黏稠和蜡状感，在高湿天气不易返潮等优点，完全保持了原貌。采用尿素＋二甲基脲＋PEG 复合液脱水加固定型法明显表现出优于仅起填充作用的单一 PEG 渗透法，这为独木舟脱水保护工程方案的制订提供了可靠的依据。

表 5－5 独木舟残片化学脱水定型前后性状对比

独木舟残片	处理前	处理后
湿木重（饱水状）g	162.63	118
水重 g	123.8	
含水率%	319.4	
样长（纵向）cm	19.6	19.6
样长（弦向）cm	2.4	2.4
样宽（径向）cm	6.0	6.0

（二）独木舟脱水加固定型

1. 脱盐

2003 年 10 月，湖北省文物保护技术研究中心、浙江省博物馆及萧山区博物馆遵照 9 月论证会意见，设计制作了跨湖桥独木舟浸渍设备②，一方面为独木舟脱盐浸泡创造条件；另一方面为独木舟提供支撑，保护独木舟安全。浸渍槽（图5－2）制作方法：

---

① 陈中行：《杭州萧山跨湖桥遗址独木舟原址脱水加固定型保护》，《跨湖桥文化国际学术研讨会论文集》，文物出版社，2012 年，第 239 页。

② 卢衡、靳海斌：《跨湖桥遗址地层性质的盐量法研究》，《东方博物》第十八辑，第 45 页。

图5-2　独木舟浸渍槽

采用长×宽×厚为620×23×4cm、140×20×4cm的红松木板各两块，在独木舟四周围成长方框体，外侧用木桩加固。框内填沙子，再在沙层上距舟体5~9cm处浇制添加渗透型有机硅防水剂的石膏外模，在舟体与石膏模之间填充硅橡胶，以防渗漏并起到隔离保护独木舟的作用，再刷一层306不饱和聚酯树脂，复一层玻璃纤维布，交叉进行，直至总厚度达到8mm，待树脂固化后形成玻璃钢容器壁，再在其表面均匀涂刷一层硫化硅橡胶，初步固化后再刷一层，总厚度约5mm，由于硅橡胶与木材结合力有限，又均有弹性，既能堵漏、容易揭除、又不容易损伤独木舟。因此选用硅橡胶作为填缝材料，整体形成以独木舟舟体作为浸渍容器底的“贮液槽”结构。经浸水试验，基本能满足需要。

2003年10月，安装了空调和除湿机对帐篷内温湿度进行控制，11月独木舟浸渍槽施工完成。首先，对独木舟表面的附着生物、污垢、盐类结晶等进行清洗去除，并对包括独木舟材质年轮、是否有节疤、是否炭化、是否开裂、微生物情况、表面的附着物等情况进行细致观察和记录，然后将浸渍槽内加入纯净水浸没独木舟（彩版七，1），水质指标同蒸馏水，要注意及时补充纯净水以保证独木舟全部浸没水中，去除独木舟中的各类水溶性盐类，每半个月测定浸渍液的相关离子浓度并更换纯净水，直到相关离子降低到含量参数不再发生变化为止。持续工作6个月，共计测定12次，取12次的平均值与5‰的近海海水，跨湖桥遗址所在的湘湖水（KH-Wh）和地下水（KH－Wd）中对应的离子浓度测定值作比较，跨湖桥独木舟浸渍液中的主要离子含量均大于湘湖水、地下水，从检测结果看，大部分可溶性盐呈下降趋势，硫酸盐、氯化物下降幅度明显，有效阻断了酸化现象的产生，独木舟脱盐工作初见成效。

2. PEG 复合溶液脱水加固

2005 年 10 月，在湖北省文保中心专家的指导下，独木舟开始进行加固定型，采用尿素＋二甲基脲＋PEG 复合液脱水加固定型法，就是利用 PEG 溶液渗透到木材细胞中置换出大部分水分占据的细胞空间，达到填充与加固的目的，逐步提高 PEG 溶液的浓度，最后使 PEG 完全取代独木舟中的水，再用自然干燥法除去剩余的水分以达到脱水干燥的目的。

先使用低分子量 PEG 进行喷淋浸泡，再逐渐用分子量较大 PEG 溶液。一方面，PEG 分子量不同，性质亦有差异，小分子量 PEG，虽然稳定性差，但渗透性好，不容易造成独木舟收缩；而大分子量 PEG，虽然渗透性较差，可能造成木质收缩，但稳定性好，可使独木舟长期保存；另一方面，饱水独木舟表层是软而重、材质退化的木材，内部则是硬、退化较少的木材，必须先用分子量小的 PEG 处理退化较轻的内部材质，再用分子量大的 PEG 处理退化严重的外部材质，同时逐步改变 PEG 的浓度。

先用尿素 7.16%，二甲基脲 21.5%，5% 聚乙二醇 PEG4000 溶液喷淋、浸泡，后改喷淋 12.5% 的分子量 4000 的聚乙二醇和 0.4% 硼砂混合水溶液，以防止水分过速挥发及霉菌生长，逐步递增 PEG 的浓度直至 60%。具体做法：开始时，每 2h 喷淋一次，根据不同的季节和舟体表面的干湿情况调整增减喷淋次数和剂量，以确保化学材料的充分渗透。要注意做好四方面工作：

一是做好保湿工作，在不展示时，在舟体表面覆盖脱脂棉（图5-2）喷淋溶液，不但可以减少喷淋次数，而且还达到较好的保湿效果；二是做好保温工作，由于PEG溶液低温下容易析出白色结晶（彩版七，2）。因此，要做好保温工作，以确保化学溶液的充分渗透；三是做好清洁工作，及时清除舟体表面结晶，回收的PEG结晶可以重新利用；四是做好监测工作，根据独木舟情况调整化学溶液的浓度，并定时对独木舟及土壤的pH值进行测定，使独木舟pH值保持在7。

2010年5月，对独木舟构件残件进行风干实验（彩版七，3），4个月，未出现开裂、变形的现象，2013年7月（彩版七，4），纵向收缩率1.7%，径向收缩率约为0.3%，无开裂、变形现象。2010年9月，经检测，独木舟PEG浓度达到67%，停止喷淋PEG溶液。

3. 有控气干

2010年9月14日起，独木舟进入风干阶段，每天9：00～16：30，设定温度23℃～25℃，湿度72%；3个月后，独木舟外观逐步由黑（彩版七，5）变成深褐，再变成浅棕色（彩版七，6），手感较硬；2012年12月，在玻璃房内加装了盾安DFG26HDWAZ恒温恒湿机组一套，24h控制温湿度，使独木舟保持稳定风干状态，效果良好。经观察，当设定湿度低于68%时，独木舟中的水分蒸发过快，舟体上出现细小开裂、起甲现象（彩版八，1、3）；当设定湿度超过72%时，则会出现返潮现象（彩版八，2），独木舟表面一层已腐烂的木材，会发黑、变软（彩版八，4）；如果反复干湿交替，将对独木舟造成损害，因此，这一阶段重点是要根据不同季节及独木舟状况控制好温湿度。风干近3年来，对独木舟8个测量点的检测数据表明，收缩率均接近零。

（三）环境保护工程

上述研究表明，独木舟原址保护工程不仅包括独木舟化学加固研究，还包括疏干排水堵水工程、淤泥加固工程、独木舟及其木构件防霉杀菌工程以及环境温湿度控制工程。

1. 疏干排水工程①

遗址保护范围地下水的循环属于入渗—径流型②，呈东南—西北向流动，即地下水在东南方向接受湖水补给流经遗址向西侧水塘排泄，同时大气降水入渗也补给一部分。在这种渗流场及岩土透水性控制下，遗址区地下水不仅埋深浅，一般为 1～3m，而且流动慢，并在一定范围内波动。这是导致独木舟含水量发生波动，进而使其发生严重的霉变腐朽的主要环境地质病害。

根据遗址区的水文地质条件和病害特征，及水文地质模型和地下水渗流数值模型，治理遗址区地下水就是疏干独木舟周围岩体中的地下水并杜绝其他水源对遗址地下水的补给，使之处于干燥环境，主要采取以排为主，堵排结合为原则，设计了暗沟排水方案③，2006 年 5 月，对独木舟周边约 130m^2 土壤范围内实施了暗沟排水工程，排水暗沟布置成斜向长方形（图 5－3），其中西沟和东沟平行于独木舟中心线，长约 14m；西沟距独木舟边缘约 2. 2m；北沟和南沟垂直于独木舟中心线长 10m，南沟距独木舟边缘约 2. 5m；排水暗沟总长约 48、沟宽

① 详见本报告第三章第四节。

② 湖北省文物保护技术研究中心、浙江省博物馆、中国地质大学等七家单位共同编制：《杭州萧山跨湖桥独木舟遗址原址保护工程可行性方案研究》，2008 年。

③ 湖北省文物保护技术研究中心、浙江省博物馆、中国地质大学等七家单位共同编制：《杭州萧山跨湖桥独木舟遗址原址保护工程可行性方案研究》，2008 年。

为1.5～2m。在暗沟西侧拐角设置约4～5m深集水井，井底低于暗沟底板约0.50m，倾斜坡度2%左右，当水位超过2m警戒水位，水泵自动将水抽排到围堰夹层水沟内，再抽排入湘湖，从而保持独木舟底部土壤的干燥，防止地下水对独木舟的侵蚀。

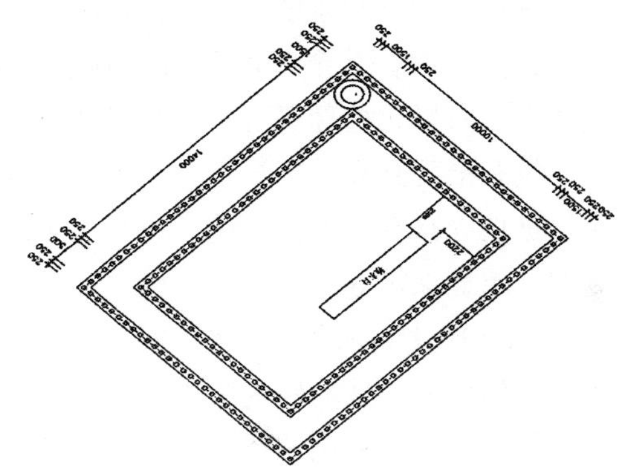

图5－3　排水沟支护平面布置图

2. 土体加固①

根据地质调查资料证实，独木舟下卧地基15～200cm是含水极高松软的淤泥质黏土，呈流塑状，土质软、强度低、压缩变形大；200cm以下是坚硬的不透水层。为保护舟体不因地基沉降、开裂，而造成潜在的损坏，需要对独木舟及相关遗迹区周边软基进行加固。

2004年3月，在陈中行研究员的主持下，萧山区博物馆协助完成电化学桩法加固软土地基试验②，本次试验电极间距

① 详见本报告第四章。

② 余飞、陈善雄、程昌炳等：《萧山跨湖桥独木舟遗址区的电化学桩加固试验》，《土工基础》2010年第24卷第2期。

不低于30cm。初步探明原软塑—流塑状淤泥已基本固化，用静载试验检测，地基承载可达126kPa，变形模量可达6.5MPa，与加固前软土地基相比，地基承载力提高1倍，变形模量提高了4倍，地基土已由高压缩性转变为中等压缩性。

2010年1月，对独木舟玻璃房区域采用软土电化学成桩加固法与化学加固法相结合①的方法进行加固保护，独木舟周围采用电化学成桩法加固，其余区域采用裂隙充填注浆加固、钻孔注浆加固和表面防风化处理等方法进行了加固。加固完成至今已3年多，没有出现开裂、下沉现象，整体效果良好。由此可见，电化学桩加固具有成本低、施工便利、无污染、安全有效和不影响遗址原址保护等优点。

3. 独木舟区域土体化学加固

在疏干排水的作用下，玻璃房内独木舟周围土体产生不均匀沉降、开裂以及土体表面灰化、扬尘等病害，其中木构件摆放区域出现多处较深的裂缝，最大裂隙为东北—西南向长约32、宽约6、深约30cm，必须对独木舟东南侧长900、宽300cm的范围进行化学加固，作为对电化学桩加固的补充。由于该区域土层为含水量高的淤泥层，当钻孔加热干燥之后，土体含水量降低，孔与孔之间可能产生裂隙，有利于化学材料的渗透及固化。施工步骤如下：

第一步进行钻孔加热干燥，首先以50cm间距梅花型开设钻孔，孔深约2m，插入鼓风管和电加热管进行加热干燥（图5-4）。电加热管长约2m，功率1kW；鼓风设备由钻孔内的鼓风管和钻孔顶部的鼓风机组成，对地下钻孔用电热管加热干

① 湖北省文物保护技术研究中心、浙江省博物馆、中国地质大学等七家单位共同编制：《杭州萧山跨湖桥独木舟遗址原址保护工程可行性方案研究》，2008年。

燥过程中，不间断的用鼓风机对鼓风管吹风，将钻孔中的热蒸汽与外界冷空气进行交换，加速干燥过程；在钻孔顶部和电加热管相连部位连接一个温度调节仪，根据不同地点土层湿度，设定不同温度上限，一般为150℃～200℃，自动控制加热干燥的温度，确保施工安全。

图5－4　电加热管进行加热干燥

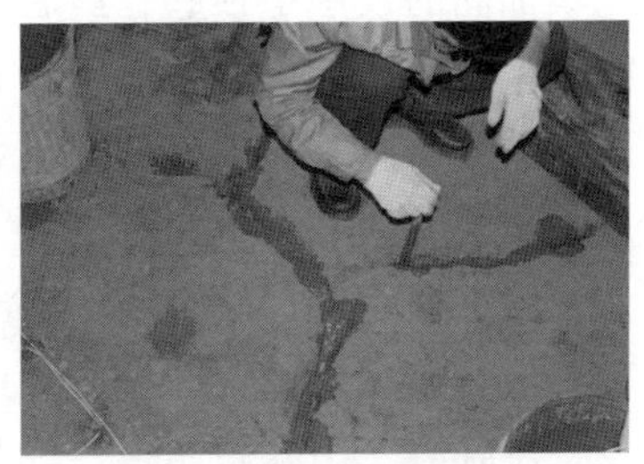
图5－5　裂隙钻孔灌浆加固

第二步进行钻孔灌浆加固，向钻孔内灌入并捣实化学加固材料（图5－5）。灌浆加固材料主剂为水性环氧树脂①，环氧树脂固含量约为10%，固化剂为水性胺类固化剂，所用水为遗址内的自来水。主剂与固化剂体积比为3∶1，先用浓度较稀的加固材料进行渗透，再用浓度较高的加固材料进行填充，并在加固材料中添加些许遗址内黏土增加固化强度。经此法加固区域，至今未出现开裂现象，而周边未加固区域又出现了长×宽×厚分别为30×6×5 cm、10×4×25cm、14×7×5cm的三处裂隙，需要及时对此进行化学加固处理。

第三步表面防风化处理，使用喷壶喷洒加固渗透三遍以上，第一遍用手工慢慢滴渗，确保滴滴入土，保护土壤的毛细

① 南京博物院：《跨湖桥独木舟土体基础加固竣工报告》，2010年。

不被破坏，待有一定强度后，再进行二三遍渗透，最后将表面多余溶剂处理干净，保持土层中的毛细继续起到通气作用，使表层在保持原貌情况下，不再风化、扬尘。一个多月后，土体表面出现盐析现象（彩版八，5），经过 3 个月，随着土壤中水分的不断蒸发，盐类结晶（彩版八，6）不断通过毛细管将化学加固的表层土顶起，最后加固过的土体表面全部被盐分和粉化尘土所替代。实践证明，表面防风化处理不适合干燥环境下含盐量较高土体表面的固化处理。

4. 防霉防菌工程

根据微生物检测结果，筛选出 4 种具有广谱、高效、低毒、低刺激、对环境安全的较理想防霉剂：苯醚甲环唑十丙环唑、戊唑醇、甲基硫菌灵、噻菌灵进行处理。同时，采用机械除湿降低空气中水分，保持遗址的干燥状态。在雨季和有害真菌繁殖的旺季使用防霉剂直接杀灭。具体使用方法①：4 种防霉剂交替使用，用喷雾器喷洒，喷雾量为每平方米 200 ~ 300mL，浓度为 2 ~ 3g/L，第一次喷雾后，间隔 7 天，再进行第二次喷雾。

2009 年 8 月，将原保护帐篷拆除，建造了 57m × 10m 玻璃房，安装总功率 26. 9kW 卓邦恒温恒湿空调机，对独木舟核心区域的温湿度进行有效控制，设定温度 23℃ ~ 25℃，湿度 68% ~ 72%，2009 年月平均温度 17. 7℃，月平均湿度 71%，玻璃房内温湿度控制较好，2010 年 1 月、4 月、7 月、10 月分别对独木舟进行取样检测②，4 批抽样结果显示，独木舟仅有一种真菌——宛氏拟青霉（*Paecilomyces varioti*）（图 5 – 6），数量在

① 陈中行：《杭州萧山跨湖桥遗址独木舟原址脱水加固定型保护》，《跨湖桥文化国际学术研讨会论文集》，文物出版社，2012 年，第 243 页。

② 详见本报告第六章第三节。

260～275 CFU/g 之间（图 5－7），全年变化不大，独木舟及玻璃房内没有出现以往真菌的侵蚀，真菌数量也大大减少，独木舟防霉防菌取得较好效果。

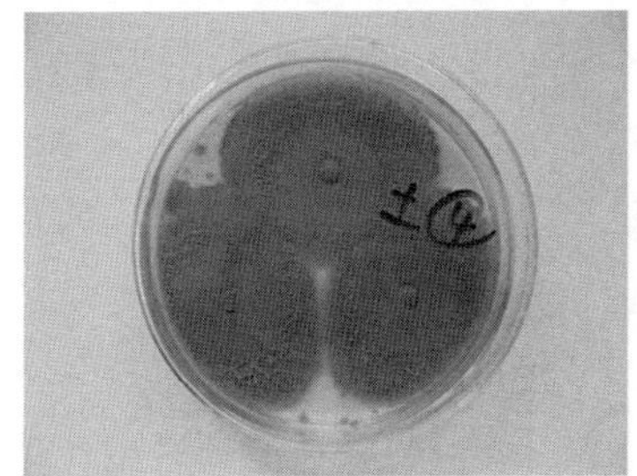
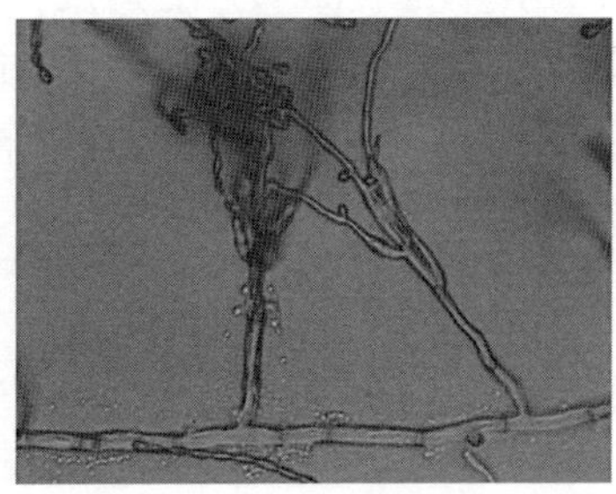

图 5－6　宛氏拟青霉

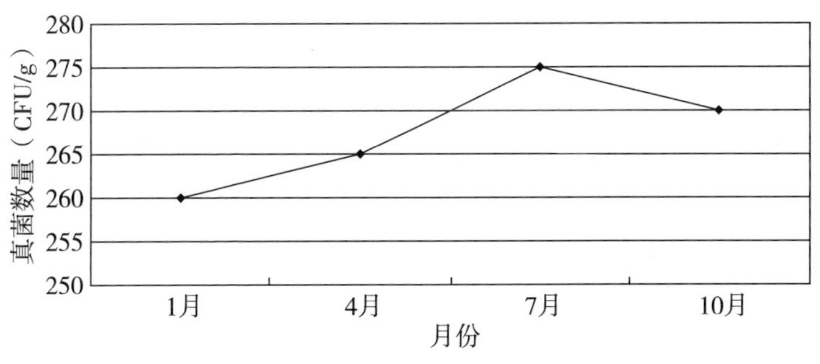

图 5－7　2010 年独木舟真菌数量变化图

（四）后续保护研究

1. 存在的问题

毛细现象是某些液体能沿着很细的管道自然上升的一种物理现象，地下水可以从深处升到地表。毛细现象的产生是由于水对于木材、土壤、衣服纤维等材质有浸润性，液体的分子受到向上的拉力，产生向上的运动。独木舟直接存赋于土壤之上，虽然采取疏干排水法排除了周围大部分地下水，但经检测独木舟下3cm处相对较干外，而6cm以下土壤含水量猛增是其4倍，与玻璃房外遗址区6cm处土壤的含水量基本相当。因此，独木舟表面水分的蒸发，使其下潮湿的土壤产生毛细现象，毛细管中液面呈弯曲状，凹液面对下面的液体形成拉力，使液体沿着管壁上升，当向上的拉力跟管内液柱所受的重力相等时，管内的液体停止上升，达到平衡。毛细现象造成的危害：一是导致独木舟反复会出现反潮现象；二是在毛细现象的作用下，独木舟内部分PEG被水分带出，形成结晶；三是土壤中各类水溶性盐类随着水分析出，这一现象在遗址区内比比皆是，玻璃房内尤其严重（参见彩版八，6）。产生的影响和后果是：析出的盐分会发生自然潮解，造成无休止的干湿交替状态，使独木舟产生开裂、形变等严重后果，甚至造成文物的解体，独木舟风干将会是一个漫长甚至是无法完成的过程。

另一方面，目前PEG的复配溶液呈弱碱性，而PEG本体呈弱酸性，因此可能会影响材料的耐久性，尤其在含水及酸性环境中（包括土壤、有机物等）对PEG的稳定会造成一定影响。

2. 阻断毛细现象

要解决毛细现象，就必须切断独木舟表面水分的蒸发，使独木舟和下卧土壤毛细管内液体保持平衡。蓬莱元朝古船保护工程的做法是：采用优质的生桐油喷涂在船体上，油膜干燥后，形成了一个稳定的保护层，起到隔绝空气氧化、防潮、防腐蚀等保护功能。处理后，成功保持了蓬莱元朝古船的原有观感。该法是否可以应用于独木舟保护上；或许可以对独木舟底部土壤进行防潮隔离处理，以起到阻隔土壤毛细现象的效果，这些方法有待于进一步研究。这一问题如能有效解决，那么对于独木舟浸渍槽、玻璃房是否能够拆除，使独木舟能够达到最佳的展示效果将起到决定作用。

3. 修复加固材料研究

由于内外因素的综合影响，加固材料会逐步发生“老化”，出现发黏、变硬、变形、变色等，还可能发生溶解、溶胀和流变等物理性质改变，以致最后可能导致独木舟解体。引起材料老化的内在因素有：材料本身化学结构、聚集态结构及配方条件等；外在因素有：包括热、光、高能辐射和机械应力等物理因素；氧、臭氧、水、酸、碱等化学因素；还有微生物、昆虫等生物因素。因此，研究加固材料老化的原因、微观机理，以及环境因素对材料老化的影响等，探寻老化的规律，可以减缓老化速度，延长独木舟保存期限。

4. 独木舟修复与现场复原

在独木舟脱水定形成功后，需要进行整体复原，针对独木舟破损、开裂的情况，进行修复，拆除附属设施，此外，大环境温湿度逐渐由单机控制向多机集中控制过度，最终实行智能控制，采光模拟无紫外光的日光状态，尽可能使遗址厅回复出土时状态，恢复一定量的历史信息，给人以直观的感受，优化展示教育功能。

第六章　微生物防治综合研究

第一节　研究背景

由于独木舟遗址地处湘湖水域，充溢的水环境因子以及相对潮湿的遗址厅空气，常年相对湿度在80%~100%，必然导致微生物生长活跃，以致遗址厅内特别是文化层土体等多处可见微生物斑迹。微生物生长活跃极有可能危及跨湖桥独木舟遗址的保护，同时，也可能影响工作人员和游客的健康。因此，以跨湖桥独木舟遗址微生物危害的综合治理为重点，探索和研究跨湖桥独木舟遗址微生物种类、区域分布和变化规律，结合遗址土壤条件，遴选出适合潮湿环境下土遗址安全有效的生物酶防治技术和低海拔环境控制技术，将为遗址的进一步综合治理提供有价值的参考依据，对于我国南方潮湿地区土木结构遗址、木椁墓葬的科学保护也将起到借鉴作用。

近年来，跨湖桥遗址的微生物危害问题引起了专家的重视，对此类危害的防除进行了一些尝试，2004年起，中国科学院武汉岩土力学研究所、浙江省博物馆、湖北省博物馆等单位承担了跨湖桥独木舟遗址原址保护①的研究工作，对遗址的

---

① 湖北省文物保护技术研究中心、浙江省博物馆、中国地质大学等七家单位共同编制：《杭州萧山跨湖桥独木舟遗址原址保护工程可行性方案研究》，2008年。

地质勘探、疏干排水系统、岩土加固、木构件脱水、加固等保护技术进行了论证，也对部分遗址的微生物危害进行了调查，并采用合成防霉杀菌剂喷洒及熏蒸工艺进行防治；绍兴印山大墓木椁霉菌的灭除提出了硫酰氟熏蒸处理方案；湖北九莲墩等土遗址菌害也采用化学抗菌剂控制方法。有害微生物的化学抗菌剂常用异噻唑类、咪唑类、季铵盐类等，甚至采用有机氯、有机磷等处理手段，虽然对部分菌害起到抑制作用，但总体效果不够明显，还造成了遗址土体的板结和环境二次污染等不良后果。

第二节　研究内容

由于跨湖桥遗址所处高温高湿环境内，近年来，采用的常规方法无法控制生物危害，尤其是丝状真菌的菌丝体在土壤中扎根较深，喷洒合成杀菌剂无法根除，熏蒸灭菌方法又不太适合超大空间，本研究采用生物酶抗菌技术对木结构土遗址微生物危害进行有效防治，并结合低海拔密闭遗址厅大环境的温湿度控制，从遗址环境温湿度及霉菌孢子检测、土壤成分分析、独木舟材性分析和遗址土壤墙面有害微生物的采集、培养分离和鉴定着手，采用生物酶对主要有害真菌进行灭活试验；研究防治遗址有害微生物的生物酶技术；研究最低有效灭活浓度；开展物质影响研究；研究土壤某些元素和土体加固剂对生物酶作用的影响；研究独木舟及周围木构件脱水稳定剂对生物酶作用的影响；研究环境温湿度对生物酶作用的影响；研究设计跨湖桥独木舟遗址大厅环境温湿度控制系统，从而有效控制有害微生物对遗址和上卧文物造成的危害。遗址内霉菌较多（彩版九、一〇），呈现蔓延趋势，遗址周围是备用水源水域，不宜用化学处理剂，我们拟用生物酶—几丁质酶复合酶处理，结合控温控湿等物理方法，以控制霉菌等微生物的生长。

第三节　遗址微生物调查

一、材料与方法

（一）试验材料

营养肉汁琼脂培养基（NA）：蛋白胨 10g；牛肉提取物 3g；NaCl 5g；琼脂 15g；蒸馏水 1000mL；pH 7.0。马铃薯葡萄糖琼脂培养基（PDA）：马铃薯 200g；葡萄糖 20g；琼脂 15g；蒸馏水 1000mL；pH 6.0。

（二）试验设备

1. 撞击式空气微生物采样器 JWL－6 型六级（图 6－1）
2. 生物安全柜 Hfsafe－1200（图 6－2）
3. 生化培养箱 LRH－250A　15～40℃±1℃（图 6－3）
4. 生物显微镜 Olympus　BX41TF　1000×（图 6－4）

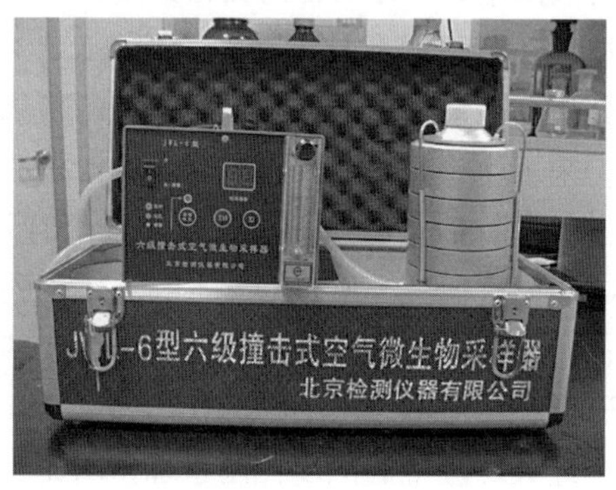

图 6－1　撞击式空气微生物采样器

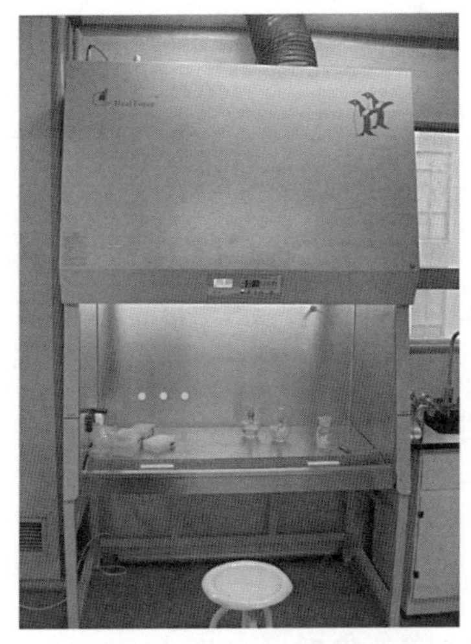

图 6－2　生物安全柜

图 6－3　生化培养箱

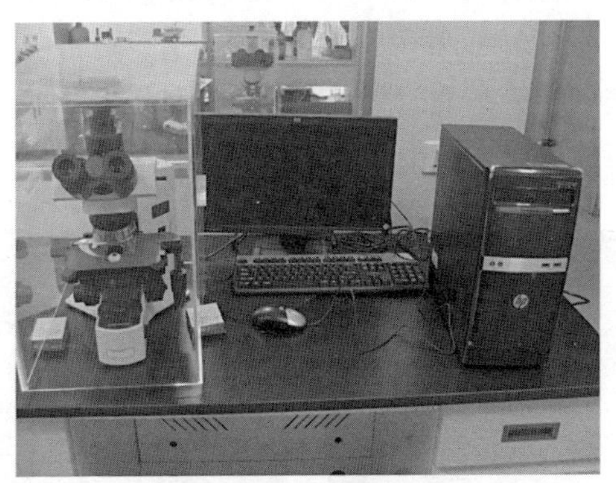

图 6－4　生物显微镜

（三）采样

1. 采样地点

（1）空气采样点共 8 处，分别为：

入口（1#）、前右侧（2#）、后右侧（3#）、玻璃房里侧

(4#)、除湿机前（5#)、后左侧（6#)、前左侧（7#)、中部通道（8#)。

（2）土壤采样点共9处，分别为：

独木舟里侧（1 ⊕)、独木舟外侧（2 ⊕)、展厅左侧人像边（3 ⊕)、左侧土园（4 ⊕)、中部左侧通道（5 ⊕)、中部土坡（6 ⊕)、右侧高坡（7 ⊕)、中部高坡（8 ⊕)、后部高坡（9 ⊕)。

（3）其他采样点2处，分别为：

独木舟和字幕墙。

2. 采样方法

（1）空气采样

采用撞击式空气微生物采样器①进行采样（图6-5、6-6)。它是模拟人体呼吸道的解剖结构和空气动力学特征，依据微粒撞击原理（Stokes 模式）设计制造，可将空气中的微生物直接收集到半固态的琼脂表面上，经过培养计数、计算，进而测定出每立方米空气中所含的微生物菌落数（CFU/m^3)。

图6-5 遗址厅采样

图6-6 玻璃房内采样

① 高晖：《LWC-Ⅰ型、CA6 和 CA2 三种空气微生物采样器在公共场所中应用的对比试验》，《卫生研究》2000 年29（3)。

该采样器分为6级，每级400个孔，从Ⅰ～Ⅵ级孔的直径逐渐减小，空气流量为28.3L/min，每一级的空气流速逐级增加，从而把空气中的带菌粒子按直径大小不同分别捕获在各级的培养皿上。

采样器每一级可以截留的有效粒子直径范围分别为：

>7.0 μm（第一级），4.7～7.0 μm（第二级），3.3～4.7 μm（第三级），2.1～3.3 μm（第四级），1.1～2.1 μm（第五级），0.65～1.1 μm（第六级）。

采样之前制备NA和PDA培养基平板（Φ90mm），并经28℃～30℃、48h培养确定无污染后用于采样，采样器放置高度距离地面1.0～1.2m；采样器各层的孔眼至采样面的距离（即撞击距离）为2mm。采样时间为3min。采样频率为每逢单月采样一次，每次两个重复。

（2）土壤采样

在各土壤采集点用无菌金属小勺采集表层土壤3～5g装入无菌玻璃试管中。

（3）独木舟采样

用无菌金属小勺刮取少许独木舟软腐木，装入无菌玻璃试管中。

（4）字幕墙采样

用10cm×10cm灭菌板置于字幕墙处，用浸有无菌生理盐水采样液的棉拭子1支，在灭菌板内横竖来回涂抹，并随之转动棉拭子，剪去手接触部分，将棉拭子放入装有10mL采样液的试管中。

土壤、独木舟和字幕墙采样频率为每季度第一个月采样一次，每次两个重复。

（四）试验方法

1. 微生物的培养

（1）空气采集的培养基平板运送到实验室后直接放入培养箱中进行培养，NA 平板 35℃，PDA 平板 28℃，培养 48 ~ 96 小时后观察、计数。

（2）采集的土壤样品和软腐木样品运送到实验室后在无菌条件下分别称取 1g 放入装有 99mL 灭菌生理盐水并带玻璃珠的三角烧瓶中，振荡 30 分钟，静置后，取 1mL 并注入 9mL 灭菌生理盐水，振摇试管，混合均匀，并做 10 倍递增稀释。分别取不同稀释度的样品液 0.1mL 于 NA 平板和 PDA 平板，用无菌玻璃三角刮棒涂布于培养基表面，培养方式同（1）。

（3）采集的字幕墙样品运送到实验室后在无菌条件下取 1mL 并注入 9mL 灭菌生理盐水，振摇试管，混合均匀，后面操作同上（2）。

2. 微生物的计数

（1）空气中微生物数量按下述①式计算；微生物粒径大小分布按②式计算：

$$C\ (\mathrm{CFU/m^3}) = \frac{T \times 1000}{t\ (\min) \times F\ (\mathrm{L/min})} \quad ①$$

$$C_{\mathrm{I \sim VI}}\ (\%) = \frac{T_{\mathrm{I \sim VI}} \times 100\%}{T_{(\mathrm{I \sim VI})}} \quad ②$$

式中：C 表示采样区域中空气微生物的数量。

T 表示六层采样器上获得的菌落数总和。

t 表示采样时间。

F 表示空气流量。

$C_{\mathrm{I \sim VI}}$表示各级微生物粒径大小分布。

$T_{\text{I}\sim\text{VI}}$表示该级菌落数。

$T_{(\text{I}\sim\text{VI})}$表示六级总菌落数。

（2）土壤中微生物数量和独木舟微生物数量按经典的平板计数法测定。

（3）字幕墙微生物数量按下述③式计算

$$C\ (\text{CFU/cm}^2) = \frac{A \times F}{M} \qquad ③$$

式中：C 表示采样区域中微生物的数量。

A 表示平皿上菌落的平均数。

F 表示采样液稀释倍数。

M 表示采样面积（cm^2）。

3. 微生物的分离鉴定

待培养基平板菌落长成后，根据培养的菌落形态特征，细菌主要根据形状、大小、表面、透明度、边缘性状等；丝状真菌主要根据菌落生长速度、菌落和培养基颜色变化、表面质地、渗出物等，选择不同菌落进行分离、纯化，结合显微特征和（或）生理生化特性，对分离、纯化的菌株做进一步的分类鉴定。

（1）细菌的鉴定

根据菌落培养的形状、大小、表面、透明度、边缘性状等形态特征，发酵类型、生物酶特性、碳源的利用等生理生化特性，以及显微特征进行鉴定。

（2）丝状真菌的鉴定

采用点植法和载玻片培养法，在显微镜下观察菌丝形状、孢子梗特征、孢子着生方式和孢子形态等，并结合菌落生长速度、菌落和培养基颜色变化、表面质地、渗出物等进行鉴定。

二、微生物种类

（一）不同区域微生物种属组成

1. 遗址微生物种类①

共采集样品 92 组（件），其中空气样品 48 组，土壤样品 36 件，字幕墙样品 4 件，独木舟样品 4 件。检出丝状真菌类群 20 种，它们分别隶属于子囊菌纲曲霉属 5 种、青霉属 4 种、头孢（霉）属 2 种；半知菌纲丛梗孢科、暗色孢科和瘤座孢科 9 种。细菌类群 13 种，主要集中在芽孢杆菌属，其他有链球菌属、不动杆菌属、棒状杆菌属、微球菌属、片球菌属。各菌的分类地位见表 6－1、6－2。

表 6－1　丝状真菌的分类地位

<table>
<tr><td rowspan="11">子囊菌纲</td><td rowspan="9">散囊菌科</td><td rowspan="5">曲霉属 (Aspergillus)</td><td>聚多曲霉 (Aspergillus sydowii)</td></tr>
<tr><td>土曲霉 (Aspergillus terreus)</td></tr>
<tr><td>黑曲霉(Aspergillus niger)</td></tr>
<tr><td>杂色曲霉 (Aspergillus versicolor)</td></tr>
<tr><td>灰绿曲霉 (Aspergillus glaucus)</td></tr>
<tr><td rowspan="4">青霉属 (Penicillum)</td><td>圆弧青霉 (Penicillium cyclopium)</td></tr>
<tr><td>黑青霉 (Penicillium nigricans)</td></tr>
<tr><td>展青霉 (Penicillium patulum)</td></tr>
<tr><td>产黄青霉 (Penicillum chrysogenum)</td></tr>
<tr><td rowspan="2">长喙壳科</td><td rowspan="2">头孢（霉）属 (Cephalosporium)</td><td>顶孢头孢霉 (Cephalosporium acremonium)</td></tr>
<tr><td>考氏头孢霉 (Cephalosporium costantinii)</td></tr>
</table>

① 周宇光：《菌种目录》，中国农业科技出版社，1997 年，第 230 页。

续表 6－1

半知菌纲	丛梗孢科	拟青霉属 (*Paecilomyces*)	宛氏拟青霉 (*Paecilomyces varioti*)
		轮枝孢属 (*Verticillium*)	—
		木霉属 (*Trichaderma*)	康宁木霉 (*Trichaderma konrngii*)
		瓶孢霉属 (*Phialophora*)	烂木瓶孢霉 (*Phialophora richardsial*)
	暗色孢科	枝孢霉属 (*Cladosporium*)	—
		交链孢霉属 (*Alternarea*)	细交链孢霉 (*Alternarea alternata*)
		弯孢属(*Curvularia*)	—
	瘤座孢科	镰孢属 (*Fusarium*)	毛球镰孢霉 (*Fusarium flocciferum*)
		黑乌霉属(*Memnoniella*)	—

表 6－2　细菌的分类地位

序号	革兰氏染色/菌体形状	属名	种名
1	革兰氏阳性杆菌	芽孢杆菌属 (*Bacillus*)	枯草芽孢杆菌(*Bacillus subtilis*)
2			巨大芽孢杆菌(*Bacillus megaterium*)
3			地衣芽孢杆菌(*Bacillus licheniformis*)
4			环状芽孢杆菌(*Bacillus circulans*)
5			侧芽孢杆菌(*Bacillus laterospore*)
6			球形芽孢杆菌(*Bacillus sphaericus*)
7			浸麻芽孢杆菌(*Bacillus macerans*)
8		棒状杆菌属 (*Corynebacterium*)	—

续表 6－2

序号	革兰氏染色/菌体形状	属名	种名
9	革兰氏阴性杆菌	苍白杆菌属 (*Ochrobactrum*)	人苍白杆菌 (*Ochrobactrum anthropi*)
10	革兰氏阴性球杆菌	不动杆菌属 (*Acinetobacter*)	—
11	革兰氏阳性球菌	链球菌属 (*Streptococcus*)	星座链球菌 (*Streptococcus constellatus*)
12		微球菌属 (*Micrococcus*)	—
13		片球菌属 (*Pediococcus*)	—

2. 不同区域的主要微生物种属组成

（1）遗址空气

对采集的48份空气样本进行鉴定、分析，表明展厅空气中优势真菌为黑曲霉（*Aspergillus niger*）、圆弧青霉（*Penicillium cyclopium*）、展青霉（*Penicillium patulum*）和土曲霉（*Aspergillus terreus*）；主要细菌为枯草芽孢杆菌（*Bacillus subtilis*）和巨大芽孢杆菌（*Bacillus megaterium*）。玻璃房空气中以芽孢杆菌属（*Bacillus*）细菌占优势。

（2）土壤

对采集的36份土壤样本进行鉴定、分析，表明遗址土壤中优势真菌为黑曲霉（*Aspergillus niger*）、土曲霉（*Aspergillus terreus*）、聚多曲霉（*Aspergillus sydowii*）、杂色曲霉(*Aspergillus versicolor*)、圆弧青霉(*Penicillium cyclopium*)、展青霉（*Penicillium patulum*）、黑青霉（*Penicillium nigricans*）、宛氏拟青霉（*Paecilomyces varioti*）和枝孢霉(*Cladosporium*)等。主要细菌

除枯草芽孢杆菌（*Bacillus subtilis*）、巨大芽孢杆菌（*Bacillus megaterium*）之外，还有人苍白杆菌（*Ochrobactrum anthropi*）和星座链球菌（*Streptococcus constellatus*）等。

（3）独木舟

对采集的4份独木舟样本进行鉴定、分析，表明独木舟侵蚀菌为宛氏拟青霉（*Paecilomyces varioti*）。

（4）字幕墙

对采集的4份字幕墙样本进行鉴定、分析，表明字幕墙侵蚀菌为杂色曲霉（*Aspergillus versicolor*）和芽孢杆菌属（*Bacillus*）。

3. 侵蚀主导菌鉴定结果图（图6－7；彩版一一～一三）

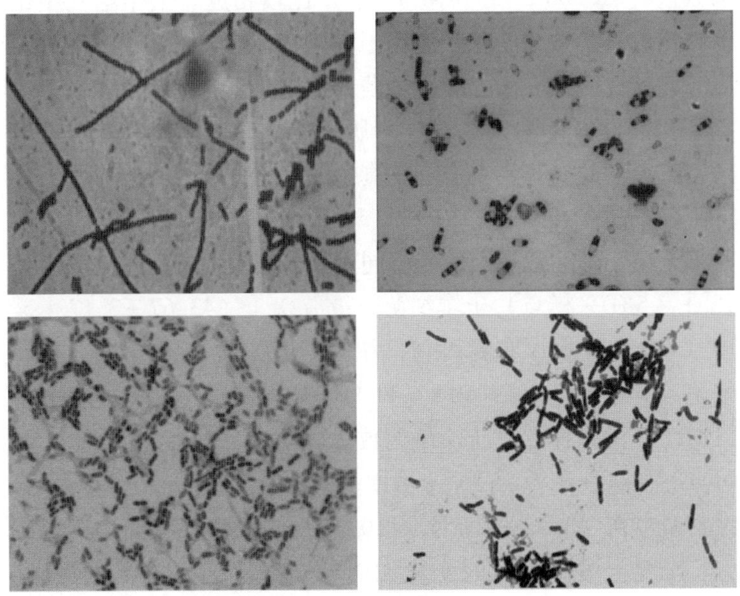

图6－7　芽孢杆菌属

（二）侵蚀主导菌演变规律及区域分布

1. 同区域的微生物种类差异

（1）展厅空气

展厅空气中真菌数量（814.10 ± 243.82 CFU/m^3）高于细菌数量（157.44 ± 37.69CFU/m^3）。全年空气中细菌数量变化幅度不大，除了7月份略超过200 CFU/m^3，其他月份都在200 CFU/m^3以下；而真菌数量变化幅度较大，尤其从5、6月份开始，随着展厅空气温度的升高，真菌数量急剧增加，6月至9月真菌数量都超过了1000 CFU/m^3以上（彩版一四，1）。

（2）玻璃房空气

玻璃房空气中细菌数量（319.98 ± 36.51 CFU/m^3）和真菌数量（315.08 ± 42.40 CFU/m^3）比较相近。全年空气中细菌数量和真菌数量变化幅度均不大，基本在270 ~ 350 CFU/m^3之间波动，区别在于上半年细菌数量略高于真菌数量，而下半年真菌数量高于细菌数量（彩版一四，2）。显然，随着玻璃房空气温度的升高，更有利于真菌的生长繁殖。

（3）遗址土壤

土壤中细菌数量因区域不同而差异较大，展厅左侧低洼处（3 ⊕ ~ 5 ⊕采样点）土壤细菌数量最高［（43.67 ± 3.17）× 10^5 CFU/g］；展厅右侧和中部高坡（6 ⊕ ~ 9 ⊕采样点）土壤细菌数量最低［（69.50 ± 6.88）× 10^4 CFU/g］；而玻璃房内（1 ⊕、2 ⊕采样点）土壤细菌数量居中［（21.50 ± 5.00）× 10^5 CFU/g］（图6 – 8）。土壤中真菌数量在各区域之间差异不大，基本在（3.33 ± 1.05）× 10^3 CFU/g（图6 – 9）。

全年土壤微生物的变化尤以展厅土壤真菌的变化明显，虽然各区域真菌数量有所不同，但全年的变化趋势与环境温度的变化相似（彩版一四，3），而土壤细菌变化不明显，尤

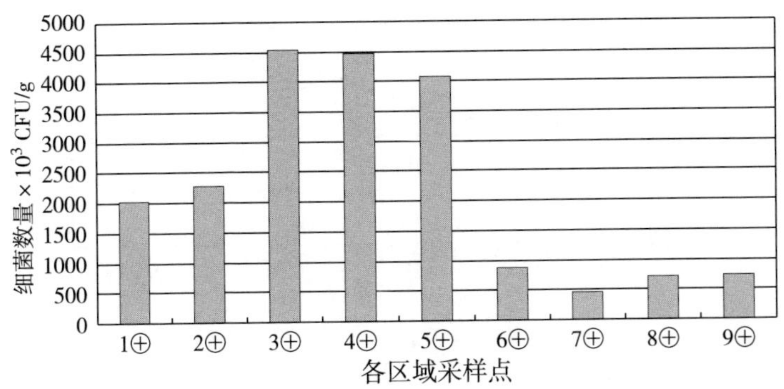

图6-8　土壤细菌的区域分布

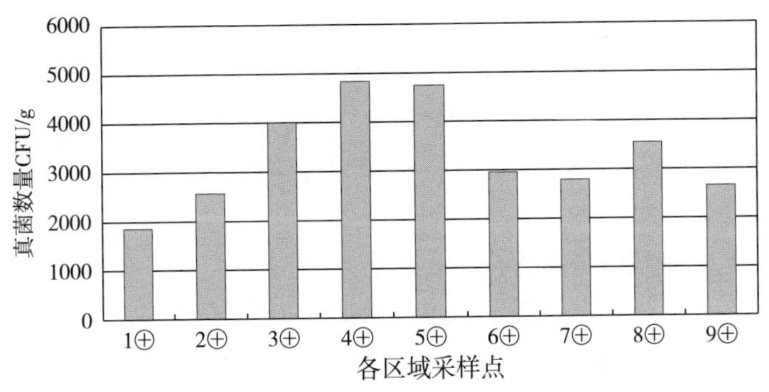

图6-9　土壤真菌的区域分布

其是展厅右侧和中部高坡处（6⊕~9⊕）土壤细菌数量全年基本保持稳定（彩版一四，4）。

（4）独木舟

独木舟4次采样、分析均为一种真菌，数量在260~275 CFU/g之间，全年变化不大（图6-10）。这与所处的恒温恒湿环境有关。

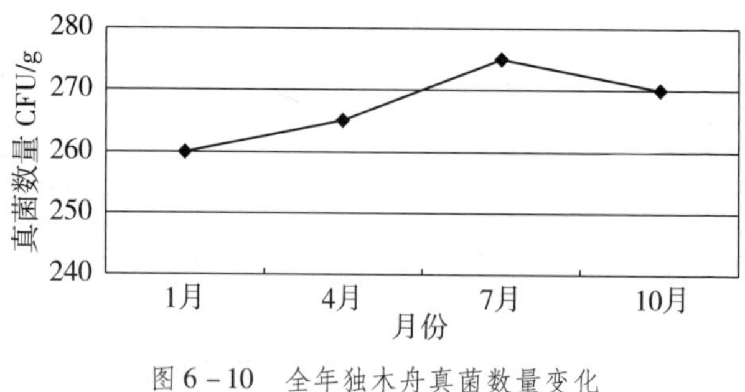

图6－10　全年独木舟真菌数量变化

（5）字幕墙

字幕墙4次采样分析均为一种细菌和一种真菌，细菌数量为250.00±55.00 CFU/cm^2，全年变化不大；真菌数量为336.25±84.38 CFU/cm^2，全年数量变化明显，从4、5月份开始，随着展厅空气温度的升高，真菌数量迅速增加，5月份至9月份期间真菌数量接近或超过400 CFU/cm^2（彩版一四，5）。

2. 空气微生物的粒径分布

基于JWL－6型撞击式空气微生物采样器的特点，不同粒径的粒子会被截留在不同孔径的采样器分级上。研究表明空气中真菌与细菌的粒径分布具有不同的特点。展厅空气中细菌主要分布在采样器的第四、五、六级中，占总数的85%（图6－11）。真菌主要分布在采样器的第三、四级中，占总数的77%（图6－12）。玻璃房空气中细菌主要分布在采样器的第一、五、六级中，占总数的73%（图6－13）。玻璃房空气中真菌分布与展厅空气真菌分布相似，主要在采样器的第三、四级中，占总数的81%（图6－14）。粒径分布数据表明，空气中浮尘微粒直径80%低于2.5um。

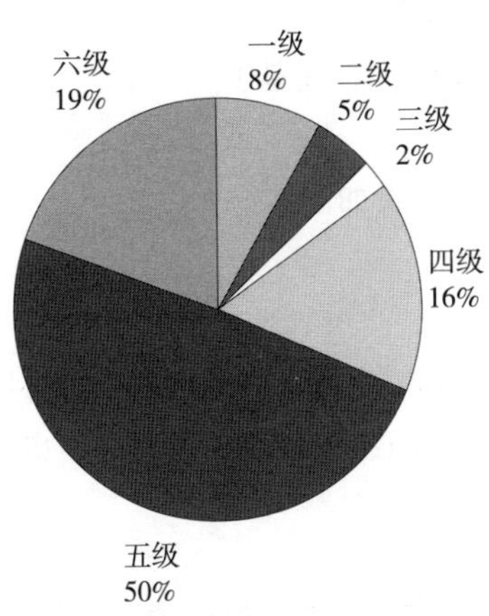

图 6－11　展厅空气细菌粒径大小分布

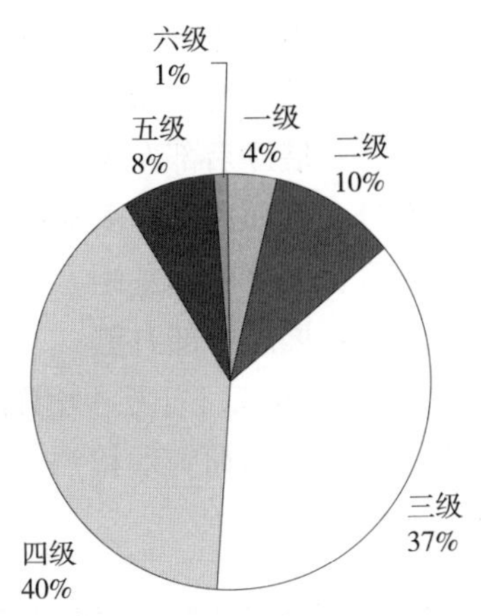

图 6－12　展厅空气真菌粒径大小分布

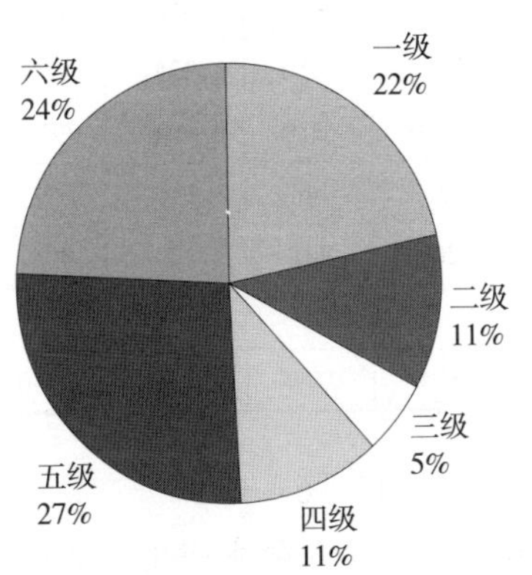

图 6－13　玻璃房空气细菌粒径大小分布

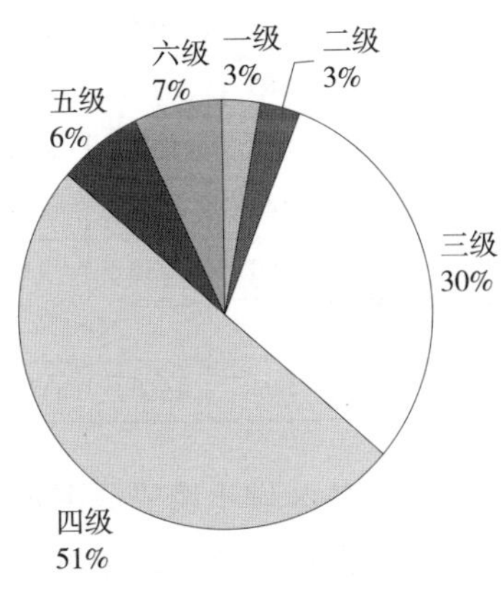

图 6－14　玻璃房空气真菌粒径大小分布

3. 土壤加固材料和主要盐类对微生物生长的影响

(1) 土壤成分检测采样点

1 号：展厅入口处。

2 号：展厅中央水性环氧树脂加固区。

3 号：独木舟玻璃房内（PEG 处理，脱盐）。

4 号：展厅后部左侧。

5 号：展厅后部右侧水性环氧树脂加固区。

6 号：展厅中部左侧。

7 号：展厅中部右侧。

采集20cm 以下土层土壤样品 7 份，送浙江省农业科学院环境资源与土壤肥料研究所检测，检测结果见表 6－3 和图 6－15～6－18。

表 6－3 浙江省农业科学院环境资源与土壤肥料研究所检验结果

分析项目	1 号	2 号	3 号	4 号	5 号	6 号	7 号
K，mg/kg	42.9	107	173	19.2	61.0	61.0	51.0
Na，mg/kg	123	805	2365	560	424	350	940
Ca，mg/kg	885	1765	1540	1515	1250	925	1475
Mg，mg/kg	435	2525	8250	3380	1730	1270	3975
Cl，mg/kg	142	248	309	92.3	146	146	273
HCO_3，mg/kg	290	285	236	260	201	270	574
CO_3，mg/kg	—	—	—	—	—	—	—
SO_4，mg/kg	4968	15600	41328	18048	10944	7680	20640

（2）各区域土壤成分图示（图 6－15～6－18）

从土壤成分检测数据可看出，玻璃房内独木舟的 PEG 处理，对土壤成分的改变产生较大影响，尤其是钾、镁、硫酸根离子的浓度远远高于其他区域平均浓度，这种高渗环境，对微生物的正常生长不利，这也是造成玻璃房内土壤微生物数量相对较低的一个因素。由于土壤成分复杂，检测有一定的局限，所以这方面的工作还有待于进一步深入。

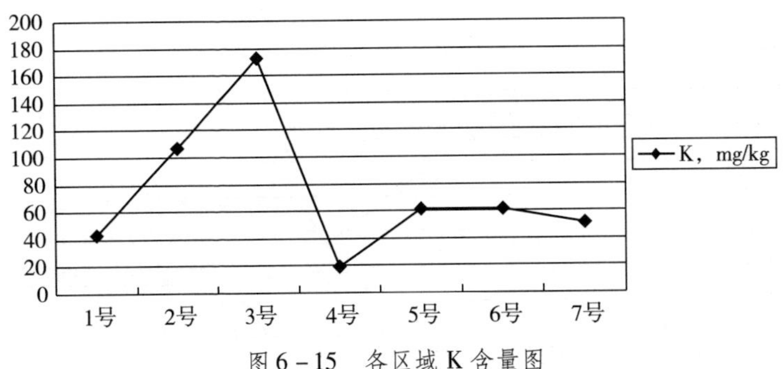

图 6－15　各区域 K 含量图

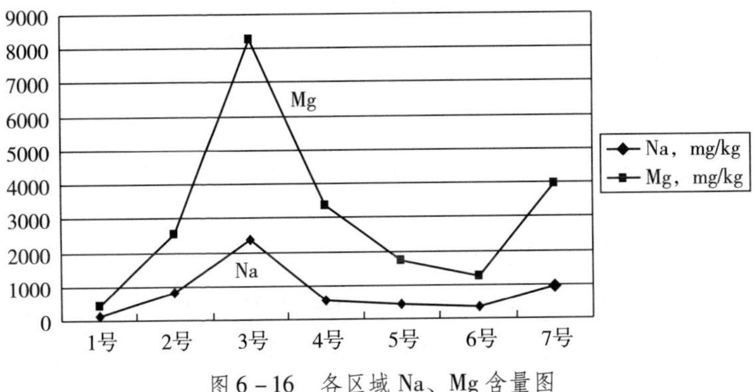

图 6－16　各区域 Na、Mg 含量图

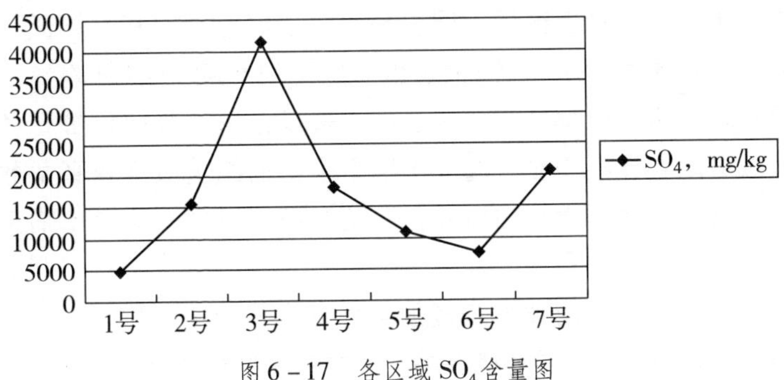

图 6－17　各区域 SO_4 含量图

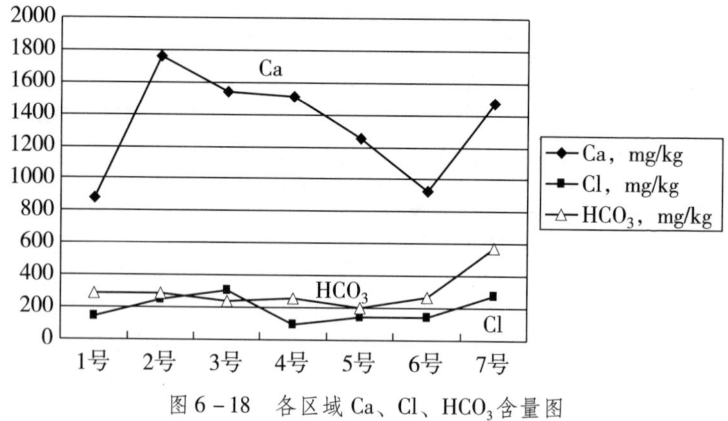

图 6－18　各区域 Ca、Cl、HCO_3含量图

4. 结论

（1）展厅空气中真菌数量高于细菌数量，真菌数量随季节温度变化明显，夏季最高值达到 1000 CFU/m^3以上，而细菌数量最高值略超过 200 CFU/m^3。

（2）玻璃房空气中细菌数量和真菌数量相近，基本在 300 CFU/m^3左右，且全年变化不明显，这与玻璃房的恒温恒湿环境有很大关系。

（3）遗址土壤中细菌数量因区域不同而差异较大；展厅土壤中细菌数量因区域不同表现出一定的差异，其左侧低洼处细菌数量最高；展厅右侧和中部高坡土壤中细菌数量最低；玻璃房内土壤细菌数量居中。遗址土壤中真菌数量在各区域之间差异不明显。遗址土壤中全年的细菌数量和真菌数量变化与所处环境不同而异，真菌对环境温度的响应比细菌更为敏感。

（4）玻璃房内独木舟侵蚀真菌其数量全年变化不大，这与其所处的恒温恒湿环境有关。加之独木舟经过前期的抗菌固形剂的处理，侵蚀真菌已处于一种动态平衡状态。

（5）字幕墙处于展厅环境，其真菌数量随展厅温度变化明显，夏季最高值达到500 CFU/m³以上。

（6）展厅空气和玻璃房空气中真菌及携带真菌的微粒其直径范围为2～5μm；展厅空气中多数细菌及携带细菌的微粒直径范围为1～3μm；玻璃房空气中多数细菌及携带细菌的微粒直径范围为1～2μm，或是大于7μm。

（7）遗址微生物的区域分布状况

①展厅空气占优势的微生物有：黑曲霉、土曲霉、圆弧青霉、展青霉和芽孢杆菌；

②玻璃房空气主要为芽孢杆菌属；

③土壤中主导菌为黑曲霉、土曲霉、聚多曲霉、杂色曲霉、圆弧青霉、展青霉、黑青霉、宛氏拟青霉、枝孢霉，以及芽孢杆菌、星座链球菌和人苍白杆菌；

④字幕墙侵染菌为杂色曲霉和芽孢杆菌；

⑤独木舟侵蚀菌为宛氏拟青霉。

三、生物酶应用研究

（一）材料与方法

1. 试验材料

（1）生物酶：是一种无毒、对环境友好的生物催化剂，其化学本质为蛋白质。目前酶处理工艺已被公认为是一种符合环保要求的绿色生产工艺，它不仅有抑菌作用，又因无毒无害，用量少，而有利于生态环境的保护。因此，经过遴选确定几丁质酶作为试验材料。

几丁质酶（Chitinase，from Streptomyces griseus）518units/g；葡聚糖酶（Dextranase，from Penicillium sp.）25.3u/mg。

均为西格玛奥德里奇（上海）贸易有限公司生产。

（2）马铃薯葡萄糖琼脂培养基（PDA）①：马铃薯 200g；葡萄糖 20g；琼脂 15g；蒸馏水 1L；pH 6.0。

2. 试验设备

（1）撞击式空气微生物采样器 JWL－6 型 六级

（2）电热恒温水浴槽 DK－S25（室温～95℃）

（3）生物安全柜 Hfsafe－1200

（4）生化培养箱 LRH－250A 15℃～40℃ ±1℃

（5）生物显微镜 Olympus BX41TF 1000×

3. 试验方法

（1）采样及样本处理

①空气采样

采用仪器法（撞击式空气微生物采样器），采样高度距离地面 1.0～1.2m。采集的培养基平板运送到实验室后直接放入 28℃培养箱中培养 48～96h 后分离、鉴定。

②土壤采样

用无菌金属小勺采集表层土壤 3～5g 装入无菌玻璃试管中。

③独木舟采样

用无菌金属小勺刮取少许独木舟软腐木，装入无菌玻璃试管中。

采集的土壤样本和软腐木样本运送到实验室后在无菌条件下分别称取 1g 放入装有 99mL 灭菌生理盐水并带玻璃珠的三角烧瓶中，振荡 30 分钟，静置后，取 1mL 并注入 9mL 灭菌生理盐水，振摇试管，混合均匀，并做 10 倍递增稀释。分别取

① 周宇光：《菌种目录》，中国农业科技出版社，1997 年，第 230 页。

不同稀释度的样品液0.1mL于PDA平板，用无菌玻璃三角刮棒涂布于培养基表面，培养方式同①。

④字幕墙采样

用10cm×10cm灭菌板置于字幕墙处，用浸有无菌生理盐水采样液的棉拭子1支，在灭菌板内横竖来回涂抹，并随之转动棉拭子，剪去手接触部分，将棉拭子放入装有10mL采样液的试管中待运送到实验室后在无菌条件下取1mL并注入9mL灭菌生理盐水，振摇试管，混合均匀，后面操作同③。

（2）丝状真菌的分离、鉴定

培养基平板菌落长成后，选择不同菌落进行分离、纯化。采用点植法和载玻片培养法，根据菌落生长速度、菌落和培养基颜色变化、表面质地、渗出物等，并结合显微镜下观察的菌丝形状、孢子梗特征、孢子着生方式和孢子形态等，对分离、纯化的菌株作进一步的分类、鉴定①②。

（3）抑菌试验

①孢子悬液的制备

将供试菌株接种在PDA斜面上，置于28℃恒温培养箱内培养5~7天后，用无菌生理盐水将成熟的孢子洗下，孢子原液用无菌脱脂棉进行过滤，在孢子滤液中加入无菌玻璃珠后置摇床振荡5分钟，用血球计数板计算孢子数量并调节孢子浓度在10^2~10^3个/mL，备用。

---

① 戴芳澜：《真菌的形态和分类》，科学出版社，1987年，第75~155页，第297~306页。

② 魏景超：《真菌鉴定手册》，上海科学技术出版社，1979年，第129~135页，第487~642页。

②生物酶处理试验

a. 几丁质酶处理

将几丁质酶 10g 溶于 5mL 0.1mol/L 磷酸钾缓冲液（pH6），用0.45μm 的超滤膜过滤除菌。将 15mL 培养基倾入平皿，冷却制成平板后，分别吸取 0.05mL（处理①）、0.1mL（处理②）和 0.2mL（处理③）酶液涂布于培养基上，静置片刻后将供试菌种的孢子悬液 0.1mL 涂布于 PDA 平板，28℃，培养 3~5 天，观察生长情况并计数。

b. 复合酶处理

将葡聚糖酶 2g 溶于 5mL 0.1mol/L 乙酸-乙酸钠缓冲液（pH6），用 0.45μm 的超滤膜过滤除菌。将 15mL 培养基倾入平皿，冷却制成平板后，分别吸取 0.05mL、0.1mL 和 0.2mL 酶液涂布于培养基上，随之加入几丁质酶液，加入量根据不同试验菌单一酶处理效果不明显的浓度，静置片刻后操作同上。

（二）试验与结果

1. 丝状真菌的鉴定结果

从表 6-4 可见空气中主要的丝状真菌有：黑曲霉（*Aspergillus niger*）、土曲霉（*Aspergillus terreus*）、展青霉（*Penicillium patulum*）和圆弧青霉（*Penicillium cyclopium*）。土壤中主导菌为黑曲霉（*Aspergillus niger*）、土曲霉（*Aspergillus terreus*）、聚多曲霉（*Aspergillus sydowii*）、杂色曲霉(*Aspergillus versicolor*)、圆弧青霉（*Penicillium cyclopium*）、展青霉（*Penicillium patulum*）、黑青霉（*Penicillium nigricans*）、宛氏拟青霉（*Paecilomyces varioti*）和枝孢霉(*Cladosporium*)。字幕墙侵染菌为杂色曲霉(*Aspergillus versicolor*)。独木舟侵蚀菌为宛氏拟青霉（*Paecilomyces varioti*）。

表6－4　不同样本丝状真菌鉴定结果

样本来源	分类地位		菌种名称
空气	子囊菌纲－散囊菌科	曲霉属	黑曲霉（*Aspergillus niger*）
			土曲霉（*Aspergillus terreus*）
		青霉属	展青霉（*Penicillium patulum*）
			圆弧青霉（*Penicillium cyclopium*）
土壤	子囊菌纲－散囊菌科	曲霉属	黑曲霉（*Aspergillus niger*）
			土曲霉（*Aspergillus terreus*）
			聚多曲霉（*Aspergillus sydowii*）
			杂色曲霉(*Aspergillus versicolor*)
		青霉属	圆弧青霉(*Penicillium cyclopium*)
			展青霉（*Penicillium patulum*）
			黑青霉（*Penicillium nigricans*）
	半知菌纲－丛梗孢科	宛氏拟青霉属	宛氏拟青霉（*Paecilomyces varioti*）
	半知菌纲－暗色孢科	枝孢霉属	枝孢霉(*Cladosporium*)
字幕墙	子囊菌纲－散囊菌科	曲霉属	杂色曲霉(*Aspergillus versicolor*)
独木舟	半知菌纲－丛梗孢科	宛氏拟青霉属	宛氏拟青霉（*Paecilomyces varioti*）

2. 几丁质酶处理结果（结果见表6－5）

表6－5　含不同浓度几丁质酶的平板上丝状真菌的生长情况

供试菌种	对　照	50u（处理①）	100u（处理②）	200u（处理③）
黑曲霉	57，4～5mm	62，2～3mm	54，1mm	53，初萌发
土曲霉	236，13～14mm，菌丝长、浓密	194，11～12mm	203，9～10mm	187，7～8mm
聚多曲霉	菌落浓密，成片，多不可计，产孢	菌落浓密，成片，多不可计	菌落浓密，多不可计	菌落较浓密，多不可计

续表 6－5

供试菌种	对　照	50u（处理①）	100u（处理②）	200u（处理③）
杂色曲霉	738，3～4mm，产孢	624，3mm	584，2～3mm	575，2mm
圆弧青霉	424，4～5mm，产孢，有色素渗入培养基	409，4～5mm，产孢，有色素渗入培养基	40，4～5mm，产孢	26，4～5mm，产孢
展青霉	924，3～4mm，孢子浓密	832，3～4mm，孢子浓密	754，3～4mm，孢子较浓密	416，3～4mm，形成孢子
黑青霉	496，3mm 菌落浓密	282，3mm 菌落稀疏	124，2mm 菌落稀疏	87，2mm 刚形成菌落
宛氏拟青霉	菌落浓密，成片，多不可计，产孢	菌落浓密，成片，多不可计	菌落浓密，多不可计	菌落较浓密，多不可计
枝孢霉	656，菌落密集	632，菌落较密集	278，菌落较密集	183，菌落稀疏

从表 6－5 可以看出，不同浓度的几丁质酶对 9 种丝状真菌有不同的抑菌效果：圆弧青霉（*Penicillium cyclopium*）、黑青霉（*Penicillium nigricans*）对几丁质酶较为敏感，100u 酶活力即能较好地抑制菌丝的生长发育，而其他 7 种丝状真菌抑制生长的效果不明显；当酶活力达到 200u 时枝孢霉属（*Cladosporium*）、土曲霉（*Aspergillus terreus*）、黑曲霉（*Aspergillus niger*）的生长发育受到抑制，而聚多曲霉（*Aspergillus sydowii*）、展青霉（*Penicillium patulum*）、杂色曲霉（*Aspergillus versicolor*）和宛氏拟青霉（*Paecilomyces varioti*）的抑制效果仍然不明显。

不同浓度几丁质酶对丝状真菌的抑制处理结果（图6－19～6－27）：

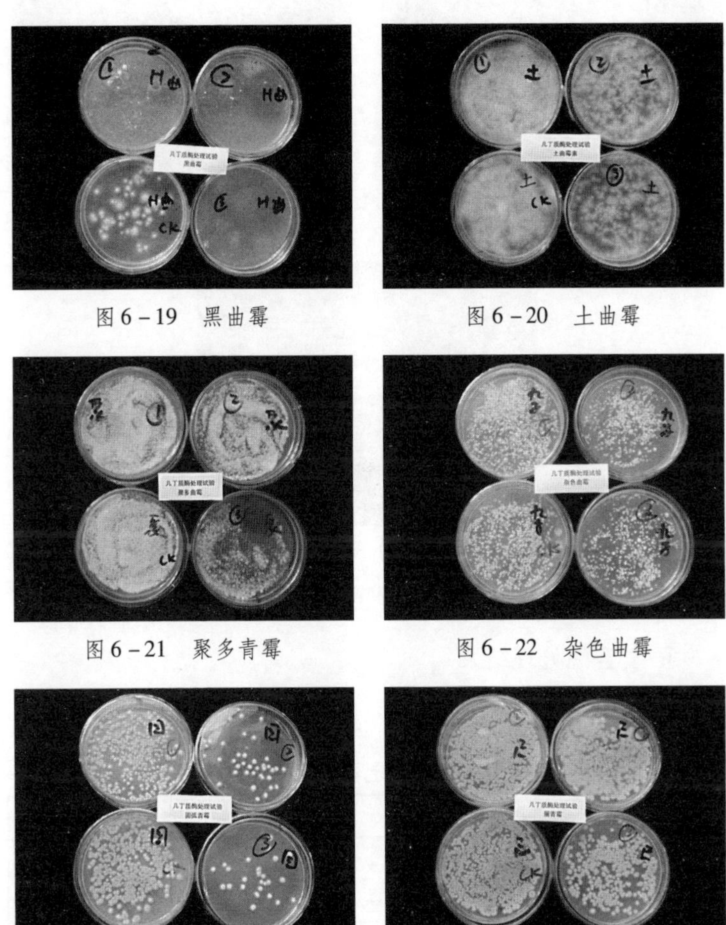

图6－19　黑曲霉

图6－20　土曲霉

图6－21　聚多青霉

图6－22　杂色曲霉

图6－23　圆弧青霉

图6－24　展青霉

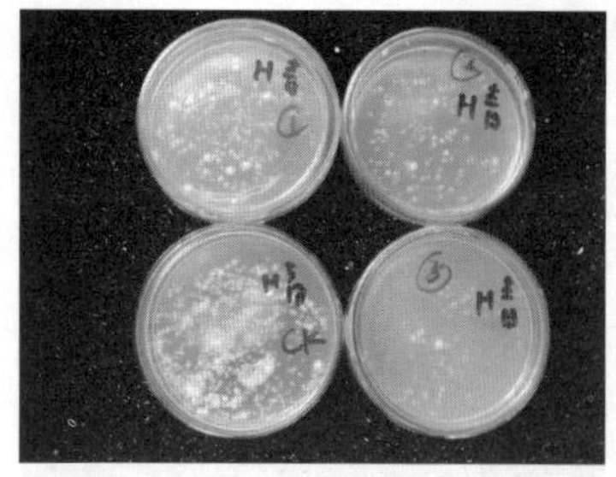

图 6－25 黑青霉

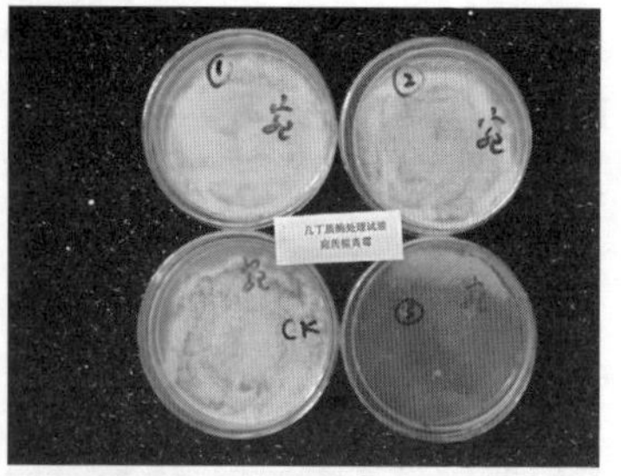

图 6－26 宛氏拟青霉

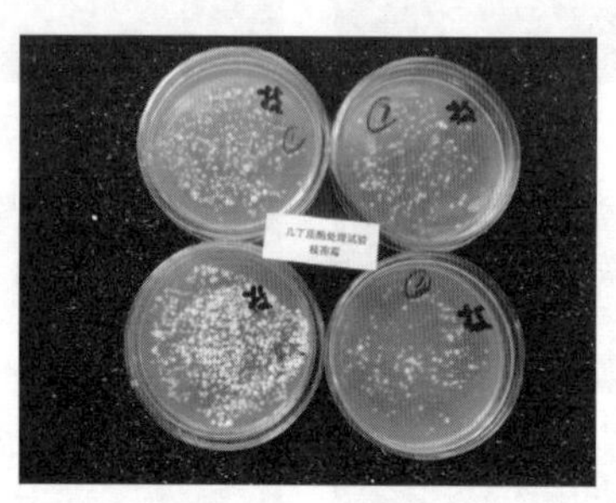

图 6－27 枝孢霉

注：几丁质酶处理：① 50u；② 100u；③ 200u

3. 复合酶处理结果

结果见表 6－6

表 6－6 复合酶处理平板上丝状真菌的生长情况（一）

供试菌种	对照	处理①	处理②	处理③
		50u C－酶＋500u D－酶	50u C－酶＋1000u D－酶	50u C－酶＋2000u D－酶
圆弧青霉	424，4～5mm，产孢，有色素渗入培养基	39，4～5mm，初产孢	28，4～5mm，初产孢	25，4～5mm，初产孢

续表6-6

供试菌种	对照	处理①	处理②	处理③
		50u C-酶+500u D-酶	50u C-酶+1000u D-酶	50u C-酶+2000u D-酶
黑青霉	多不可计，菌落浓密	220，菌落稀疏	128，菌落稀疏	86，菌落稀疏

表6-6　复合酶处理平板上丝状真菌的生长情况（二）

供试菌种	对照	处理①	处理②	处理③
		100u C-酶+500u D-酶	100u C-酶+1000u D-酶	100u C-酶+2000u D-酶
黑曲霉	50，产孢明显	30，产孢明显	35，少量产孢	29，初产孢
土曲霉	124，菌落密集，产孢明显	68，菌落密集，少量产孢	6，生长期，未产孢	2，生长期，未产孢
枝孢霉	745，菌落浓密	293，菌落密集	233，菌落密集	185，菌落稀疏

表6-6　复合酶处理平板上丝状真菌的生长情况（三）

供试菌种	对照	处理①	处理②	处理③
		200u C-酶+500u D-酶	200u C-酶+1000u D-酶	200u C-酶+2000u D-酶
聚多曲霉	450，菌落密集	42	8	3
杂色曲霉	764，菌落浓密	628，菌落较浓密	473，菌落较浓密	452，菌落稀疏
展青霉	940，5~6mm，孢子浓密	548，5~6mm，孢子浓密	443，5~6mm，孢子较浓密	331，3~4mm，孢子初形成
宛氏拟青霉	52，菌落棕色，13~15mm，孢子覆盖	66，菌落产孢明显，10~12mm	56，菌落初产孢，4~6mm	46，少数菌落开始产孢，4~6mm

注：C-酶：几丁质酶；D-酶：葡聚糖酶。

从表6－6可以看出，几丁质酶＋葡聚糖酶复合酶对9种丝状真菌的抑菌效果比单一的几丁质酶的抑菌效果好，尤其是当单一几丁质酶处理效果不明显时，复合酶的协同作用显示出较好的抑菌效果。

不同浓度复合酶对丝状真菌的抑制作用结果如图6－28～6－36。

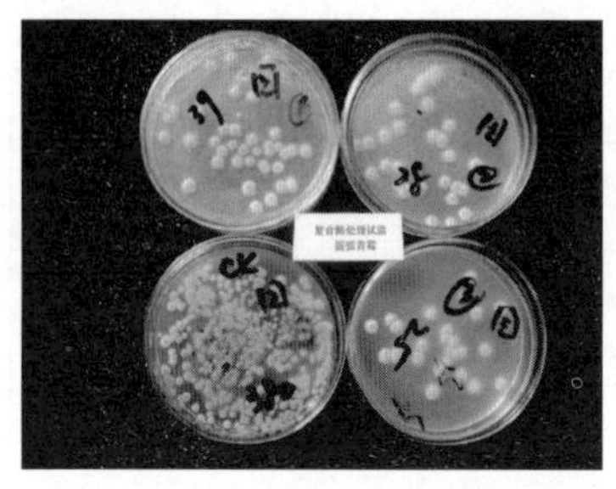

图6－28　圆弧青霉

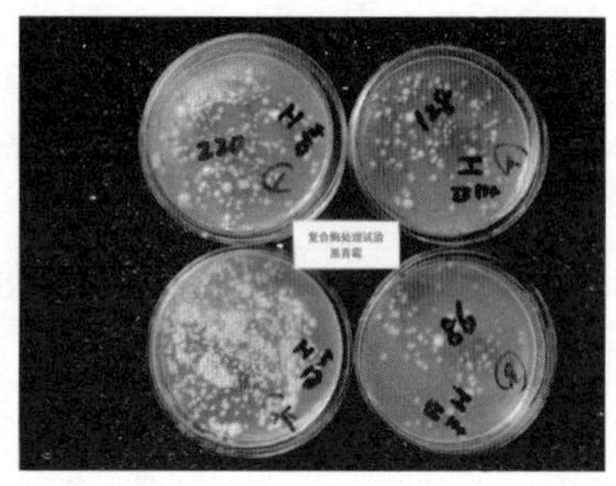

图6－29　黑青霉

注：复合酶处理：① 几丁质酶50u ＋ 葡聚糖酶500u；
② 几丁质酶50u ＋ 葡聚糖酶1000u；
③ 几丁质酶50u ＋ 葡聚糖酶2000u。

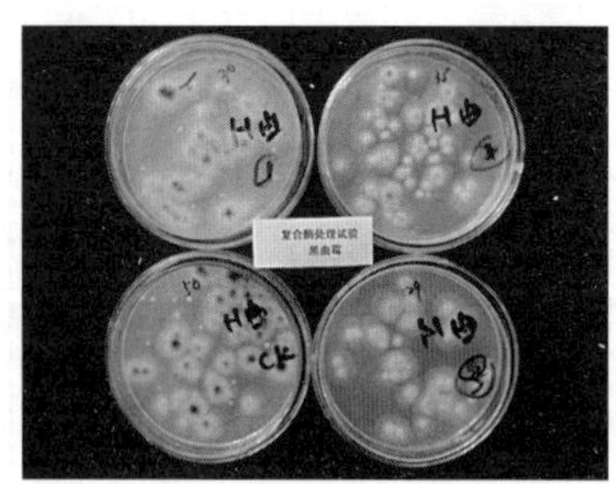

图6－30　黑曲霉

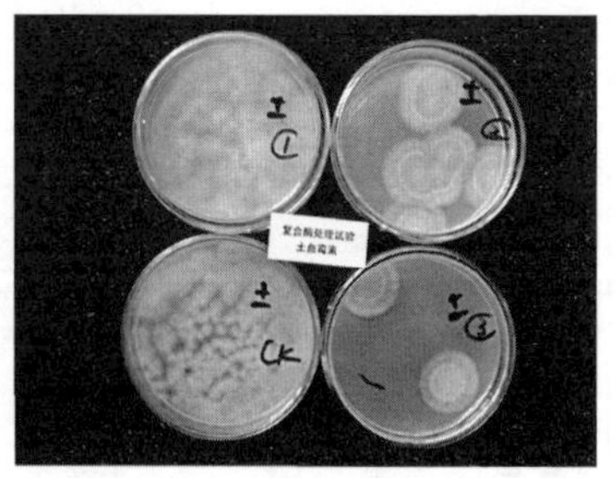

图6－31　土曲霉

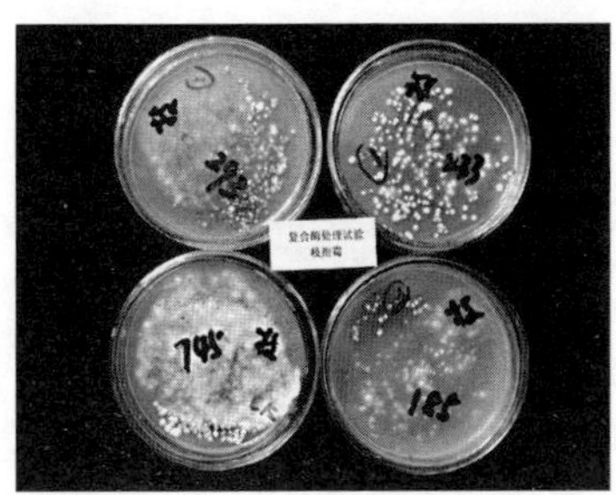

图 6－32　枝孢霉

注：复合酶处理：

①几丁质酶 100u ＋ 葡聚糖酶 500 u；

②几丁质酶 100u ＋ 葡聚糖酶 1000 u；

③几丁质酶 100u ＋ 葡聚糖酶 2000 u。

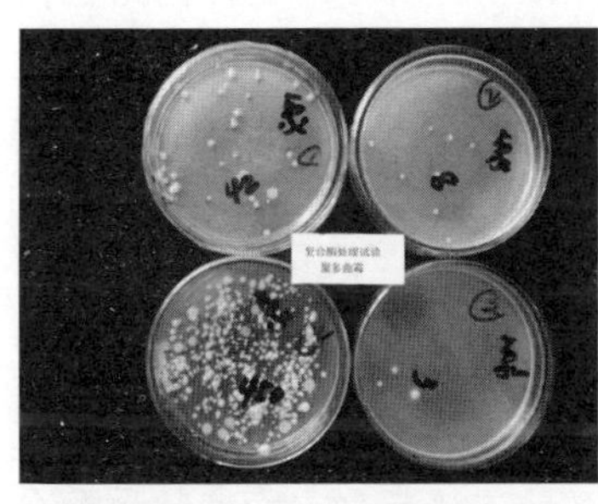

图 6－33　聚多曲霉

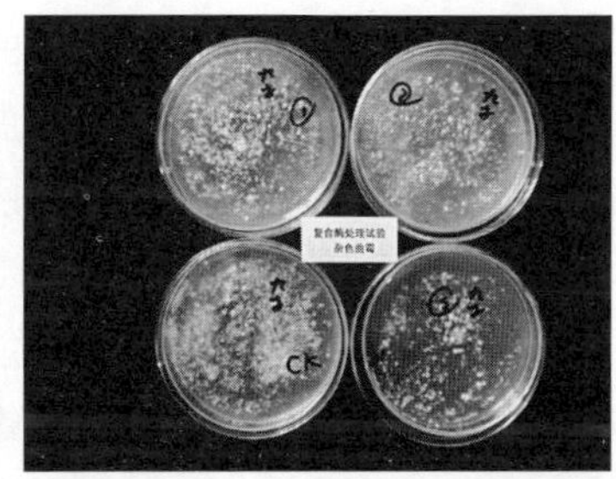

图 6－34　杂色曲霉

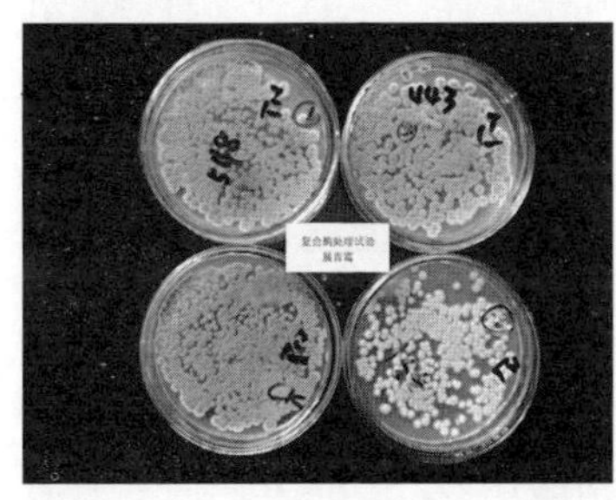

图 6－35　展青霉

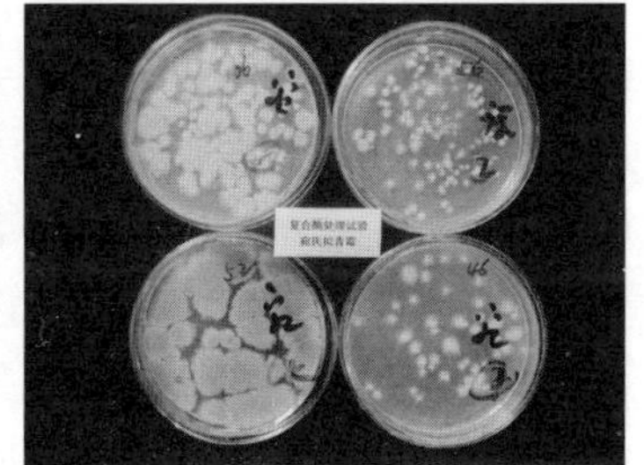

图 6－36　宛氏拟青霉

注：复合酶处理：① 几丁质酶 200u＋葡聚糖酶 500u；

②几丁质酶 200u＋葡聚糖酶 1000u；

③几丁质酶 200u＋葡聚糖酶 2000u。

（三）应用研究

1. 抑菌效果

几丁质酶和葡聚糖酶对丝状真菌的生长发育有抑制作用，但不同属或同一属不同种类的丝状真菌对几丁质酶和葡聚糖酶的敏感性有很大差异，对于生长初期的圆弧青霉和黑青霉，单一的几丁质酶 100u 即有抑制作用；但对于同一属的展青霉效果不明显。当几丁质酶复合葡聚糖酶，其协同作用对丝状真菌的生长发育有明显的抑制效果。黑曲霉、土曲霉和枝孢霉，在单一的几丁质酶 100u 处理抑制效果不明显时，复合葡聚糖酶不同浓度，即显示出不同程度的生长受阻；对几丁质酶敏感性较低的聚多曲霉、杂色曲霉、展青霉和宛氏拟青霉在复合葡聚糖酶 2000u 时，显示出较明显的生长受限。

2. 抑菌机理

生物酶是一类具有催化功能的特殊蛋白质，酶分子由氨基酸长链组成。其中一部分链成螺旋状，一部分成折叠的薄片结构，而这两部分由不折叠的氨基酸链连接起来，而使整个酶分子成为特定的三维结构。其具有如下特性：一是高效性，催化效率是一般无机催化剂的 $10^3 \sim 10^6$ 倍；二是专一性，仅能促进特定化合物、特定化学键和特定化学变化；三是低反应条件，可在较温和的常温、常压下进行；四是易变性失活，在受到紫外线、热、射线、表面活性剂、金属盐、强酸、强碱及其他化学试剂如氧化剂、还原剂等因素影响时，酶蛋白的二级、三级结构有所改变。这些特性说明酶作为一种催化剂，不但能提高化学反应的速率，而且使用方便、安全有效。

几丁质（chitin）又称甲壳素、甲壳质，是由 N－乙酰氨基葡萄糖以 β－1，4－糖苷键聚合而成的直链大分子，广泛存在于大多数丝状真菌细胞壁中，并在细胞壁生长中起着重要作用[1]。几丁质酶（chitinase，EC3. 2. 1. 14）是分解几丁质的一类蛋白质。多数丝状真菌具有丰满的营养性菌丝体，并以菌丝顶端延长和分枝生长方式向四周生长形成菌落，菌丝顶端部位为生长点延伸区，其细胞壁内层是几丁质，外层为蛋白质；在亚顶端部位成熟区，其细胞壁内层结构与延伸区基本相同为几丁质，而外层为葡聚糖蛋白交织网层，当顶端生长受到几丁质酶的影响，细胞壁结构被破坏，导致菌丝生长受阻。当受到几丁质酶和葡聚糖酶的影响形成的叠加效应共同作用于菌丝生长点的延伸区和成熟区，使细胞壁破裂，从而抑制菌丝的生长和分枝。

（四）实施应用

2012 年 8 月，在遗址展厅字幕墙进行了复合酶的应用处理。处理方法及步骤如下：用 10cm × 20cm 灭菌板置于字幕墙霉斑处，用软毛刷在左侧 10cm × 10cm 处刷一层复合酶液（200u 几丁质酶 + 2000u 葡聚糖酶），右侧 10cm × 10cm 处刷一层自来水，待 2 小时后，用 5cm × 5cm 灭菌板分别置于左右两侧，用浸有无菌生理盐水采样液的棉拭子 1 支，在灭菌板内横竖来回涂抹，并随之转动棉拭子，剪去手接触部分，将棉拭子放入装有 10mL 采样液的试管中运送到实验室后在无菌条件下取 1mL 并注入 9mL 灭菌生理盐水，振摇试管，混合均匀，并做 10 倍递增稀释。分别取不同稀释度的待测液 0. 1mL 于 PDA 平板，用无菌玻璃三角刮棒分别涂布于 NA 和 PDA 培养基表面，置于 28℃ 恒温培养箱内培养 5 ~ 7 天。另取一处未做任何处理的霉斑处以同样操作作为对照（结果

① Rinaudo M. chiten and chitosan：Properties and applications，*Prog. Polym. Sci*，2006，（31）：603 – 632。

见图 6－37）。

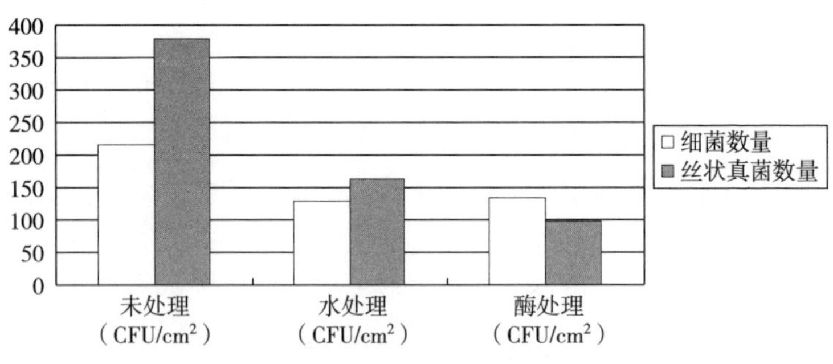

图 6－37 字幕墙复合酶应用处理结果

字幕墙霉斑处细菌数量（芽孢菌属）为 217 CFU/cm²，真菌数量（杂色曲霉）为 378 CFU/cm²，相比较 2011 年的数据有所降低；水处理和复合酶处理，细菌数量变化不大，真菌数量后者减少了 40%。从复合酶实施应用的这一组数据可以看出，200u 几丁质酶 +2000u 葡聚糖酶的复合酶对抑制杂色曲霉的生长有较明显的效果。

（五）结论

图 6－38 字幕墙霉斑处理

字幕墙的霉斑主要是由杂色曲霉引起，可采用 200u 几丁质酶+2000u 葡聚糖酶涂抹去除（图6-38）。

独木舟软腐处主要存在宛氏拟青霉，可用200u 几丁质酶+1000u 葡聚糖酶点涂渗入以控制其生长。

鉴于跨湖桥遗址侵蚀微生物主要是丝状真菌，考虑到遗址水环境的特殊性，因此，采用几丁质酶和葡聚糖酶等生物酶抗菌剂，有利于跨湖桥水环境的安全及人身健康，符合当今可持续性发展的理念。

第七章　水下遗址厅通风除湿工程

由于跨湖桥遗址厅处于水下半封闭大空间的特殊环境，空间大、环境复杂、文物保护要求高、改造难度大。因此，我们需要对遗址的地质环境、遗址厅建筑的布局、材料和结构等方面进行综合研究，分析其在通风和保温等方面存在的问题，以及产生高湿现象的原因，依靠实验研究和数值模拟的结论，研究制定节能、环保、有效的通风除湿改造方案，对遗址厅进行综合治理和改造。

第一节　遗址保护厅概况

一、遗址原水文地质状况

跨湖桥遗址位于钱塘江南岸宁绍平原萧山中南部的湘湖之滨，跨湖桥遗址保护厅建造以前，遗址区东侧和南侧为湖水域，水位为5.35m，高于遗址地面，对遗址地下水起着侧向补给的作用。遗址区两侧为水塘，是遗址地下水和地表水集中排泄地，由于人工抽水，水塘常年水位保持在－9.1m。受水塘和湘湖控制，遗址地下水呈东南—西北向流动，即地下水在东南方向接受湖水补给流经遗址向西侧水塘排泄。同时，大气降水渗入补给一部分。在这种渗流场及区内岩土透水性控制下，遗址区地下水不仅埋深浅，一般为 1 ~ 3m，而且流动慢[①]。独木舟虽然处于稳定地下水位以上，但由于遗址区内岩土毛细水系十分发育，加上大气降水影响等原因，使得遗址区土壤及独木舟长期处于饱水状态。

二、遗址保护厅结构

鉴于遗址处于海拔 -0.5m 的地层，环境条件不利于独木舟与文化层的保护。2006 年在遗址周围建造平均深度达 23.5m 的阻水围堰，直抵基岩层，继而在独木舟核心区块周围实施疏干排水工程，在此基础上建造遗址保护厅，使遗址保护从室外到了室内。2009 年湘湖恢复湖面，水位升高后，遗址保护厅被湘湖水域环绕，内外部环境发生了较大的改变，遗址区的水文地质边界条件发生改变使处于湖下的遗址厅内温湿度升高，出现屋面钢构网架吊顶结露滴水、大面积微生物危害等，对文物与设施安全造成较大影响，尽快对遗址厅环境进行综合评估并采取相应的对策势在必行。

遗址保护厅是由浙江省水利设计研究院设计的一项防洪防水保护工程，该保护工程兼具展示功能，于 2009 年 9 月交付使用。保护厅为椭圆形穹顶大空间建筑，屋顶部为金色半球状钢结构网架设计，建筑面积约 2200m^2，中心高约 10m，屋顶边缘留有不规则缝隙（图 7 - 1）。遗址底部距湘湖水面约 6 ~ 8m，展厅平面为椭圆形结构，长轴内净长为 54m，短轴内净长为 40m。该建筑总体高约 40m，露出湘湖水面约 2.5m。四周围堰挡墙分为上下两部分，采用钢筋混凝土浇注而成，上部

① 湖北省文物保护技术研究中心、浙江省博物馆、中国地质大学等七家单位共同编制：《杭州萧山跨湖桥独木舟遗址原址保护工程可行性方案研究》，2008 年。

分由双层中空防渗墙和隔水廊道组成，高约10m；下部分为建筑桩基，高约30m，桩基打入岩土弱风化层0.5m，由双层厚1、长6m的钢筋混凝土防渗墙自下而上浇注连接组成高30m的封闭挡水墙体，将湖水隔断。

三、遗址厅屋面冷桥影响

1.“冷桥”现象

由于在馆舍建造中，涉及成本等因素，遗址厅未能安装温湿度控制设备，仅依靠5台排风机和3台送风机进行空气交换，据监测数据显示，遗址厅内相对湿度长期处于80%～100%之间。遗址厅建成使用一年后，出现屋面保温棉自动坠落事件，给文物和游客安全造成极大威胁。

经检查，用于固定保温棉的钢丝网有60%～70%出现不同程度的腐蚀，表面粗糙锈积、变形和弯折等现象较为普遍，同时，屋面的保温棉由于不断吸入水分导致自重增加，将外层锡箔和被腐蚀的钢丝网压断，自然坠落。因材料和工艺的原因，无法对屋面保温层进行加固处理，为消除安全隐患，12月将遗址厅保温层整体拆除。

保温层拆除后，屋顶仅剩一层厚0.9mm的条状凹凸铝镁锰合金单层压型板（图7－2），2010年至2012年三年间，每到12月至次年4月，都出现较严重的季节性结露滴水现象（图7－3）。由于铝镁锰板导热系数较大、无法阻挡屋顶的辐射热，造成室内温度大幅升高，屋面温度达50℃～70℃。每到春、冬季早晚温差较大时，室内高温空气与低温的铝镁锰板表面接触，达到对应的露点温度而析出水分，形成“冷桥”效应。室内外温差越大，冷热空气交替越频繁时，铝镁锰板屋面、吊架、新排风系统的风机口等部位的冷凝水量就越大。同时，加上屋顶面板与四周方管檩条之间存在的不规则缝隙，湖面的潮湿空气不断进入，使厅内温湿度的变化更加复杂。

图 7－1　屋顶边缘的不规则缝隙

图 7－2　保温棉拆除的屋面

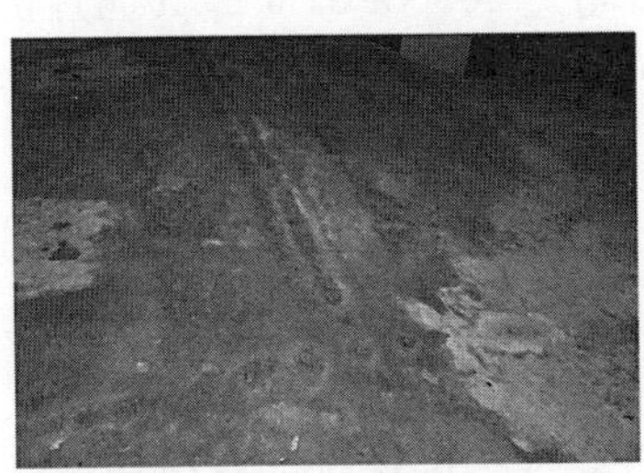

图 7－3　屋面长期滴水形成的痕迹

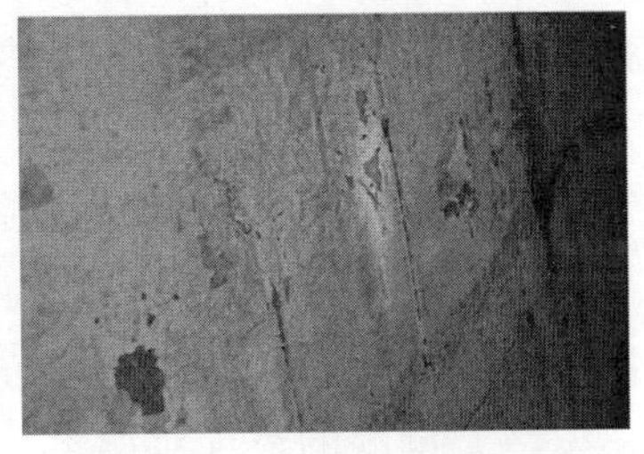

图 7－4　冷凝水长期浸润对土遗址造成破坏

图 7－5　遗址土体微生物危害

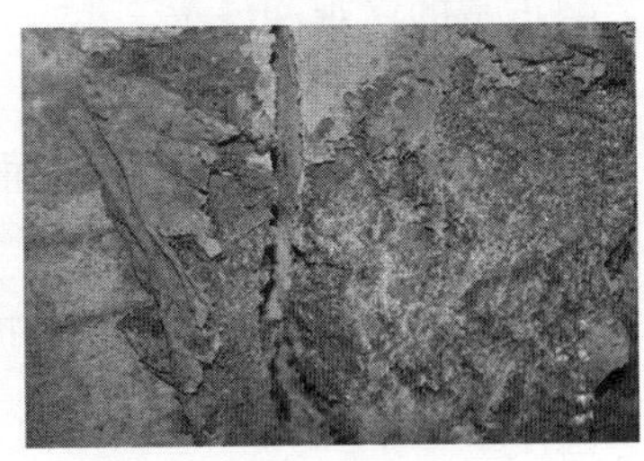

图 7－6　盐析现象对土遗址造成破坏

2. “冷桥”危害

（1）冷凝水的长期浸润，对土遗址和未发掘的文物造成破坏（图7－4）。

（2）空气及土壤中细菌和真菌总量较高。由于遗址曾遭受海侵，土壤中有机质丰富，而且霉菌等微生物是以孢子形式在空气中传播，故在遗址厅内空气流动性较差、高温高湿的环境下，极易造成微生物不断蔓延和扩展（图7－5）。经检测①，2010年遗址厅空气中真菌数量（814.10±243.82 CFU /m^3），细菌数量（157.44±37.69 CFU/m^3），尤其是从5、6月份开始，随着遗址厅空气温度的升高，真菌数量急剧增加，6月份至9月份期间真菌数量都超过了1000 CFU /m^3以上；细菌数量变化幅度不大，除了7月份略超过200 CFU/m^3，其他月份都在200 CFU/m^3以下，对室内空气造成污染，危及遗址土体及字幕墙。

（3）盐析现象②对土遗址造成破坏（图7－6）。室内高温导致土壤内部压力增大，盐分随水分的蒸发反复析出和潮解，使土遗址出现开裂、脱皮等病害。

（4）潮湿的空气对钢梁、设施设备的腐蚀，导致建筑结构受损，安防、消防及电器设备故障频发，结露滴水现象严重影响正常的参观和展示。

第二节　屋面保温改造工程

我们多次邀请木质文物保护、环境检测、气象、土遗址保

① 楼卫：《跨湖桥独木舟遗址微生物危害综合防治课题研究中期报告》，《跨湖桥文化国际学术研讨会论文集》，文物出版社，2012年。

② 南京博物院：《跨湖桥独木舟土体基础加固竣工报告》，2010年。

护、结构工程和暖通等各学科专家一起会诊，确定了改造工程的总体思路，即在屋顶重新加装保温材料，并安装全循环除湿设备，将相对湿度控制于露点下。

一、设计施工依据

（1）屋面保温设计与施工规范依据

a. 《网架结构设计与施工规程》JGJ7－91

b. 《钢结构设计规范》GB50017－2003

c. 《钢结构工程施工质量验收规范》GB50205－2001

d. 《钢网架行业标准》JGJ75.1～75.3－91

e. 《钢网架螺栓球节点用高强度螺栓》GB/T16939

（2）该网架设计要求

a. 静荷载

上弦层：0.50kN/m＊m

下弦层：0.30kN/m＊m

b. 活荷载：0.50 kN/m＊m

c. 基本风载：0.50 kN/m＊m

d. 计算机程序自动形成网架自重

e. 荷载必须作用在节点上，杆件不承受横向荷载。

二、施工步骤

（1）安全措施

在独木舟玻璃房外搭设保护棚，四周采用脚手架，上部用方管支撑。方管采用自攻螺丝固定，用彩钢压型板作为保护板，压型板上部满铺脚手片；遗址彩条铺满防止涂刷油漆落下。严禁使用电焊焊接，利用原网架高度作为工作空间，原网架下弦上铺设木板作工作平台，网架下弦杆下设置安全网，防止材料、工具可能坠落，造成遗址破坏，确保文物安全。

（2）对顶部与围堰立面缝隙进行封闭，以防湖面潮湿空气进入。

铝镁锰板下口与方管之间空隙采用折边彩钢板内衬收边，一面与原方管采用铝拉铆钉固定，另一面与屋面板用丁基胶条黏合，再用玻璃耐候胶密封。施工中注意原屋面板与内衬收边板的位置与角度，确保没有空隙，尽量达到密封的效果。

（3）钢构顶面内部安装保温层，降低传热系数

①在铝镁锰合金单层压型板内侧使用聚氨酯发泡剂（PU FOAM），提高保温隔热效率。施工前，除去铝镁锰板表面的油污和浮尘，采取机械高压喷涂发泡法，用发泡机将聚氨酯发泡，将料罐倒置与喷枪螺纹连接，旋转打开流量阀，调节流量后进行喷射（彩版一五，1），泡沫迅速膨胀固化在铝镁锰板表面，形成不少于厚20mm的泡沫。固化的泡沫轻便、细腻、均匀，该法施工简单，对环境要求低，施工温度在+5℃～+40℃，使用温度范围为-35℃～+80℃，同时还具有安全（能达到B级阻燃级别）、耐用（一般在十年以上）的优势，是一种环保节能的材料。该材料的保温效果，在施工过程中得到检验，施工到一半时，正遇上一场大雪，一夜过后，遗址厅顶部已完成聚氨酯发泡部分的雪依然如初，未施工部分的雪已全部融化（彩版一五，2），取得较好的保温隔热效果。

②安装50mm防火挤塑板（彩版一五，3）。

③再铺设75mm保温棉（彩版一五，4），该材料具有保温效果好、重量轻的优点，使网架的荷载在安全范围内。

④最后安装彩板压型吊顶板（彩版一五，5），边缘用平彩钢板封口，既保温又美观耐用。原主檩条与网架上弦杆间距较小，网架上弦杆规格较大，最大为Φ159，造成彩板压型吊

顶板无法与原主檩条固定。施工时在原主檩条与主檩条之间增加两道 Z 字檩条，Z 字檩条固定在副檩条下口，采用 Φ5.5 × 35 标迪螺丝固定，Z 字檩条高度与主檩条一致，屋面吊顶板长度按每个网格长度加搭接，安装顺序由中间向两边按长度方向铺装。该工艺可有效阻隔内部保温棉对潮湿空气的吸附。

（4）对建筑作封闭处理，降低能源损耗。

①对抽风机排气口封闭处理。将现有 5 台只起到了交换空气作用的抽送风机封闭，隔断湖面的潮湿空气的进入。

②在遗址厅入口处安装隔热帘，防止室内外空气交换，造成不必要的能源损耗。

第三节　通风除湿工程

屋面保温工程改造完成后，取得良好的保湿隔热效果，屋顶结露现象基本得到解决，但要达到文化层保护与展示环境要求，还需要加装温湿度调节设备，从控温、除湿和通风三方面进行全面统筹规划。除湿设备要实用性、可靠性和经济性相结合，既要达到温湿度设计要求，又要节能环保、美观耐用，还要配置灵活、易于维护。

一、设计依据

1. 《采暖通风与空气调节设计规范》（GB50019 – 2003）

2. 《通风与空调工程施工及质量验收规范》（GB50243 – 2002）

3. 《除湿机》（GB/T 19411 – 2003）

二、参数计算

1. 根据2010年（屋面保温棉未拆除时）的监测数据，查各空气状态点如下（表7-1）：

表7-1 查空气状态点

状态点名称	干球温度（℃）	湿球温度（℃）	露点温度（℃）	相对湿度（%）	含湿量（g/kg）	焓（kJ/kg）
1月	10.81	9.52	8.48	85.29	6.94	28.41
2月	10.96	9.67	8.64	85.36	7.01	28.75
3月	12.46	10.82	9.57	82.36	7.48	31.46
4月	14.76	13.03	11.86	82.66	8.74	36.99
5月	19.22	16.87	15.58	79.39	11.18	47.76
6月	22.46	20.09	19.02	80.77	13.94	58.14
7月	25.71	22.96	21.94	79.41	16.74	68.62
8月	27.84	24.41	23.23	75.70	18.13	74.38
9月	26.22	23.34	22.29	78.70	17.11	70.09
10月	21.26	19.17	18.18	82.47	13.21	55.04
11月	16.14	14.86	14.09	87.57	10.13	41.95

根据上表得出：7、8、9月的含湿量最大。则宜选用冷却除湿，可采用空调机组，夏季即能让室内温度下降，又可除湿；冬季制热，满足舒适性要求。在特殊恶劣天气下若室内温、湿度达不到要求，则同时开启调温型除湿机。过滤季节采用调温型除湿机，又可除湿，又可以利用除湿机的冷凝热制热，更节能。

2. 设备选型

建筑内总面积约1700m^2，高度约11m，体积约18700m^3。

室外设计参数按干球温度35.7℃，湿球温度28.5℃；室内设计参数按温度24℃，相对湿度50%取值。馆内人员按200人取值，按新风量50m³/h计算。空调负荷取最大值为385kW，冷负荷指标约230W/m²。过渡季节室外设计参数干球温度22℃，相对湿度90%；室内设计参数按温度22℃，相对湿度50%取值，根据查焓湿图（表7－2），得出空气状态点，计算出总散湿量。

表7－2　过渡季节焓湿图显示的空气状态点

状态点名称	干球温度（℃）	湿球温度（℃）	露点温度（℃）	相对湿度（%）	含湿量（g/kg）	焓（KJ/kg）
室外参数	22	20.82	20.28	90	14.95	60.22
室内参数	22	15.52	11.11	50	8.22	43.11

含湿量差值$\triangle d=14.95-8.22=6.73$（g/kg），馆内人员按200人取值，按新风量50m³/h计算，则新风量G约为：$200\times 50=10000$m³/h，新风散湿量计算：$W_1=G\times\triangle d=10000\times 1.2\times 6.73/1000=81$ kg/h，人员散湿量按65g/人计算：$W_2=200\times 65/1000=13$ kg/h，总散湿量约：$81+13=94$ kg/h。

根据空调负荷计算表：最大冷负荷（不含新风）为246781W，面积1700m² 冷负荷指标145.17W/m²；最大湿负荷（不含新风）为58.17 kg/h，湿负荷指标0.03kg/m²h。

根据以上计算结果，故选用风冷热泵型吊顶式空调机组2套，每套风量34000m³/h，制冷量199.2 kW，制热量109.2 kW，机组为整体式，可全部放置室外，具有自动制冷、制热模式；选用风冷调温型除湿机组2套，每套除湿量49.4 kg/h，风量12000m³/h，分室内机及室外机两部分，通过铜管连接，机组根据回风温湿度值及设定值之差自动进行调温除湿、升温除湿、降温除湿运行模式。每套热泵空调机组配一套风冷调温型除湿机组使用（彩版一五，6），共用一套送回风系统，每台机组的送、回风口处配风量调节阀，与机组连锁控制，并安装止回阀，新回风在回风静压箱内混合后，进入空调机组/除湿机组处理后，经送风静压箱和风管送入室内。以上机组无需加冷水机组、冷却塔、水泵等，安装方便。原送风机停止使用，关闭部分排风机，总排风量小于 9000m^3/h。保证室内正压状态。机组能量控制调节范围 0～33%～66%～100%，温度控制范围夏季 24℃～26℃ ±0.8℃、冬季 20℃～22℃ ±0.8℃，湿度控制范围 55%～65%。夏冬季调温，过渡季节除湿和调温，既能满足需要，又能节约能耗。

三、空气循环系统（图 7－7）

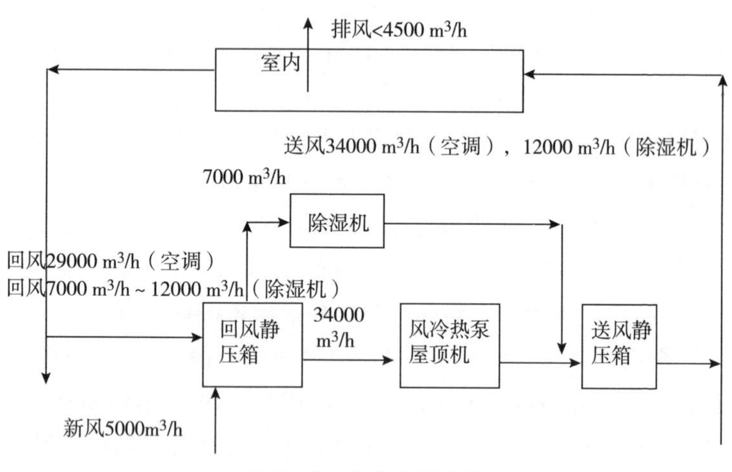

图 7－7 空气循环系统

四、机组平面布设（图7－8）

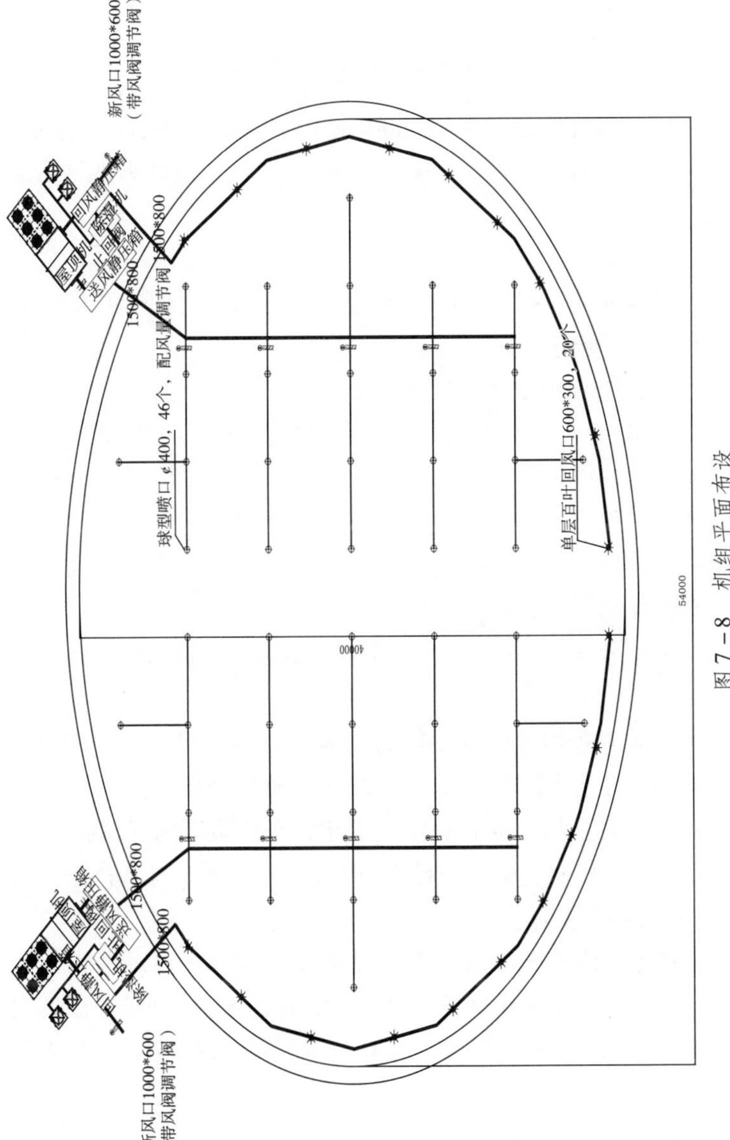

图7－8　机组平面布设

第四节　遗址厅环境温湿度控制

一、改造前温湿度状况

1. 遗址厅内设置3处温湿度监测点（图7－9），分别为：

入口左侧（1#）、字幕墙右下方（2#）、遗址未发掘区边缘（3#）。

2. 设备

奥地利（E＋E）HUMLOG温湿度记录仪（图7－10），每三小时自动记录一次。

3. 改造前温湿度统计结果分析

2010～2012年间，遗址厅内温度为10℃～40℃之间，相对湿度为80%～100%之间，温度越低湿度越高。遗址厅内每日温度变化为5℃～10℃，湿度变化约在10%～20%之间（彩版一六，1），春夏秋季闷热，冬季异常潮湿，长期的高湿环境造成保温层不断吸湿增重。

2010年12月保温材料拆除后，温湿度与拆除前相比有如下变化：

（1）月平均温度变化较为明显，4月～8月有较大升高，9月～11月基本持平，12、1、2、3月略有降低。

（2）月平均湿度有一定的变化，平均湿度仍保持在80%以上，12、1、2、3、4月略有升高，5、6、8月基本持平，7、9、10月略有下降。

遗址厅内的温湿度大大超过木质文物和土遗址保护的要求，特别是屋面保温材料拆除后，辐射热增加，遗址厅温度变化增大，因此，12、1、2、3月出现严重的结露现象。温湿的

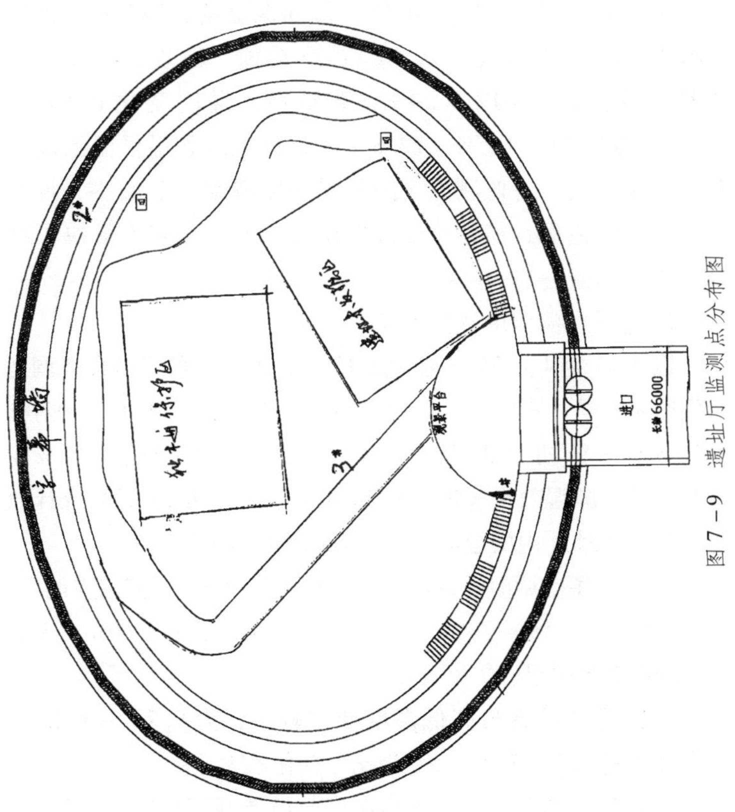

图7－9　遗址厅监测点分布图

变化造成屋面钢构网架结露滴水现象严重。

二、改造后效果评估

1. 屋面保温保湿效果

对2013年4月19日至24日屋面保温及封闭改造后的监测数据[①]分析（彩版一六，2）：改造前，温度变化5℃～10℃，湿度变化10%～20%；改造后，温度变化0.5℃～4.2℃，湿度变化1.7%～12.8%。每日最高和最低温湿度的对比结果表明，各监测点之间的温湿度波动明显减小，说明屋面保温改造后，遗址厅保温保湿效果显著，基本解决了结露滴水问题。

2. 遗址厅温湿度调控效果

以2013年4月25日至5月12日，屋面吊顶式组合空调运行后监测数据（彩版一六，3）为例，设定温度为20℃、相对湿度为60%，开机一天后，温度较平稳，湿度降低约20%～25%，控温减湿效果显现。对24小时连续开机18天的统计数据分析，遗址厅内的温湿度变化有以下规律：

（1）使用空调前，每日平均湿度85%～93%，使用空调后，每日平均湿度55%～76%，大多数日平均湿度保持60% ±5之间，降湿效果明显。

（2）每日最高与高低温度变化较小，为0.7℃～6.2℃，与未开机前的0.5℃～4.2℃相比，变化不大。

（3）每个监测点每日最高湿度与最低湿度间的变化较大，为1.4%～26.7%，与未开空调的1.7%～12.8%相比，有较大增加。

---

① 温湿度数据由郑伟军、杨国萍、丁灵倩负责统计。

（4）各个监测点在同一时刻的湿度差增大，使用空调前，遗址厅各监测点之间的差异，为1.7%～12.8%；连续使用空调后，为3.2%～18.7%，有一定增加。

综上分析，该空调设备使用后，每日平均湿度降低20%～30%，除湿效果显著，达到温度控制设计要求；温度波动减小，控温效果良好；每个监测点日湿度波动增大，日增范围在5%～15%；各监测点之间的湿度差，也有一定增加，增加范围在1.5%～8%，说明不同区位的除湿效果还存在一定差异。

三、不同区位湿度差异的因素分析

跨湖桥遗址保护厅被湘湖水面环绕，室内面积约1600m²，通高达9m以上，三分之二建筑在水平面以下，虽然在此环境下温度波动比地面建筑小，但湿度影响十分严重，主要有以下几方面因素：

1. 湖水从地基渗透

挡水墙桩基打入相对隔水层，在遗址的四周形成隔水层，目的是切断周围湖水的入侵。根据水文地质勘探资料和对遗址中土体特征的检测数据分析①，相对隔水层是第四系上更新统残破积层黏土，渗透系数小于1.0×10^{-7}cm/s，该土层厚度约4～8m，虽然分布稳定，土体渗透性低，处于硬塑状态，但在湖水巨大的压力和丰富的毛细管作用下，底部水分还是不断渗透，使遗址土层始终处于潮湿状态。

① 湖北省文物保护技术研究中心、浙江省博物馆、中国地质大学等七家单位共同编制：《杭州萧山跨湖桥独木舟遗址原址保护工程可行性方案研究》，2008年。

2. 遗址中5个排水沟水分的蒸发

排水沟（图7－11）的作用是将遗址土壤中的水汇集到沟内，达到一定高度后再排入围堰夹层排水沟内，当沟内水量超过警戒水位，由水泵自动排入湘湖。

图7－10　温湿度记录仪

图7－11　遗址内的排水沟

图7－12　集水井

图7－13　遗址的渗水点

3. 集水井内水分的蒸发

独木舟核心区疏干排水至集水井（图7－12），集水井水量一般处于2m以下，当井内水位超过2m时，用水泵排到围堰夹层排水沟内。

4. 遗址土体多处出现渗水现象

大量的毛细水和屋面滴下的冷凝水使遗址土壤处于潮湿状态，当某处土壤饱水时，就出现向较低区域渗流的现象（图7－13）。

以上四方面因素，表明遗址厅内有大范围的表面蒸发存在。

根据非密闭空间除湿模型模拟的效果，我们可以看出，非密闭空间在除湿初始阶段，空间内的湿度迅速下降至某一值，后又开始逐渐升高。这一结果与3处监测点一天内湿度变化规律吻合，说明遗址厅内因有潮湿空气不断产生，而无法达到稳定的除湿效果。潮湿空气的产生，可以从运行的3个月来，遗址土壤表面不断增多析出的盐分得到解释，在空调不断除去空气中水分时，也除去土壤表面的水分，使土体深部与表面产生压差，在毛细作用下，土壤中的盐分随地下水输送到土体表面，而表面盐分吸湿又被潮解，这一过程不断重复，显示除湿过程中的湿度波动。土体表层析盐现象（彩版一五，7、8），主要表现为：表层土体酥松，颗粒较细，析出物为无色透明呈长条形针状，可以溶于水。通过对现场所取的白色结晶物进行了XRD分析可知，遗址析出的可溶盐是$MgSO_4$晶体（带不同结晶水）。

说明空调使用后湿度波动增大，与遗址内的水分蒸发有直接关系。此外，设备容量与配置、控制系统水平及送回风系统布设等对环境温湿度变化也具有重要作用，需要进一步综合研究。

四、结　论

跨湖桥遗址保护厅内的高湿现象是由其特殊的地理位置所决定的，大厅屋面改造后，保温保湿效果明显，基本解决了保温层吸水与屋面滴水的问题。温湿度控制设备配置后，温度和湿度调节效果明显，控制指标基本符合设计要求，排除了文物保护的隐患。于2013年5月14日，顺利通过了浙江省文物局、浙江大学、浙江省博物馆和浙江省建筑科学设计研究院等专家组成的验收组的验收。

但遗址厅各区位温湿度差别增大，日温湿度波动大的问题未得到根本解决，除了挡水墙与地基渗水，湖面湿空气补充等自然因素外，可能存在着温湿度监测点数量少、设点偏、机组与控制系统一对一、送回风布设不尽合理等因素。应根据不同送风参数下恒温恒湿机组运行时大厅内流场及温度场分布特性，进行相关的数值模拟，并将计算结果与实测结果进行对比，调整现有设备容量下的风量风速、风管布设和导风角度等，并增加和调整温湿度检测点，将恒温恒湿机、通风除湿机与控制器组成的一对一温湿度控制方式改造成计算机集中控制系统，以减小遗址厅内不同区位的温湿度差异和日波动幅度。

跨湖桥独木舟及周围木构件与文化层土体安全保存的相对湿度参数要求不同，目前，文物保护界一般把古木材的保存指标定在相对湿度55%～65%范围，从以往运行情况来看，该相对湿度范围对遗址厅土体并不合适，易引起土体表面开裂，导致盐析（土壤表面出现盐结晶）等病害，根据跨湖桥遗址土壤性质，环境温度在25±1℃时，相对湿度控制在70%～75%比较合适，与此同时，应加强科学管理，进一步完善监控体系，按照文物保护相关要求控制好遗址厅温湿度。

第五节　后续研究

对水下潮湿遗址的木质文物实施原址保护，在全国尚属首次，通过十余年的探索，独木舟原址保护获得了一定的成功经验，独木舟在历经 2 年脱盐、5 年化学加固、3 年自然风干后，无扭曲、变形、开裂现象，木质感强、质地较硬、色泽逐渐恢复到出土时的状态，总体效果良好。保护工作也从侧重于施工实践阶段，进入到监测、数据整理、效果评价和经验总结等后续保护研究阶段。

今后保护工作的重点是要进一步完善监控体系，继续做好设备运行及保护工程实施效果的观测，特别是对温湿度监测、微生物监测、土遗址监控、集水井及围堰水位监测等需要建立一套科学的实时监控系统，以对出现的盐析、土遗址病害、微生物危害等难以根除的问题作进一步研究和治理，特别要加强对独木舟和土遗址存放环境温湿度指标的研究和监测，根据独木舟和土遗址存放的不同要求分别进行调节与控制，既能保证独木舟脱水风干的需要，又使遗址内湿度处于相对稳定状态，有效控制毛细现象，减少盐析的产生，以保证独木舟和土遗址的安全，使这艘八千年前的方舟能给后人留存更多的研究信息。

后 记

跨湖桥遗址因出土了世界上最早的独木舟及相关加工遗迹而瞩目于世，她的发现、发掘到考古学文化命名，实现了浙江早期新石器时代考古里程碑式的突破。自 2005 年 8 月国家文物局批准实施“萧山跨湖桥独木舟遗址原址保护规划”起，先后完成了跨湖桥遗址疏干排水地质工程、土遗址加固工程、独木舟原址脱水保护、有害微生物防治和潮湿遗址环境控制等工程，省级课题“萧山跨湖桥独木舟遗址的微生物危害综合防治研究”顺利结项，独木舟及遗址保护已得到基本稳定。2013 年 8 月，“跨湖桥遗址潮湿环境综合保护技术效果监测”课题经浙江省文物局批准立项，标志着跨湖桥遗址原址保护工作进入崭新的阶段。

本报告获得浙江省文物局文物保护科技项目（2010008）经费资助，从编写到付梓，历时一年多时间，作为跨湖桥遗址原址保护的阶段性总结，以遗址发掘、保护、研究为主线，按照时间先后顺序，整合了跨湖桥考古报告、独木舟遗址原址保护课题、微生物危害防治研究以及遗址厅恒温恒湿项目实施的相关资料和研究成果，内容涉及考古发掘、文物保护、地质勘探、化学加固、微生物防治诸学科。2006 年，湘湖因建设需要，遗址的周边环境发生了较大的改变，从山前滨湖遗址变成了由永久性围堰保护的水下遗址。报告以阐述原始保护状态为事实依据，还原遗址文物保护过程的真实面目，后续的保护方案随着附着条件的改变而调整。报告的第一、二章摘自《浦阳江流域考古报告之一——跨湖桥》，由蒋乐平提供；第三章第一、二、三、四节由刘佑荣、周丽珍、宫晓飞、周海辉执笔，第五节由楼卫执笔；第四章由杨隽永、楼卫、吴健、张金萍、张慧、陆海峰、沈一敏、郑伟军、尹笑笑、杨国萍、丁灵倩、徐瑾执笔；第五、七章由楼卫、吴健、李萍、沈一敏、郑伟军、尹笑笑、杨国萍、丁灵倩、徐瑾执笔；第六章由楼卫、吴健、李东风、沈一敏、郑伟军、杨国萍、丁灵倩、徐瑾执笔；楼卫整理编撰，吴健统筹修改，最后卢衡和陈中行两位先生审阅校订全文。由于编撰人员水平的限制，报告中难免存在纰漏和不足，敬请诸位方家批评指正。浙江省文物局、文物出版社对报告的出版给予了极大的支持和帮助，对此表示衷心的感谢！同时，借报告出版之际，对在跨湖桥遗址发现、发掘以及保护过程中提供过帮助、做出贡献的单位和领导、专家，还有为独木舟保护付出辛勤劳动的工作人员致以诚挚的感谢！特别令人感动的是，陈中行和卢衡两位老先生十余年来，不计酬劳不辞辛苦坚持不懈亲临现场进行研究和指导，为我们做出了敬业守则的榜样，在此致以崇高的敬意！

值此开馆五周年之际，出版这本记录跨湖桥独木舟遗址原址保护印迹的研究报告，对于全面回顾和总结独木舟原址保护技术和方法，为今后科学开展课题研究以及类似潮湿木结构遗址原址保护，希望能够起到抛砖引玉的作用。

编著者

2014 年 1 月

跨湖桥独木舟遗址

彩版二

1. 苇席状编织物

2. 遗址表面风化状况

3. 遗址表面片状脱落状况

1. 文化层开裂状况

2. 文化层表面的可溶盐病害

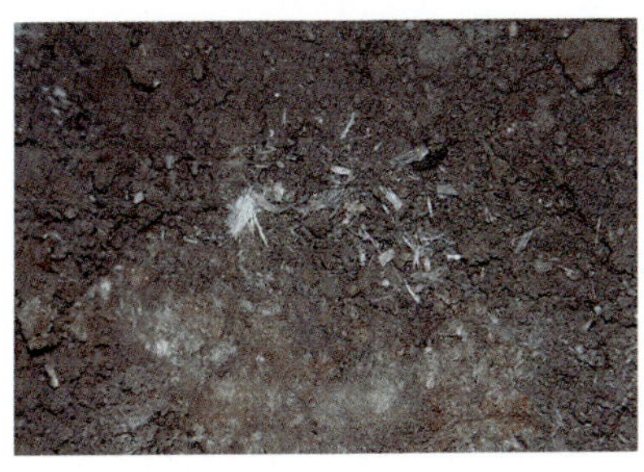

3. 玻璃房内地面可溶盐病害

4. 可溶盐腐蚀状况

5. 水性环氧现场加固试验

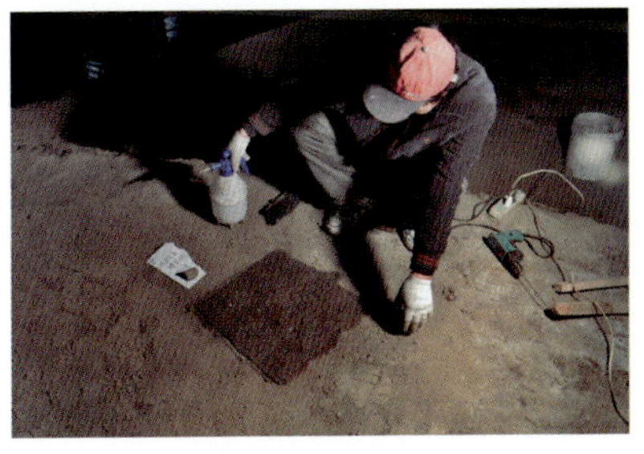

6. 正硅酸乙酯现场加固试验

7. 水性环氧加固试验 10 天效果

8. 水性环氧加固试验 3 个月效果

1. 正硅酸乙酯加固试验前

2. 正硅酸乙酯加固试验 3 个月效果

3. 按顺序逐条给裂隙编号

4. 西侧坡体拆除木板支档后

5. 西北转角处拆除木板支档后

6. 西侧坡面加热烘干

7. 滴灌注射加固材料

8. 裂隙灌注加固

1. 埋入竹签

3. 加固前清理土体表面

2. 沟槽内灌入水性环氧树脂

4. 土体坡面喷洒加固材料

5. 土体坡面喷洒加固材料

6. 利用吊瓶滴渗加固土体表层

7. 在土体上灌注水性环氧

彩版六

1. 土体加固前效果

2. 土体加固后效果

3. 独木舟西侧垂直插入的电极

4. 独木舟东侧和导线相连的电极

5. 玻璃房内土层裂隙

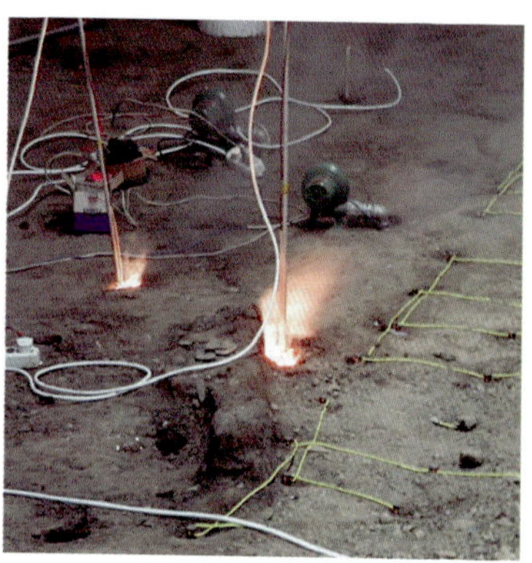

6. 钻孔加热干燥

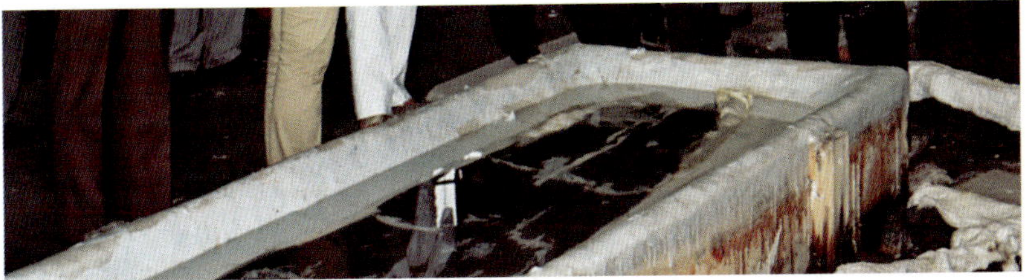

1. 独木舟在浸渍槽纯净水浸泡脱盐

2. 独木舟表面析出白色 PEG 结晶

3. 独木舟构件有控气干前

4. 独木舟构件有控气干 38 个月效果

5. 独木舟有控气干前（左）

6. 独木舟有控气干 3 个月（右）

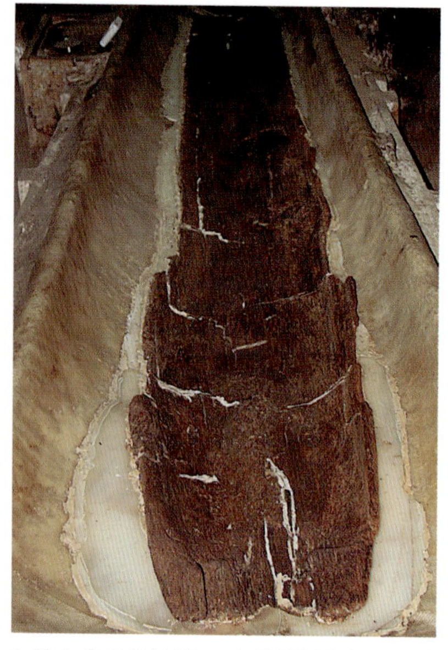

1. 独木舟有控气干 22 个月局部的起甲开裂现象

2. 独木舟有控气干 34 个月局部的返潮现象

3. 独木舟局部开裂

4. 独木舟局部返潮

5. 化学加固土体表面的盐析现象

6. 盐析现象

遗址内微生物斑迹图

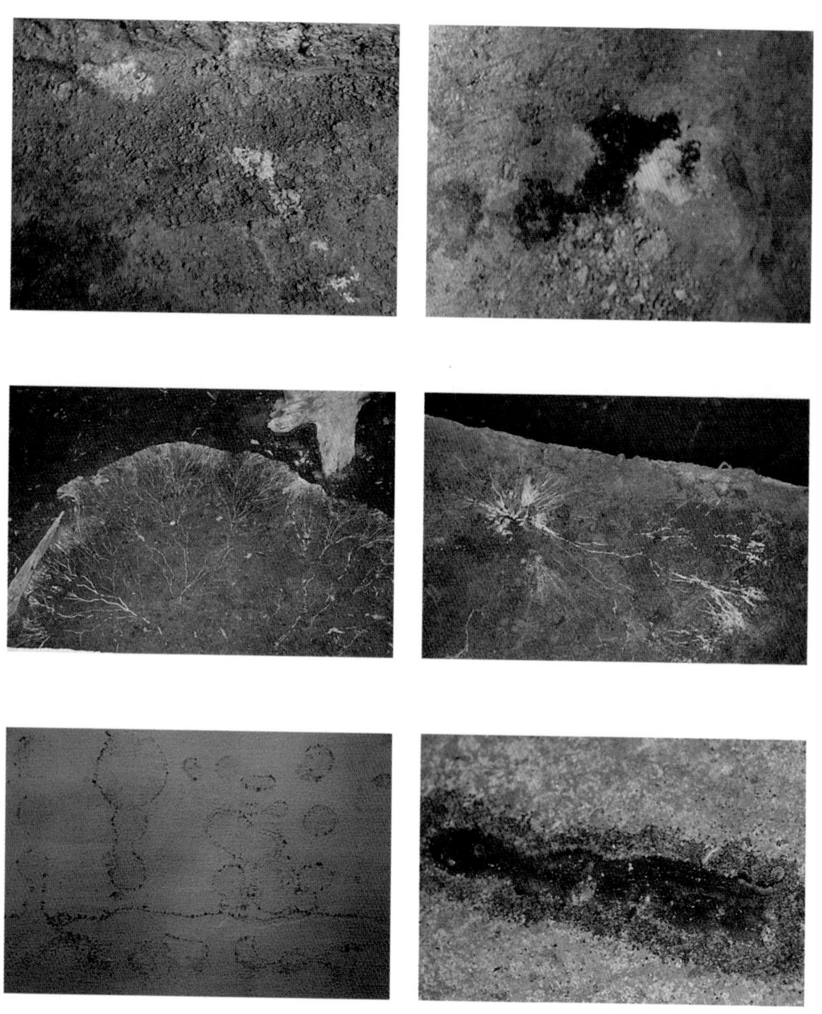

遗址内微生物斑迹图

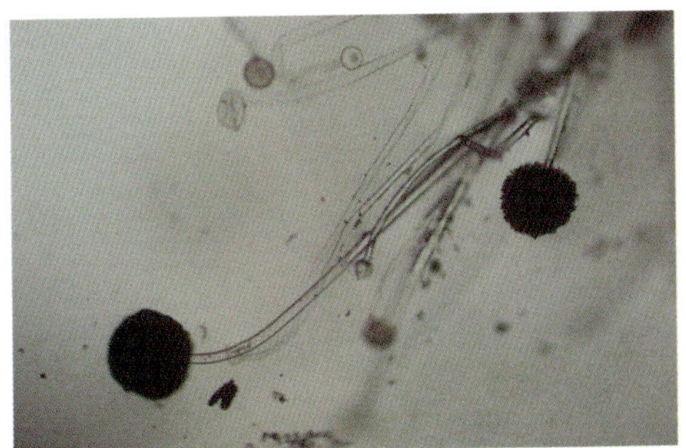

1. 黑曲霉（*Aspergillus niger*）

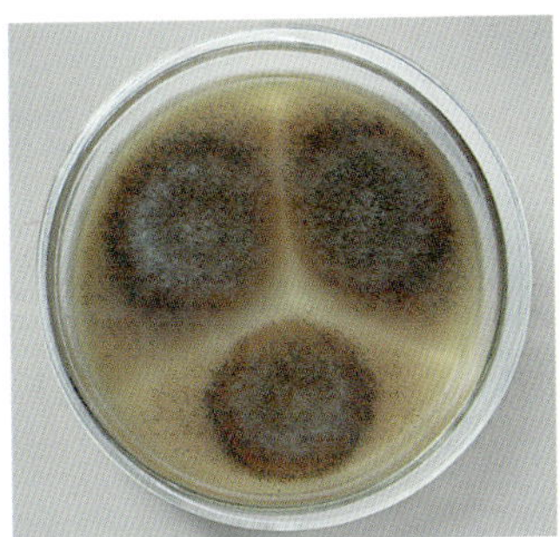
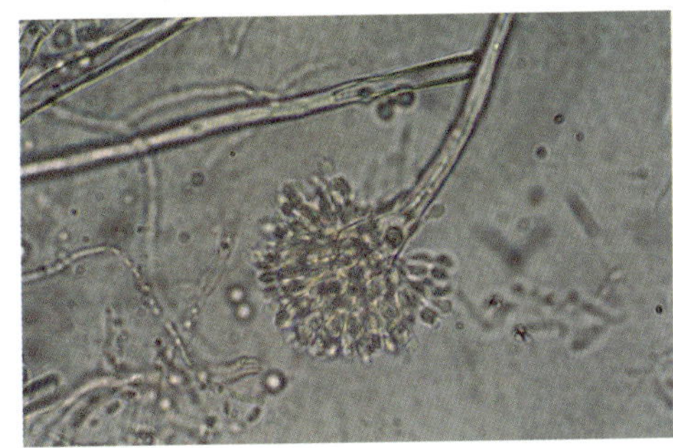

2. 土曲霉（*Aspergillus terreus*）

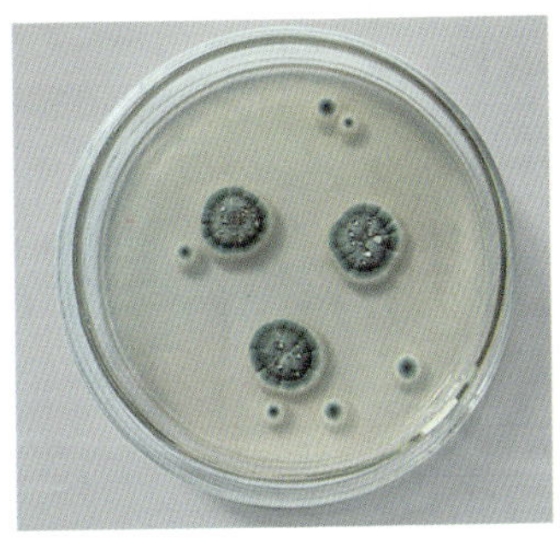

3. 展青霉（*Penicillium patulum*）

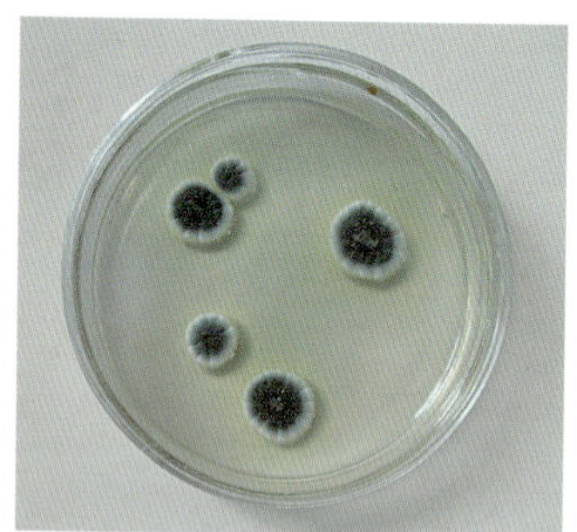
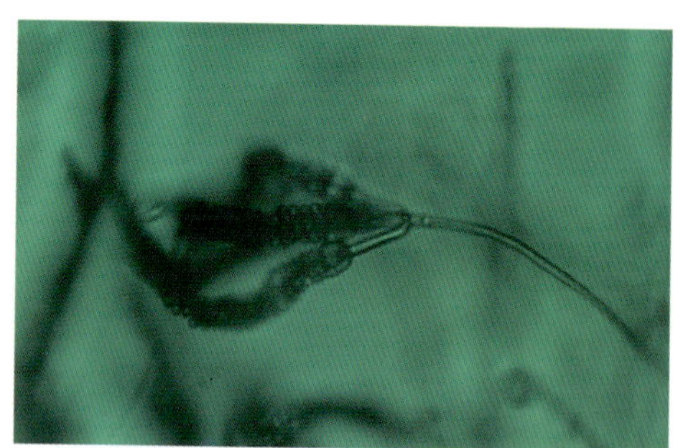

1. 圆弧青霉（*Penicillium cyclopium*）

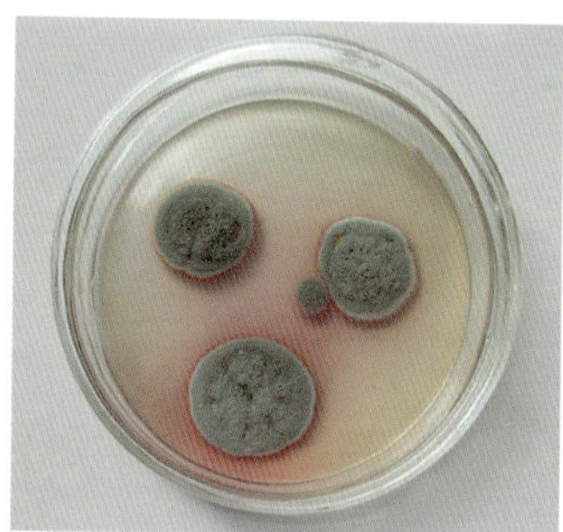
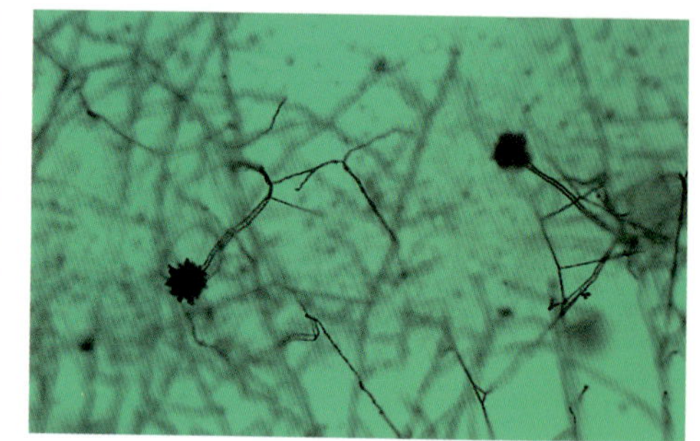

2. 聚多曲霉（*Aspergillus sydowii*）

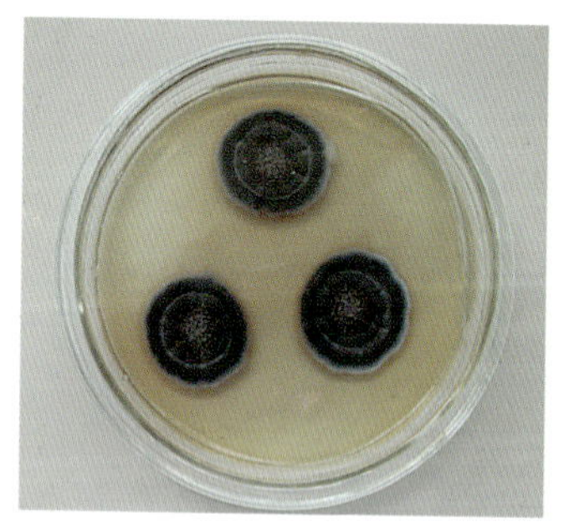
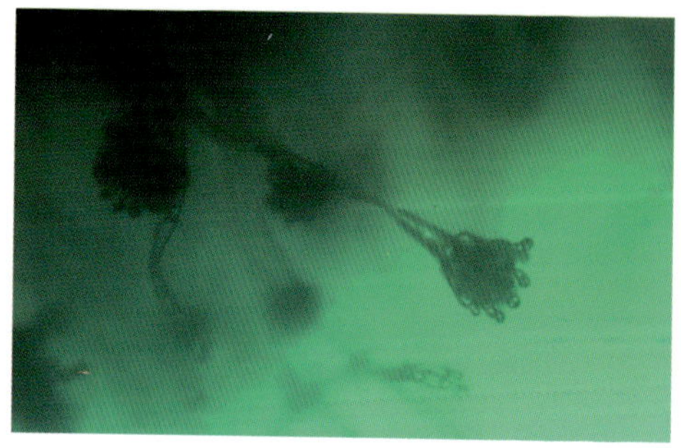

3. 杂色曲霉（*Aspergillus versicolor*）

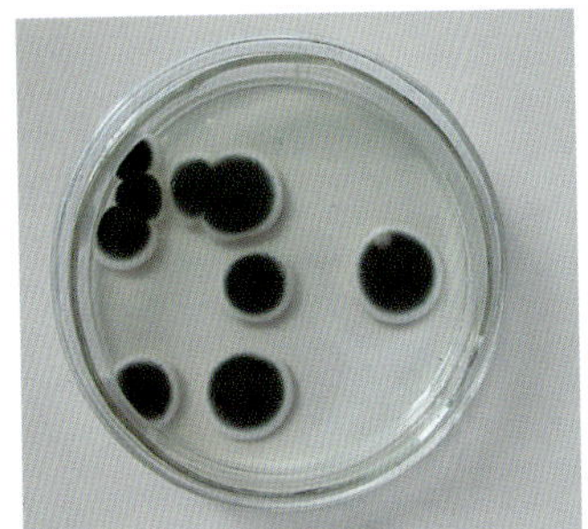

1. 黑青霉（*Penicillium nigricans*）

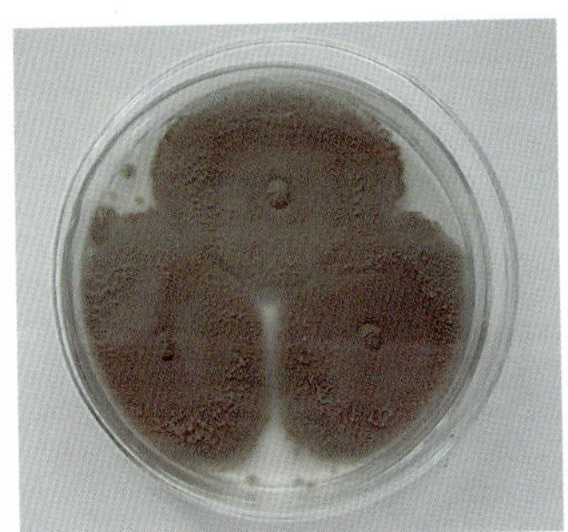
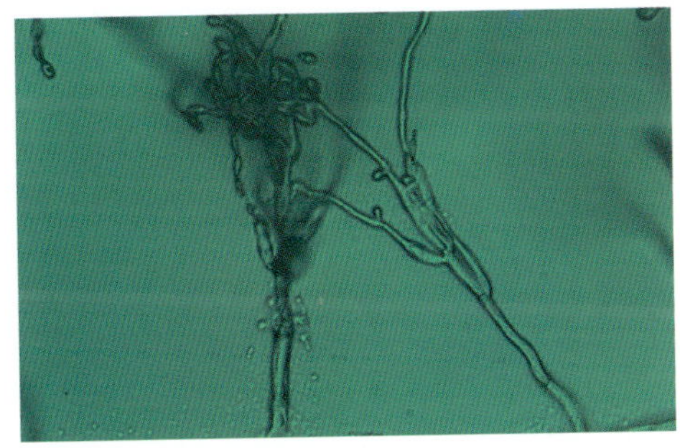

2. 宛氏拟青霉（*Paecilomyces varioti*）

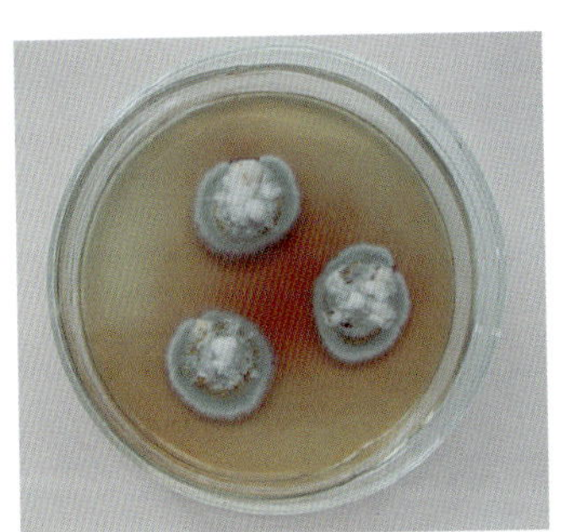
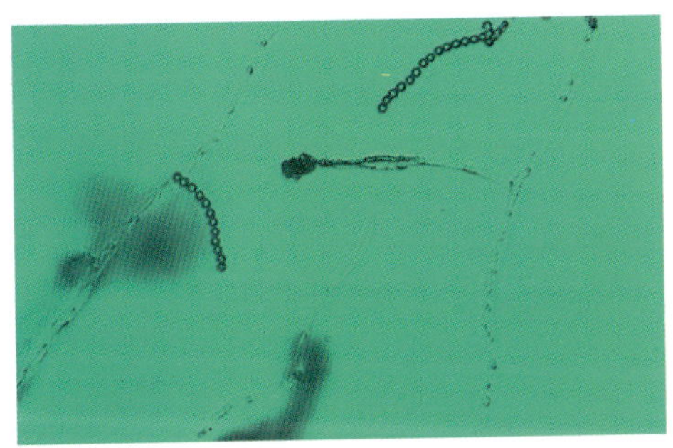

3. 枝孢霉（*Cladosporium*）

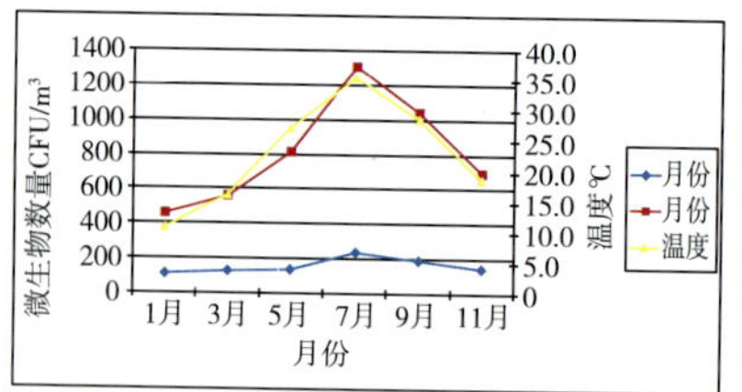

1. 展厅空气中微生物数量变化

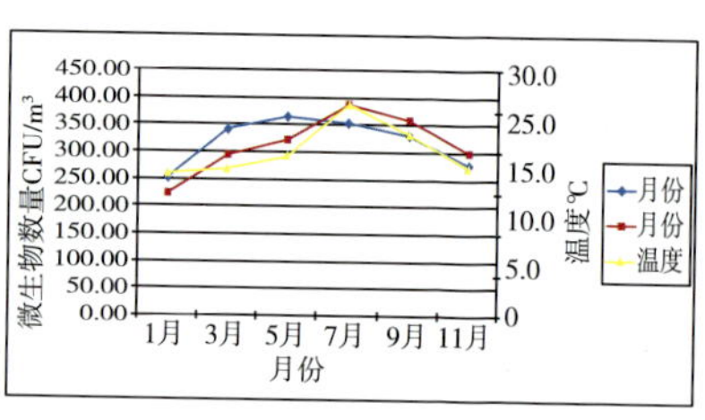

2. 玻璃房空气中微生物数量变化

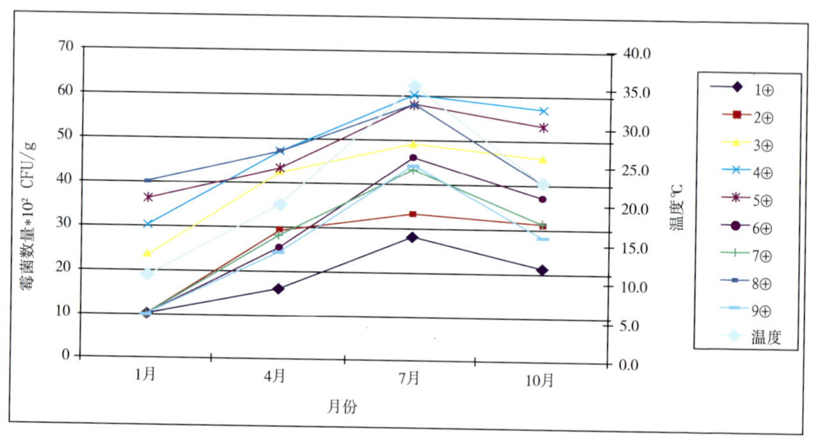

3. 全年土壤真菌数量变化

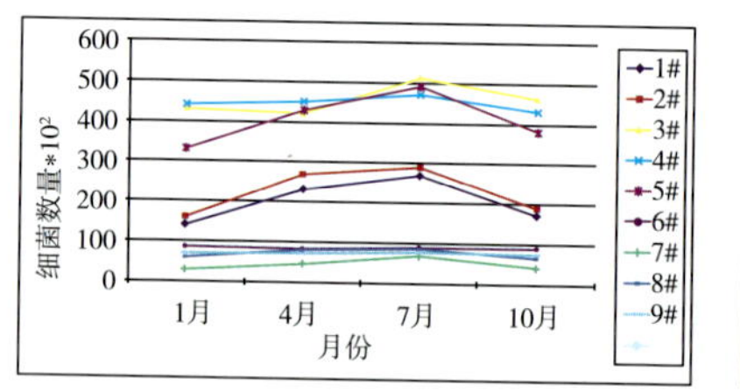

4. 全年土壤细菌数量变化

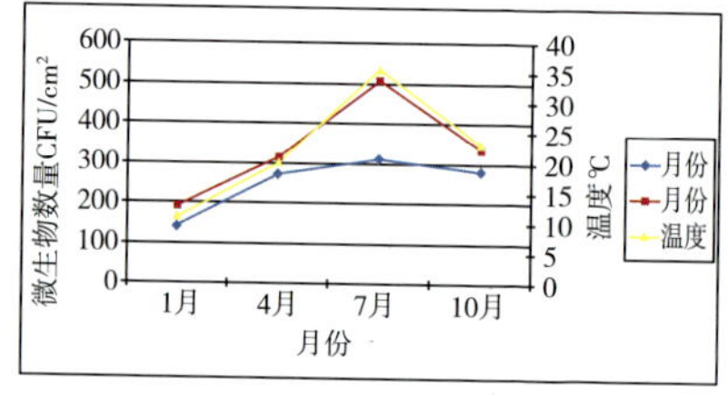

5. 全年字幕墙微生物数量变化

1. 聚氨酯发泡施工

2. 聚氨酯发泡材料的保温效果对比

3. 加装挤塑板

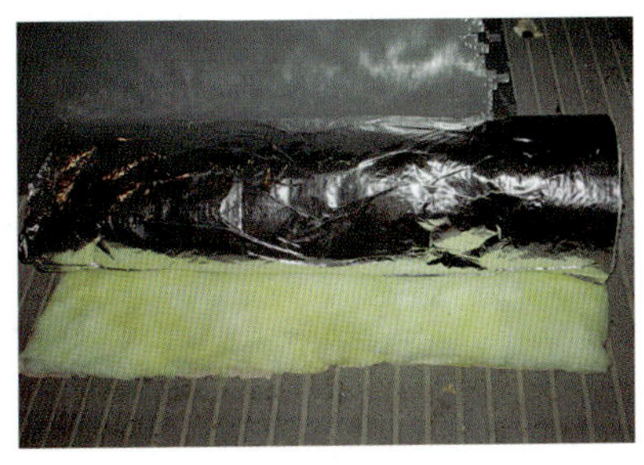

4. 75mm 保温棉

5. 彩板压型吊顶板

6. 风冷热泵型吊顶式恒温恒湿机

7. 独木舟木构件土体表层盐析

8. 遗址厅文化层析盐状况

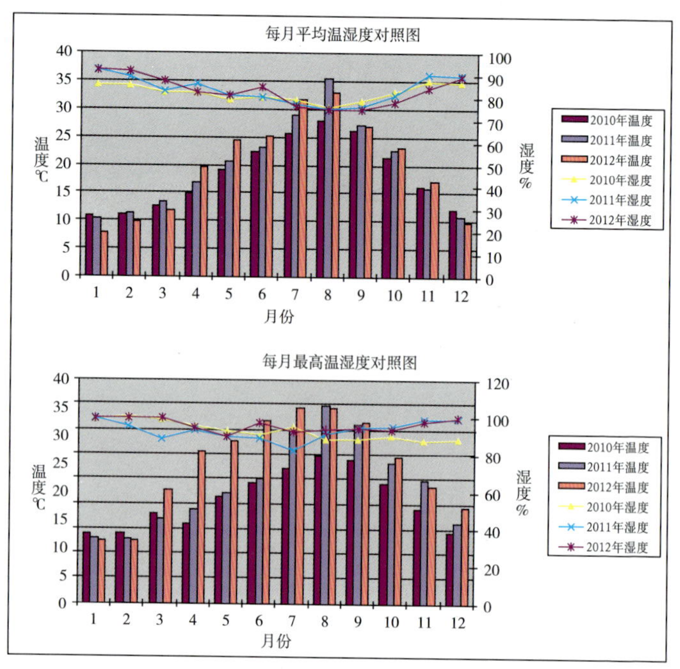

1. 2010~2012 年遗址厅每月温湿度对照图

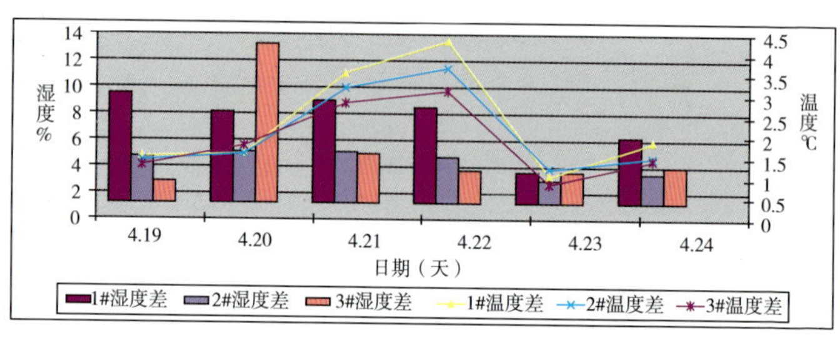

2. 使用空调前遗址厅三个监测点 4 月 19 日~24 日每日最高温湿度与最低温湿差对比图

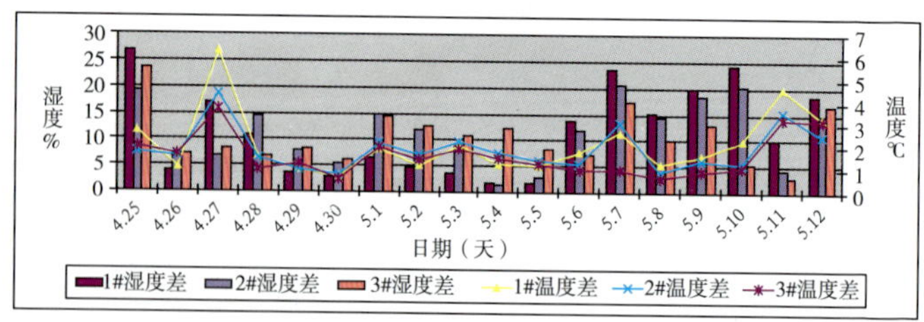

3. 使用空调后遗址厅三个监测点 4 月 25 日~5 月 12 日每日最高温湿度与最低温湿差对比图